本书为国家社科基金项目"非利他性慈善捐赠的立法支持与限制研究"（项目编号：16BFX153）与重庆工商大学引进人才科研启动经费项目"《慈善法》的适用困境及其克服"（项目编号：2155052）的研究成果

非利他性慈善捐赠的法律规制

李喜燕 著

中国社会科学出版社

图书在版编目(CIP)数据

非利他性慈善捐赠的法律规制／李喜燕著．—北京：中国社会科学出版社，2022.10

ISBN 978-7-5227-0742-6

Ⅰ.①非… Ⅱ.①李… Ⅲ.①公益事业捐赠法—研究—中国 Ⅳ.①D922.182.34

中国版本图书馆 CIP 数据核字(2022)第 142598 号

出 版 人	赵剑英
责任编辑	梁剑琴　高　婷
责任校对	季　静
责任印制	郝美娜

出　　版	中国社会科学出版社
社　　址	北京鼓楼西大街甲 158 号
邮　　编	100720
网　　址	http：//www.csspw.cn
发 行 部	010-84083685
门 市 部	010-84029450
经　　销	新华书店及其他书店
印刷装订	北京君升印刷有限公司
版　　次	2022 年 10 月第 1 版
印　　次	2022 年 10 月第 1 次印刷
开　　本	710×1000　1/16
印　　张	15.5
插　　页	2
字　　数	258 千字
定　　价	88.00 元

凡购买中国社会科学出版社图书，如有质量问题请与本社营销中心联系调换

电话：010-84083683

版权所有　侵权必究

序

共同富裕是社会主义的本质要求，是中国式现代化的重要特征。[①] 党的十八大以来，党中央把逐步实现全体人民共同富裕摆在更加重要的位置上，尤其在国民经济和社会发展第十四个五年规划和二〇三五年远景目标中，明确提出"全体人民共同富裕取得更为明显的实质性进展"。在实现共同富裕的宏伟战略部署中，初次分配、再分配、三次分配协调配套被定位为基础性制度安排，"做大蛋糕"和"分好蛋糕"被确立为初次分配、再分配、三次分配协调配套的缺一不可的双重目标。于是，作为第三次分配制度之主体部分的慈善制度，其如何构建，尤其是如何与初次分配、再分配协调配套，如何在"分好蛋糕"的同时"做大蛋糕"，就成为慈善法学界面临的急迫课题。其中，更给慈善和慈善法研究提出了一种亟待探索的新视角，即慈善作为第三次分配，虽然是对初次分配和再分配之不足的补充，虽然较之初次分配和再分配是侧重于"分好蛋糕"，但不能只限于补充不足和"分好蛋糕"，还需依托且正向作用于初次分配和再分配，助力于"做大蛋糕"。而这种新视角在既有研究成果中是欠缺和未受重视的。

令人欣喜的是，喜燕教授的专著《非利他性慈善捐赠的法律规制》恰好是从这种新视角研究慈善法问题的力作。非利他性慈善捐赠在实践中已成为慈善资源的主要来源，其性质上是非利他性动机与利他性效果的有机结合体。其中，非利他性动机不仅在第三次分配中驱动和支撑慈善捐赠的利他性效果，而且与慈善捐赠主体在初次分配中作为市场主体的利益追求具有一致性，还与政府在第二次分配中对慈善捐赠主体的激励和调节具有同向相关性；不仅直接作用于"分好蛋糕"，而且还间接作用于"做大

[①] 习近平：《扎实推进共同富裕》，《求是》2021年第20期。

蛋糕"。然而，以往慈善法研究中，往往忽略或者没有明确提出慈善捐赠的非利他性，没有从法学理论上"捅破"慈善捐赠中实际存在的非利他性这层"窗户纸"，从而对慈善捐赠的非利他性缺少正面回应。本专著则跳出普遍关注慈善捐赠的利他性及其支持等的单向度研究路径，独辟蹊径，正面对待慈善捐赠的非利他性，并以此为切入点，对慈善捐赠中的非利他性及其正当性、非利他性慈善捐赠的立法支持与限制进行研究，为慈善和慈善法研究展示新的视角和路径，对深化、拓展和丰富慈善捐赠本质和制度的认识，无疑具有开拓和引领意义。

作为我国法学界第一部关于非利他性慈善捐赠研究的专著，除了上述意义外，还有下述亮点值得重视。

其一，为揭示现实中慈善捐赠的问题成因提供了更有说服力的解释思路。据统计，从捐赠总额和人均捐赠额占 GDP 比例来看，我国在全球捐赠指数中位列倒数，不少大额捐赠还流向了境外。这种局面并未在《中华人民共和国慈善法》实施以来有所扭转。究其原因，当然可从多个方面作出解释，而本专著则中肯地从慈善捐赠的非利他性作出解释，即尽管现实中的慈善捐赠多是非利他性动机，而非利他性动机却未受到应有的关注和足够的激励，致使慈善捐赠的非利他性动力不足和利他性效果不良。这种解释，具有哲学和经济学的理论依据而属于深层原因发掘，对促进慈善事业发展和完善慈善捐赠法律规制有方向指引意义。

其二，为研究非利他性慈善捐赠问题展示了较完整的分析框架。鉴于慈善捐赠的非利他性动机与利他性目的的对立统一和非利他性动机引发利他性效果的作用机制都具有复杂性，从非利他性视角研究慈善捐赠问题必然是一项艰难的探索。在本专著中，既展示了一般性分析框架，也展示了在一般性分析框架统领下的类型化制度个案分析框架。前者，即对非利他性慈善捐赠，从分析其非利他性的概念界定和行为分类问题切入；继而既证成慈善捐赠中非利他性的正当性，又证成其越出正当性边界的非正当性；进而基于其正当性设计对非利他性慈善捐赠的法律支持，基于其非正当性设计对非利他性慈善捐赠的法律限制，从而构建规范和保障非利他性慈善捐赠以实现其正当性、抑制其非正当性的法律规制体系。后者，即基于慈善捐赠非利他性的基本分类及其各自对人类福祉与幸福的正负相关性，基于非利他性慈善捐赠的重大背景因素，既从非利他性类型维度选取个案——物质利益追求型慈善捐赠、慈善捐赠主体冠名捐赠、特定偏好追求型慈善捐赠，又从重大背景影响维度——慈善2.0时代下非利他性慈善捐赠，分别就其法律规制中的问题、原因和对策展开分析和论证。上述分析框架中，整体统合与重点深化并存，实证分析与规范分析互动，中国特色与域外经验结合，这对开展非利他性慈善捐赠问题研究，在方法论上不乏示范意义。

其三，为完善非利他性慈善捐赠的法律规制提出并论证了若干重要观点和主张。例如，鉴于非利他性慈善捐赠介于慈善与非慈善之间的模糊性，根据是否利他/利己、利他/利己强弱度以及利他/利己强弱度组合的不同，对非利他性行为进行分类，进而判断各类行为的慈善性有无；实证分析发现，慈善捐赠中非利他性的各种类型对于人类福祉与幸福具有正、负相关性差异，故慈善立法应当对具有正相关性的潜在物质利益追求、荣誉地位追求和特定偏好追求予以适度支持，而对具有负相关性的政治地位和社会认同追求予以必要限制；潜在物质利益追求型慈善捐赠的规制，应当以税收优惠制度为主，且转向正向激励与反向激励、重点激励与无差别化激励、间接激励和直接激励、规范性和便捷性相结合的规制思路；慈善捐赠主体冠名捐赠的规制，应当基于冠名捐赠兼具公益性和私益性、有偿性和无偿性、合同性与非合同性的特点，以冠名市场价值认定为关键，仅将超过市场对价的部分作为税收优惠的对象；特定偏好追求型慈善捐赠的规制，应当优先保障捐赠主体的特定意愿，明确捐赠意愿的相应限制，并保障慈善捐赠意愿实现中相关权益的动态平衡；慈善2.0时代下非利他性慈善捐赠正在发生从精英层面走向大众层面、从线下为主走向线上为主、从纯公益慈善走向消费性慈善、从直接自主模式走向平台型模式、从单纯慈善走向多元化模式等转变，慈善立法为应对慈善与商业的边界日益模糊、慈善捐赠激励失衡问题更为严重、特定意愿的实现存在困境、慈善监管问题更加突出等挑战，应当厘清慈善认定标准及其规制范围，完善慈善捐赠激励制度、慈善意愿实现保障制度和慈善信息公开法律机制。这些观点和主张不仅有其新意，而且对慈善捐赠立法具有参考意义。

还需要说明的是，像非利他性慈善捐赠法律规制这样具有开创意义的主题，其研究远非一部专著所能完成。其中还有诸多理论问题（如慈善捐赠的非利他性动机与利他性目的和效果的关系，非利他性慈善捐赠规制中支持和限制的适度标准与组合原则）和实践问题（如面对非利他性慈善捐赠的多样性、动态性、制约因素结构复杂性，如何构建完备和良性的法律规制体系),有待喜燕教授和学界同仁继续投入更多的研究资源。希望本专著能成为我国慈善和慈善法研究迈上新台阶的一块"垫脚石"。

敝人或许是本专著的第一个读者,以上是初读体会,不妥之处,供后续读者批评。是为序。

2022 年 2 月 8 日于上海

摘　　要

据统计，从捐赠总额和人均捐赠额占 GDP 比例来看，我国在全球捐赠指数中位列倒数，不少大额捐赠还流向了境外。究其原因，尽管存在慈善丑闻等负面影响因素，但不可否认，国内立法在激励慈善捐赠方面的作用仍存在显著不足。虽然《慈善法》在激励慈善捐赠方面发挥了一定作用，但有些问题并未规定或未引起足够关注。事实上，慈善捐赠主体进行捐赠的目的不只是纯粹利他，还往往具有非利他性目的追求。为此，从非利他性角度研究慈善捐赠的立法支持与限制显得尤为必要。因此，本书旨在了解我国慈善捐赠制度激励不足和吸引力不足的原因，从非利他性角度探讨立法上激励慈善捐赠的有效途径，研究慈善捐赠内在规律，推动完善我国慈善捐赠相关制度，构建有效的慈善捐赠激励机制，充分调动社会的慈善捐赠积极性，有效激励我国慈善捐赠行为，提升我国慈善捐赠指数，避免大额捐赠外流，推动我国慈善事业发展。

本书从慈善捐赠中存在的非利他性切入研究，在对国内外研究现状进行综述的基础上，对慈善捐赠中存在的非利他性概念予以界定，对非利他性行为予以分类，并就非利他性存在的合理性和边界进行讨论；本书通过问卷调查，分析了不同类型的慈善捐赠目的追求与人类福祉和幸福存在的相关关系；本书从慈善捐赠主体对于潜在物质利益追求、荣誉地位追求和特定偏好追求三个方面分章分析，提出我国慈善立法完善建议；本书在提出慈善 2.0 时代及其特点后，分析了慈善 2.0 时代对慈善法的挑战，明确在应对慈善 2.0 时代背景下现有慈善立法存在的不足，并提出解决对策。具体内容如下。

本书第一章先对国内外学者有关研究进行了概述，并对非利他性慈善捐赠内涵予以明确。国内外学者均不同程度地注意到，慈善捐赠不仅具有利他性，还具有非利他性。国外学者对于慈善捐赠主体非利他性的动机表现、合理性及其激励手段进行了一定的分析，但是对于如何利用慈善捐赠主体的非利他性捐赠动机激励捐赠、慈善捐赠非利他性应有的法律边界、非利他性慈善捐赠的激励手段研究不足。我国学界逐步认识到慈善捐赠存在非利他性因素，但现有的研究成果仍存在研究视角偏向单一、研究内容宽泛粗略等局限，对慈善捐赠中非利他性的正当性论证不足，对于慈善捐赠中非利他性范围和边界研究不足，也未见有关于非利他性慈善捐赠制度支持和限制方面的系统研究。本章基于对非利他性慈善捐赠既有研究的述评，提出了本书的研究框架与思路。

本书第二章首先是对非利他性慈善捐赠的基本内涵的界定，提出慈善捐赠中的非利他性体现为非利他动机与非利他效果的结合。慈善捐赠主体的非利他性动机分为物质利益追求、荣誉地位追求、特定偏好意愿、政治地位和社会认同追求等类型。立法不仅应该关注慈善捐赠存在的利他性，还应该正视慈善捐赠中存在的非利他性追求。在此基础上，本章提出慈善捐赠中的非利他性具有其存在的正当性，具有促进慈善捐赠的重要作用，但立法对慈善捐赠中非利他性追求的支持应该是有限度的，非利他性必须受到合法性、附属性和非排他性等限制，慈善捐赠中的非利他性只能是附属的或者伴随性的，当非利他性与利他性发生冲突时，必须要保证利他性优先，非利他性的存在不能超过特定的限度。

本书第三章对慈善捐赠非利他性动机进行了问卷调查研究。调查可知，慈善捐赠的非利他性动机与人类福祉和幸福具有显著相关性。潜在物质利益追求、荣誉地位追求、特定偏好追求对于人类福祉与幸福具有正相关性，但基于政治地位和社会认同追求的慈善捐赠对于人类福祉和幸福具有负相关性。我国慈善立法应关注并正视慈善捐赠中存在的非利他性，对慈善捐赠中与人类福祉和幸福存在正相关关系的潜在物质利益追求、荣誉地位追求和特定偏好追求方面的捐赠动机予以有限支持，对与人类福祉和幸福具有负相关性的政治地位和社会认同方面的捐赠动机予以限制。

本书第四章是对慈善捐赠税收优惠制度方面的研究。其中，提出税收优惠制度是对慈善捐赠主体物质利益追求方面支持和限制的有效途径。尽管我国现有慈善捐赠税收优惠立法有一定作用，但是尚存在税收激励种类不全、税收优惠条件苛刻、税收激励缺乏纵向公平、税收减免流程复杂等问题。我国慈善捐赠税收激励制度不仅应该体现为正向激励，还应体现为反向激励；不仅要有重点激励，还应有无差别化激励；不仅需要间接激励，还应给予直接激励；不仅体现规范性，还应体现便捷性。我国应该在辩证吸收域外经验的基础上，转化税收优惠制度思路，体现出正向激励和反向激励的结合、重点激励和无差别化激励的结合、间接激励和直接激励的结合、规范性和便捷性的结合，丰富税收优惠种类、新增无差别化激励方式、鼓励众筹奖励、强化非货币资产捐赠激励、简化税收激励流程。

本书第五章是对慈善捐赠主体冠名捐赠方面的制度支持与限制方面的研究。冠名捐赠是慈善捐赠主体荣誉地位追求的主要体现。慈善冠名捐赠兼具公益性和私益性，有偿性和无偿性，合同性与非合同性。实践中应该根据不同情况对冠名捐赠予以区别对待。从应然意义来说，冠名捐赠主体不应同时享受冠名对价和税收优惠双重利益。从激励捐赠角度，当前我国冠名捐赠市场价值部分仍然可以享受税收优惠，但长远来说，冠名对价部分不应享受税收优惠，超过市场对价的部分才可以享受税收优惠。我国立法应该明确慈善冠名捐赠的适用类别，设定冠名期限，规定适用条件，明确适用程序，构建慈善冠名捐赠取消制度，确立冠名市场价值认定规则。

本书第六章是对慈善捐赠主体特定偏好追求方面的制度支持与限制方面的研究。对慈善捐赠特定偏好的满足是实现捐赠意愿的重要保障。现有立法有关捐赠意愿的支持存在立法内容割裂且不周延、慈善捐赠主体意愿的保障不足、慈善财产公益利用规定不灵活等问题。立法应该优先保障捐赠主体的特定意愿，加强特定意愿的程序性保障，明确捐赠意愿的相应限制。为此，我国立法应该强调慈善立法的融合性和周延性，完善捐赠意愿优先保障的法律规定，确立统一的捐赠人意愿保障模式，完善捐赠意愿实现的程序性保障制度。同时，立法应增强慈善财产公益利用的灵活性，强调慈善财产为公益所用，并保障慈善捐赠意愿实现中相关权益的动态平衡。

本书第七章对慈善2.0时代下非利他性慈善捐赠提出的立法挑战进行了研究，并提出了立法完善的建议。慈善2.0时代下慈善捐赠体现出的新特点包括慈善行为从精英层面走向大众层面、从线下为主走向线上为主、从纯公益慈善走向消费性慈善、从直接自主模式到平台型模式、从单纯慈善向多元化模式转变等方面。这些新特点对慈善立法提出的挑战体现为慈善与商业的边界日益模糊、慈善捐赠激励失衡问题更为严重、特定意愿的实现存在困境、慈善监管问题更加突出等方面，在应对挑战方面，存在慈善概念缺乏统一认知、慈善捐赠激励与限制的制度不足、慈善捐赠意愿实现保障制度不够、慈善信息公开制度不完善等问题。为此，我国慈善立法应该厘清慈善认定标准及其规制范围，完善慈善捐赠激励制度、慈善意愿实现保障制度和慈善信息公开法律机制。

因研究能力、水平和精力所限，本书也存在一定的不足。慈善捐赠荣誉地位追求方面，主要是针对冠名权的研究，其他方面的荣誉地位追求的研究不够；慈善捐赠主体税收优惠之外的物质利益追求研究尚需深化；慈善2.0时代对于慈善立法带来的挑战及制度回应的考虑还需要进一步系统化。这些问题尚需要进一步研究思考，并希望有关专家提供指导与帮助。

关键词：非利他性　慈善捐赠　立法支持　立法限制

目　录

第一章　非利他性慈善捐赠研究概述与研究思路 ……………… (1)
　第一节　国外相关研究概述 ………………………………… (2)
　　一　关于慈善捐赠中非利他动机类型及表现的研究 ……… (2)
　　二　关于非利他性慈善捐赠激励研究 ……………………… (6)
　第二节　国内相关研究概述 ………………………………… (8)
　　一　关于慈善捐赠影响因素的研究 ………………………… (8)
　　二　关于慈善捐赠动机的研究 ……………………………… (10)
　　三　关于慈善捐赠激励的手段与效果的研究 ……………… (12)
　第三节　已有研究的评析及本书研究思路 ………………… (14)
　　一　国内外研究评析 ………………………………………… (14)
　　二　本书研究思路 …………………………………………… (15)
　　三　研究框架 ………………………………………………… (16)
　本章小结 ………………………………………………………… (17)

第二章　慈善捐赠中非利他性的合理性及其边界 ……………… (18)
　第一节　非利他性慈善捐赠基本内涵 ……………………… (18)
　　一　利己、利他与非利他 …………………………………… (18)
　　二　非利他性慈善捐赠基本含义 …………………………… (25)
　　三　非利他性慈善捐赠的类型 ……………………………… (31)
　第二节　非利他性慈善捐赠存在的必然性 ………………… (36)
　　一　慈善捐赠动机的复杂性 ………………………………… (36)
　　二　慈善捐赠效果的复合性 ………………………………… (39)
　第三节　非利他性慈善捐赠存在的正当性 ………………… (40)
　　一　慈善捐赠中的非利他性不排斥利他性效果 …………… (41)
　　二　非利他性慈善捐赠伦理价值的正当性 ………………… (45)

第四节 非利他性慈善捐赠的应有法律边界 …………………… (46)
  一 慈善捐赠中非利他性必须具有合法性 ………………… (48)
  二 慈善捐赠中的非利他性附属于利他性 ………………… (49)
  三 慈善捐赠中非利他性应该体现为非排他性 …………… (50)
本章小结 ………………………………………………………… (51)

第三章 慈善捐赠非利他性追求的调查分析及立法回应 …… (53)
第一节 慈善捐赠问卷设计与数据采集 ………………………… (57)
  一 研究假设 ………………………………………………… (57)
  二 调查样本基本信息 ……………………………………… (58)
  三 数据处理及问卷说明 …………………………………… (59)
  四 捐赠基本情况分析 ……………………………………… (60)
第二节 慈善捐赠影响因素分析 ………………………………… (61)
  一 慈善捐赠不同动机相关性分析 ………………………… (61)
  二 非利他动机追求对人类福祉和幸福的影响 …………… (62)
  三 小结 ……………………………………………………… (63)
第三节 对非利他性慈善捐赠的应有立法回应 ………………… (64)
  一 优化慈善捐赠税收优惠制度 …………………………… (65)
  二 支持慈善捐赠人荣誉地位追求法律机制 ……………… (65)
  三 完善捐赠人捐赠意愿实现的保障制度 ………………… (65)
  四 对基于政治地位与社会认同追求方面的被动
     捐赠予以限制 …………………………………………… (66)
本章小结 ………………………………………………………… (66)

第四章 我国慈善捐赠税收优惠制度的思路转化与完善路径 …… (68)
第一节 我国慈善捐赠税收优惠立法现状 ……………………… (69)
  一 关于纳税人慈善捐赠所得税优惠的规范性文件 ……… (69)
  二 关于授予公益组织税前扣除资格的规范性文件 ……… (72)
  三 关于纳税人所得税税前扣除比例例外的规范性文件 … (75)
  四 有关慈善捐赠所得税以外的税收优惠的规定 ………… (76)
第二节 我国慈善捐赠税收优惠立法特点及不足 ……………… (79)
  一 我国慈善捐赠税收优惠立法特点 ……………………… (79)
  二 我国慈善捐赠税收优惠立法不足 ……………………… (82)
第三节 我国慈善捐赠税收优惠制度的完善 …………………… (85)

  一 域外慈善捐赠税收激励制度考察与启示 …………… (85)
  二 慈善捐赠税收优惠制度的思路转化 ………………… (96)
  三 慈善捐赠税收优惠制度的完善建议 ………………… (99)
 本章小结 ……………………………………………………… (105)

第五章 我国慈善冠名捐赠制度的支持与限制 ……………… (107)
 第一节 我国慈善冠名捐赠的发展、立法现状及不足 …… (107)
  一 我国慈善冠名捐赠的发展概述 …………………… (108)
  二 我国慈善冠名捐赠的立法现状与不足 …………… (112)
 第二节 慈善冠名捐赠的性质分析 ……………………… (120)
  一 慈善冠名捐赠的公益性与私益性 ………………… (120)
  二 慈善冠名捐赠的有偿性与无偿性 ………………… (125)
  三 慈善冠名捐赠的合同性与非合同性 ……………… (128)
 第三节 我国慈善冠名捐赠的制度完善 ………………… (133)
  一 我国慈善冠名捐赠立法完善的应有理路 ………… (134)
  二 完善我国慈善冠名捐赠制度的具体建议 ………… (140)
 本章小结 ……………………………………………………… (146)

第六章 慈善捐赠特定偏好的制度支持与限制 ……………… (148)
 第一节 我国慈善捐赠主体特定偏好概述及立法不足 …… (149)
  一 慈善捐赠特定偏好概述 …………………………… (149)
  二 我国慈善捐赠特定偏好的相关立法不足 ………… (153)
 第二节 慈善捐赠特定偏好的立法支持与限制的制度
     改革思路 …………………………………………… (159)
  一 优先保障捐赠主体的特定捐赠意愿 ……………… (160)
  二 赋予捐赠主体特定意愿的程序性保障 …………… (162)
  三 明确捐赠主体特定捐赠意愿的应有限制 ………… (163)
 第三节 我国慈善捐赠主体特定偏好的立法完善 ……… (164)
  一 强调慈善立法的融合性和周延性 ………………… (164)
  二 完善捐赠意愿优先保障的法律规定 ……………… (168)
  三 增强慈善财产公益利用的灵活性 ………………… (171)
 本章小结 ……………………………………………………… (174)

第七章 慈善2.0时代非利他性慈善捐赠的立法挑战与回应 …… (176)
 第一节 慈善2.0时代及其对慈善立法的挑战 …………… (177)

一　慈善2.0时代的主要特征 …………………………………（178）
　　二　慈善2.0时代对慈善立法的挑战 …………………………（184）
　第二节　慈善2.0时代非利他性慈善捐赠立法问题 ……………（189）
　　一　对慈善概念缺乏统一的认知 ………………………………（189）
　　二　慈善捐赠激励与限制制度不足 ……………………………（191）
　　三　慈善意愿实现保障制度不够 ………………………………（196）
　　四　慈善信息公开法律制度不够完善 …………………………（200）
　第三节　慈善2.0时代非利他性慈善捐赠的立法完善 …………（203）
　　一　理清慈善行为的界限和类型 ………………………………（204）
　　二　完善慈善捐赠激励制度 ……………………………………（206）
　　三　完善慈善意愿实现保障制度 ………………………………（210）
　　四　完善慈善信息公开法律机制 ………………………………（212）
　本章小结 ………………………………………………………………（214）
结　论 ……………………………………………………………………（216）
参考文献 ………………………………………………………………（218）
后　记 ……………………………………………………………………（231）

第一章

非利他性慈善捐赠研究概述与研究思路

2016 年 1 月,美国著名调查公司盖洛普公布了全球 146 个国家和地区的捐赠指数,我国排名为倒数第二,这是我国继 2013 年和 2014 年分别排名倒数第八和倒数第三之后,又一次排名新低。[①] 在捐赠总额方面,2019 年美国慈善捐赠总额约 4496.4 亿美元,慈善捐赠占 GDP 总值约为 2.1%,人均捐赠金额为 1370.85 美元;2018 年中国捐赠总额约 1128 亿元,慈善捐赠占 GDP 总值约为 0.12%,人均捐赠金额为 80.86 元。由此可见,美国慈善捐赠总额约为中国的 30 倍,在 GDP 中的占比约为中国的 18 倍,人均捐赠额约为中国的 118 倍。这些数据表明,我国慈善捐赠总体情况与美国相比存在很大差距。不仅如此,我国有些大额捐赠还流向了境外。2014 年我国捐赠百杰榜前 100 位捐赠人共捐赠 304.16 亿元,其中 242 亿流向了境外。虽然慈善丑闻导致慈善组织公信力下降可能是国内捐赠额低的重要原因,但不可否认,我国现有立法在推动和激励慈善捐赠方面的作用存在局限。尽管 2016 年实施的《中华人民共和国慈善法》(下称《慈善法》)在税收优惠扣除向后结转、肯定冠名捐赠等方面一定程度上能够激励慈善捐赠行为,然而还有不少问题没有解决或没有引起足够关注。事实上,慈善捐赠主体进行捐赠的目的不只是纯粹利他,还往往具有非利他的动机和效果。要改善我国当前慈善捐赠的现状,需要从慈善捐赠主体非利他性追求的角度,研究构建慈善捐赠激励机制,才能充分激发慈善捐赠主体的捐赠潜力。为此,非利他性慈善捐赠的立法支持与限制研究显得尤为必要。

[①] 李喜燕:《美国慈善冠名捐赠纠纷解决机制及其启示》,《法商研究》2018 年第 3 期。

第一节 国外相关研究概述

国外学者关于慈善捐赠的非利他性研究主要集中在以下几点。

一 关于慈善捐赠中非利他动机类型及表现的研究

(一) 关于慈善捐赠动机类型的研究

罗伯特·A.卡茨(2000)认为慈善捐赠人在捐赠中兼具利他和利己动机,他认为慈善捐赠人存在四种捐赠动机:纯粹的利他、非纯粹的利他、为了荣誉地位或者为了物质利益。纯粹利他主义者是"以自己的净成本为代价为他人谋取利益"的人。这种利他主义者似乎违背了经济学家的假设,即人们是自我利益的理性最大化者。由利他主义驱动的捐赠是有意为之的帕累托劣势:捐赠者让自己变得更糟(即减少自己的效用),以使受赠者变得更好。利他主义者是从另一个人的幸福增加中获得效用的人。利他的捐赠者必然尊重受赠者,将其视为自己的目标。罗伯特认为,纯粹利他主义者主要关心受益人的总体幸福感。即纯粹的利他主义者想要取得的效果是提高接受者的幸福。

相比之下,非纯粹利他主义者或完全自私的捐赠者,要么对受赠人漠不关心,要么把受赠人仅仅当作为自己创造效用的一种手段。非纯粹的利他主义捐赠者可以被看作被真正的但有资格的利他主义所激励的人。非纯粹的利他主义者希望受赠者幸福,但这种捐赠人也有判断、意见或偏好,比如受赠人如何改善自己的幸福,以及应该消费哪些商品来为捐赠人创造效用。非纯粹的利他主义捐赠者寻求改变受益人的消费结构——食用更多的食物与使用更少的药物或者通过限制受助人使用捐赠物的方式进行捐赠。这类捐赠人对于受助者在具体商品或服务上的消费颇感兴趣,而不关注受助人从具体商品或者服务上的消费所获得的效益。不纯粹的利他主义者从接受者的消费中获得效用,并随着接受者消费的特定商品的不同而获得不同的效用。为了荣誉地位或为了物质利益的慈善捐赠不仅不属于纯粹利他行为,也不属于非纯粹的利他。对于追求荣誉地位的捐赠者来说,"捐赠(慈善)行为比受赠人的福祉更重要"。比如某人捐赠"退伍军人之家"组织10万美元,不是发自内心地关心退伍军人,而是希望加入该组织捐赠金额排名前100位的捐赠人所代表的"美好社会慈善"组织精英团队,以显示自己的富有和慷慨。还有的捐赠者是为了获得物质利益,这种物质利益可以体现在若干个方面,比如税收减免、争取与非营利组织成员取得交易机会或者其他商业机会等。① 卢恰纳·查艾祖(2015)等提出慈善捐赠源于同理心,源于对幸福的无私关心,属于纯粹利他主义动机。② 朱利安·兹拉特父(2016)等提出纯粹的利他主义并不存在,某种程度上自我利益是每个人类行为的基础。③ 朱塞佩·马斯特罗马泰奥(2017)等提出慈善捐赠动机分为纯粹利他主义和非纯粹利他主义动机两类。④

(二) 关于慈善捐赠主体不同非利他动机的研究

不少学者注意到慈善捐赠主体具有荣誉地位追求的动机。詹姆斯·安德雷尼奥(1990)提出慈善行为是为了满足个体对温暖发光的渴望,⑤ 阿米凯·格莱泽、科恩·A. 瑞德(1996)提出慈善捐赠是出于表达慷慨或财富的愿望,认为渴望显示自身实力的主体通过慈善捐赠获得社会认同,慈善捐赠实质是发挥了传递名誉的作用。⑥ 威廉·T. 哈博发现非营利组织根据收到的捐赠数额将捐赠人划分为不同的等级,公益捐赠人往往愿意捐出较多的数额而进入某一个更高级别,这种根据捐赠额设置不同的声誉等级的做法提高了捐赠总额。他认为,人们有时并不真的关心捐款的去向,只要通过捐赠,捐赠人提升了自己的社会地位。威廉·T. 哈博(1998)认为慈善捐赠人进行慈善行为是希望获得尊重以及得到社会的赞

---

① Robert A. Katz, "Can Principal‐Agent Models Help Explain Charitable Gifts and Organizations?", *Wisconsin Law Review*, Vol. 2000, No. 1, 2000, pp. 1–30.

② Echazu, Nocettid, "Charitable Giving: Altruism Has No Limit", *Journal of Public Economics*, Vol. 125, March 2015, pp. 46–53.

③ J. J. Zlatev and Miller D. T., "Selfishly Benevolent or Benevolently Selfish: When Self-interest Undermines Versus Promotes Prosocial Behavior", *Organization a Behavior and Human Decision Processes*, Vol. 137, November 2016, pp. 112–122.

④ Mastromatteo G, FF Russo "Inequality and Charity", *World Development*, Vol. 96, March 2017, pp. 136–144.

⑤ James Andreoni, "Impure Altruism and Donations to Public Goods: A Theory of Warm‐Glow Giving", *The Economic Journal*, Vol. 100, No. 401, June 1990, pp. 464–477.

⑥ Amihai Glazer and Kai A. Konrad, "A Signaling Explanation for Charity", *The American Economic Review*, Vol. 86, No. 4, 1996, pp. 1019–1028.

誉或声望。① 丹尼尔·C.巴特森（2003）等提出慈善捐赠主体会因为能够获得社会和他人的认可和赞誉而相应地增加捐赠频率和捐赠数额。② 查尔斯·伊舍伍德（2007）发现威斯康星州麦德森大学为其商务学校募集了850万美元而未授予冠名权成为极大的新闻，③ 威廉·A.德雷南（2011）称其为"空前的"④ 这种说法反过来说明冠名捐赠存在的普遍性，从而表明慈善捐赠主体在捐赠中具有追求荣誉地位的动机。阿米凯·格莱泽和卡伊·A.康拉德（1996）通过研究捐赠目录名单后发现，捐赠主体捐赠的金额往往是刚刚达到某个捐赠级别，表明捐赠主体为了被纳入捐赠目录名单，往往选择付出最小的代价。比如在捐赠500—999美元作为一个档次，捐赠1000美元以上为另一个更高的档次时，捐赠人一般不会选择900美元，而更愿意直接选择1000美元进入更高一级的捐赠档次和捐赠名录。⑤ 一些学者关注到慈善捐赠主体还具有物质利益追求的动机。卡兰·迪恩和约翰·A.李斯特（2007）提出捐赠动机随着捐赠成本降低而增加，⑥ 反向表明慈善捐赠减少成本，具有满足捐助人物质追求的属性。如果捐赠主体捐赠100美元，获得税收优惠为20美元，即捐赠100美元的捐赠成本为80美元。如果捐赠主体捐赠100美元，获得税收优惠为30美元，则捐赠100美元的成本便只有70美元。在第二种税收优惠模式下，捐赠人捐赠的金额往往高于第一种情况。而安德里亚·布拉斯基与弗朗西斯卡·科尔内利认为慈善捐赠具有互惠动机，获得某些声誉或物质回报能够激励捐赠。⑦ 他们认为声誉或物质回报具有互惠的效果，慈善捐赠主体

---

① William T. Harbaugh, "What Do Donations Buy? A Model of Philanthropy Based on Prestige and Warm Glow", *Journal of Public Economics*, Vol. 67, No. 2, February 1998, pp. 283-284.

② Batson, C.D.and Powell, A.A., "Altruism and prosocial behavior", *Handbook of psychology: Personality and social psychology*, Vol. 5, 2003, pp. 463-484.

③ Charles Isherwood, "The Graffiti of the Philanthropic Class", *The New York Times*, Vol. 12, 2007, p. 26.

④ William A. Drennan, "Where Generosity and Pride Abide: Charitable Naming Rights", *University of Cincinnati Law Review*, Vol. 80, No. 1, September 2011, pp. 45-94.

⑤ Amihai Glazer and Kai A. Konrad, "A Signaling Explanation for Charity", *The American Economic Review*, Vol. 86, No. 4, 1996, pp. 1019-1028.

⑥ Karlan Dean, and John A. List, "Does Price Matter in Charitable Giving? Evidence from a Large-scale Natural Field Experiment", *American Economic Review*, Vol. 97, No. 5, 2007, pp. 1774-1793.

⑦ Buraschi,A., and F.Cornelli, "Donations", *CEPR Discussion Papers*, Vol. 25, No.1, 2002, pp.899-900.

为了获得声誉或物质回报进行捐赠。

当然，也有学者关注到慈善捐赠主体在捐赠中具有特定的个人偏好倾向。达伦·W. 达尔等提出慈善捐赠人可能希望通过捐赠，缓解内疚感。[①] 在对史密瑟斯诉圣卢克罗斯福医院（Smithers v. St. Luke's/Roosevelt Hospital）（2003）案中，史密瑟斯完全不是医疗方面的专业人士，但他在捐赠的酗酒康复医疗项目中，想要扮演一个重要的角色，并干涉医院的有关事项。最终，医院和史密瑟斯的遗孀庭外和解，同意停止在与酗酒治疗项目中冠名史密瑟斯的名字，并将她丈夫捐赠的大部分财产予以返还。[②] 该案例充分说明了有些公益捐赠人在捐赠目的方面有着特定的个人偏好，而非出于纯粹的利他动机。塔玛斯·伯瑞斯科（2010）等提出间接互惠、强互惠、声誉建设、竞争利他主义、利他惩罚等理论都是非亲属间慷慨行为的原因，[③] 费莉佩·蒙塔诺·坎波斯等（2017）认为慈善捐赠是基于表达聪明才智的愿望；[④] 朱塞佩·马斯特罗马泰奥等认为慈善捐赠可能是为了增加结交新朋友或潜在配偶的可能性；[⑤] 罗伯特·萨格登（1974）等认为慈善捐赠是出于对道德原则或社会规范的依从性[⑥]，等等。

（三）关于慈善捐赠中的"经济人"现象研究

盖里·S. 贝克（1974）认为慈善捐赠主体有时为了逃避他人或社会责难而进行捐赠。利他行为本身也是为了寻求内心的满足感和成就感，实现自身效用的最大化，可以被看作更高层次的"经济人"。[⑦] 社群主义者认为慈善捐赠行为是自利的，是慈善捐赠主体为了提升"社会资本"的

[①] Darren W. Dahl, Heather Honea and Rajesh V. Manchanda, "The Nature of Self-Reported Guilt in Consumption Contexts", *Marketing Letters*, Vol. 14, No. 3, October 2003, pp. 159–171.

[②] Iris J. Goodwin, "Donor Standing to Enforce Charitable Gifts: Civil Society vs. Donor Empowerment", *Vanderbilt Law Review*, Vol. 58, No. 4, May 2005, pp. 1093–1163.

[③] Bereczkei T., B. Birkas and Z. Kerekes, "Altruism towards strangers in need: costly signaling in an industrial society", *Evolution & Human Behavior*, Vol. 31, No. 2, March 2010, pp. 95–103.

[④] Felipe Montano-Campos and Ricardo Perez-Trgulia, "Giving to Charity to Signal Smarts: Evidence from a Lab Experiment", *Journal of Behavioral Experimental economics*, Vol. 78, 2019, pp. 193–199.

[⑤] Mastromatteo G. and F. F. Russo, "Inequality and Charity", *World Development*, Vol. 96, No. c, March 2017, pp. 136–144.

[⑥] Sugden R., "Reciprocity: The Supply of Public Goods Through Voluntary Contributions", *The Economic Journal*, Vol. 94, No. 376, 1984, pp. 772–787.

[⑦] Becker S. Gary, "A Theory of Social Interactions", *Journal of Political Economy*, Vol. 82, No. 6, 1974, pp. 1063–1093.

一种方式。"经济人"在追求自身利益最大化过程中,利他行为效率也随之提高。因此,非纯粹利他动机下的利他行为能够有效地促进自身效用最大化。

关于"非纯利他主义动机"(Impurely Altruistic Motive)方面,安德烈尼(1987)提出了"温暖理论"(Warm-Glow Theory)。该理论假设除了创造非竞争性利益以外,慈善捐赠主体在为公益慈善事业做出贡献的过程中还取得了个人效用。这种个人效用便是非利他的。从理性"经济人"角度看,允许非利他成分的存在才能够更好地激发"经济人"利他性质的公益行为,是"经济人"自身效用最大化的有效途径。乔希·伊格尔等学者提出慈善捐赠量的多少与捐赠价格的高低密切相关,捐赠价格在慈善捐赠决策中具有重要意义。捐赠价格(名义捐赠额减去因该捐赠所享受的税收优惠金额)越低,慈善捐赠主体捐赠越多。[1]

二 关于非利他性慈善捐赠激励研究

(一)关于税收优惠方面的研究

伊夫林·A. 路易斯(2010)[2]、埃里克·M. 卓尔特(2012)[3] 认为慈善捐赠税收优惠可能使政府补贴产生巨大的浪费,应该予以严格限制,而小帕特里克·E. 托兰(2013)[4] 等持反对意见;伊莱恩·海托华·加利亚尔迪(2003)[5]、威廉·A. 德雷南(2017)[6] 提出保留返还权的慈善捐赠、冠名权的市场价值部分不应纳入税收优惠的范围;阿瓦迪·

---

[1] Eagle, J., "Notional Generosity: Explaining charitable Donors' High Willingness to Part With Conservation Easement", Social Science Electronic Publishing, Vol. 35, No. 1, 2001, pp. 47-90.

[2] Evelyn A. Lewis, "Charitable Waste: Consideration of a Waste Not, Want Not Tax", *Virginia Tax Review*, Vol. 30, No. 1, July 2010, pp. 39-134.

[3] Zolt M. Eric, "Tax Deductions for Charitable Contributions: Domestic Activities, Foreign Activities, or None of the Above", *Hastings Law Journal*, Vol. 63, January 2012, pp. 361-410.

[4] Patrick E. Tolan, Jr., "Compromising the Safety Net: How Limiting Tax Deductions for High-income Donors Could Undermine Charitable Organizations", *Suffolk University Law Review*, Vol. 46, No. 2, March 2013, pp. 55-63.

[5] Elaine Hightower Gagliardi, "Economic Substance in The Context of Federal Estate and Gift Tax: The Internal Revenue Service Has It Wrong", *Montana Law Review*, Vol. 64, No. 2, December 2003, p. 389.

[6] William A. Drennan "Conspicuous Philanthropy: Reconciling Contract and Tax Laws", *American University Law Review*, Vol. 66, No. 6, August 2017, p. 1323.

克托间（2012）①、哈维·P. 戴尔和罗杰·科林沃克斯（2015）②认为应该对非现金慈善捐赠设立科学的评估机制，以防止评估过高导致税收优惠不公；埃伦·P. 艾普罗（2013）认为慈善捐赠分项扣除的纳税人和标准纳税人在慈善捐赠中获得补贴存在纵向不公平，提出改革慈善捐赠税收优惠制度，建议用慈善捐赠抵扣来代替慈善捐赠税前扣除；③爱德华·A. 泽林斯基（2014）对遗产税在慈善捐赠扣除方面的不公问题进行了研究④。

（二）关于冠名及类似激励方式的研究

玛丽·雷杰和谢蒂尔·特勒（2004）通过实验研究表明，公开捐赠人的身份和捐赠额能显著提高捐赠人捐赠数额，有个人回报的慈善捐赠方式比起没有回报的方式更能有效地激励捐赠；⑤约翰·K. 伊森（2005）讨论了合同、有条件的捐赠、信托原理在慈善冠名情况下如何适用的问题；⑥约瑟夫·布洛切分析学校要限制冠名权或排除某些赞助商以冠名为目的进行捐赠；⑦威廉·A. 德雷南（2009）提出冠名应该有期限，建议慈善信托基金的冠名时间为50年；⑧威廉·A. 德雷南（2017）⑨、约翰·K. 伊森（2005）⑩就慈善信托冠名、冠名程序等方面提出了各自的

---

① Koutoujian, A., "Compulsory Burden Shifting in California Charity Law: When Convenience Trumps Protected Speech", *Southwest Law Review*, Vol. 42, No. 2, 2012, p. 421.

② Harvey P. Dale and Roger Colinvaux, "The Charitable Contributions Deduction: Federal Tax Rules", *Tax Lawyer*, Vol. 68, No. 2, 2015, pp. 331-366.

③ Ellen P. Aprill, "Reforming the Charitable Contribution Substantiation Rules", *Tax Rev.*, Vol. 14, 2013, pp. 275, 279.

④ Edward A. Zelinsky, "Why the Buffett-Gates Giving Pledge Requires Limitation of the Estate Tax Charitable Deduction", *Florida Tax Review*, Vol. 16, No. 7, 2014, p. 393.

⑤ Mari Rege, Kjetil Telle, "The impact of social approval and framing on cooperation in public good situations", *Journal of Public Economics*, Vol. 88, No. 7-8, 2004, pp. 1625-1644.

⑥ John K. Eason, "Private Motive and Perpetual Conditions in Charitable Naming Gifts: When Good Names Go Bad", *U. C. Davis Law Review*, Vol. 38, No. 2 February 2005, pp. 375, 419.

⑦ Joseph Blocher, "School Naming Rights and the First Amendment's Perfect Storm", *Georgetown Law Journal*, Vol. 96, No. 1, November 2007, pp. 1-58.

⑧ William A. Drennan, "Surnamed Charitable Trusts: Immortality at Taxpayer Expense", *Alabama Law Review*, Vol. 61, No. 2, June 2009, pp. 225-272.

⑨ William A. Drennan, "Surnamed Charitable Trusts: Immortality at Taxpayer Expense", *Alabama Law Review*, Vol. 61, No. 2, June 2009, pp. 225-272.

⑩ John K. Eason, "Private Motive and Perpetual Conditions in Charitable Naming Gifts: When Good Names Go Bad." *U. C. Davis Law Review*, Vol. 38, No. 2 February 2005, pp. 375-464.

(三) 关于其他激励方式及影响因素的研究

阿明·福克 (2007) 则通过对没有礼品、有小礼品和大礼品的捐赠实验对比发现，小礼品组和大礼品组的捐赠参与率分别比没有礼品组的捐赠参与率高 17% 和 75%，而且礼品的存在对于"冷漠型"家庭捐赠行为的影响力大于"热心型"家庭；① 凯瑟琳·R. 高尔克通过实验证明除了年龄、性别、所处社会阶层和地域因素等影响捐赠动机外，网络时代下网民网龄、每周上网时间、网络熟练程度和网络接口稳定性等对于慈善捐赠动机也存在重要影响。②

第二节　国内相关研究概述

在国内，我国理论界更多关注慈善捐赠本身的公益性与利他性，以前很少看到专门基于慈善捐赠中的非利他性角度的分析与思考，不过近几年来对慈善捐赠影响因素、非利他性动机及其效果的关注逐渐增多，现有相关研究成果主要如下。

一　关于慈善捐赠影响因素的研究

现有研究者从政治关联性、信息公开、慈善组织透明度、高管作用、企业经济发展、家庭收入等方面对慈善捐赠影响因素进行研究。

(一) 有关政治关联和政治认同方面的研究

黎耀奇、宋亚亚、宋丽红 (2020) 提出，现有研究较多关注企业慈善捐赠的经济动机，而忽略了其政治动机，旅游私营企业政治关联与慈善捐赠水平呈正相关，慈善捐赠水平的提高可以提升企业家的社会地位认同。③ 朱斌、刘雯 (2020) 发现企业政治联系有助于提高慈善捐赠意愿，

---

① Armin Falk, "Gift Exchange in the Field", *Econometric Society*, Vol. 75, No. 5, 2007, pp. 1501-1511.

② Katherine R. Gaulke, "Motivation Factors of Current and First-Time Online Donor", Ph. D. dissertation, Capella University, 2010.

③ 黎耀奇、宋亚亚、宋丽红:《旅游私营企业的政治关联、慈善捐赠与企业家地位认同》,《旅游学刊》2020 年第 10 期。

且同时有利于企业获得稀缺资源。① 程海艳、李明辉（2020）发现党组织参与企业治理对企业慈善捐赠具有正向激励作用。②

（二）关于企业捐赠中个体影响的研究

范黎波、尚铎（2020）提出企业管理层的贫困经历及党员身份可以加强管理层语调，并促进慈善捐赠。③ 戴永务、陈宇鈜（2020）提出股权激励能够更好地提升捐赠水平，高管权力较大或者消费者敏感型企业中股权激励与企业慈善捐赠水平的正相关性更强。④ 富钰媛、苑泽明（2019）也提出类似观点，认为大股东股权质押对慈善捐赠具有促进作用，且质押规模、频次均与捐赠水平具有显著正相关性。⑤ 刘蕾（2020）发现重大突发事件中公众不仅关注慈善机构的透明度和公开性，更关注企业规范和执行效率。⑥ 张蒽、钟宏武、魏秀丽（2020）发现突发事件、媒体关注度和经营业绩对中央企业的慈善捐赠具有正向影响。⑦ 王猛、王有鑫（2020）认为信任危机对慈善捐赠影响显著，但信任危机对非货币捐赠的影响较小。⑧ 梁义东、韩金红（2020）提出企业尤其是非国有企业的纵向兼任高管对慈善捐赠的负面影响明显。⑨ 范英杰、赵春琳（2020）提出高管向成长地捐赠的意愿高于向籍贯地捐赠的意愿。⑩ 邹立

---

① 朱斌、刘雯：《企业政治联系影响企业慈善捐赠的机制分析》，《吉林大学社会科学学报》2020年第3期。

② 程海艳、李明辉：《党组织参与治理对上市公司慈善捐赠的影响》，《商业经济与管理》2020年第5期。

③ 范黎波、尚铎：《管理层语调会影响慈善捐赠吗？——基于上市公司"MD&A"文本分析的研究》，《经济与管理研究》2020年第2期。

④ 戴永务、陈宇鈜：《股权激励促进慈善捐赠了吗？》，《财经问题研究》2020年第10期。

⑤ 富钰媛、苑泽明：《兼济天下还是独善其身——大股东股权质押与慈善捐赠》，《当代财经》2019年第7期。

⑥ 刘蕾：《重大突发事件中的慈善捐赠管理制度：焦点事件、注意力分散与政策调适》，《南通大学学报》（社会科学版）2020年第5期。

⑦ 张蒽、钟宏武、魏秀丽：《中央企业慈善捐赠特征与影响因素研究》，《学习与探索》2020年第9期。

⑧ 王猛、王有鑫：《信任危机与慈善捐赠——基于2002—2016年省级数据的实证研究》，《管理评论》2020年第8期。

⑨ 梁义东、韩金红：《监督还是掏空：纵向兼任高管与企业慈善捐赠》，《财会月刊》2020年第16期。

⑩ 范英杰、赵春琳：《传统文化、高管故园情怀与企业慈善捐赠》，《财会月刊》2020年第10期。

凯等（2020）提出家族企业中二代与慈善捐赠的关系更密切。[①] 徐莉萍、刘亦姝、张淑霞（2020）发现企业与高校科研机构关系的建立、维持和合作成为影响慈善捐赠的重要因素。[②] 朱颖（2020）认为慈善捐赠失信行为是影响慈善捐赠的重要因素。[③] 卢正文、陈鹏（2020）提出区域经济发展水平、媒体关注程度、市场集中度、区域的市场化水平和税负水平对慈善捐赠具有重要影响。[④] 家庭收入对慈善捐赠额有正向促进作用，但与慈善捐赠额之间呈现一种倒 U 形曲线关系。[⑤] 有的学者通过实验证明，在捐赠具有自我利益或捐赠成本低的情况下，个体更容易选择慈善捐赠；也有学者从外部环境、个人感知、捐赠动机和捐赠行为等方面对影响慈善捐赠的因素进行实验研究。当然，也有学者从纯粹利他方面进行研究，徐细雄等提出，儒家文化对企业慈善捐助具有显著促进作用，并且超越功利主义目的。[⑥]

二 关于慈善捐赠动机的研究

（一）关于纯粹利他动机的研究

石国亮（2015）提出纯粹利他主义动机促使捐赠人持续性地从事慈善行为。[⑦] 周中之（2017）认为慈善分为纯粹的慈善和功利性的慈善，提出慈善捐赠存在"施恩不图报"和"善有善报"的慈善动机，认为个人慈善捐赠内生动力系统、外生动力系统和动力传导媒介共同组成慈善捐赠动力系统，捐赠主体的慈善意识、财富伦理观属于内生动力系统，对慈善捐赠动机发挥作用，制度政策要素作为外生动力系统发挥作用。[⑧]

[①] 邹立凯等：《"后天的慈善家"——传承背景下家族企业慈善捐赠研究》，《外国经济与管理》2020 年第 3 期。

[②] 徐莉萍、刘亦姝、张淑霞：《企业慈善捐赠、校企关联与创新绩效——基于企业与校研机构资源交换的视角》，《技术经济》2020 年第 7 期。

[③] 朱颖：《健全慈善捐赠失信行为治理机制》，《人民论坛》2020 年第 19 期。

[④] 卢正文、陈鹏：《制度环境、客户定位与企业慈善捐赠》，《山西财经大学学报》2020 年第 5 期。

[⑤] 朱健刚、刘艺非：《中国城镇家庭收入与慈善捐赠》，《学术研究》2020 年第 1 期。

[⑥] 徐细雄：《儒家文化与企业慈善捐赠》，《外国经济与管理》2020 年第 2 期。

[⑦] 石国亮：《倡导和培育内在驱动的利他导向的慈善动机——兼论"慈善不问动机"的片面性》，《理论与改革》2015 年第 2 期。

[⑧] 周中之：《慈善：功利性与非功利性的追问》，《湖北大学学报》（哲学社会科学版）2017 年第 3 期。

(二) 关于非纯粹利他动机的研究

相当一部分学者关注到慈善捐赠中存在非纯粹利他动机，提出"慈善不会必然反对利己性动机的存在，利己与利他具有一定的相容性。"① 其一是有关寻租、讨好政府、谋求政治关联的动机。张会芹（2020）提出民营企业慈善捐赠具有融资寻租的预期。② 丁胜红、刘倩如（2020）发现企业违规与慈善捐赠水平存在显著正向关系，企业尤其是非国有企业倾向于利用慈善捐赠转移利益相关者和社会公众对违规事件的关注。③ 胡珺等（2020）发现，控股股东存在策略性慈善捐赠行为，在股权质押情境下为了拉抬股价和寻租而进行慈善捐赠，以降低控制权转移风险。④ 李雪等（2020）提出背负"原罪"嫌疑的民营企业通过慈善捐赠讨好政府和社会公众，二者存在正向影响关系。⑤ 范黎波等（2019）提出进取型企业的慈善捐赠行为具有一定的"伪善性"或谋求企业政治关联性。⑥ 其二是有关隐瞒负面消息、获得公众认同或者提升荣誉地位方面的动机。曹海敏等（2019）提出，企业为了隐瞒负面信息而进行慈善捐赠。⑦ 张晨等（2019）发现各类企业的慈善捐赠的私利动机均比较明显且民营企业强于国有企业，股权分散企业强于股权高度集中企业。⑧ 杨玉珍（2019）发现民营企业家回乡进行捐赠式治理主要是源于对高声誉的诉求。企业家获得一系列的社会荣誉与其个人捐赠行为之间具有前后关联性。⑨ 刘妍（2015）认为慈善主体的慈善动机不一定源于内心善念，而是出于对某种

---

① 杨方方：《慈善力量传递中的义和利：相融与相生》，《社会保障评论》2019年第4期。
② 张会芹：《慈善捐赠、反腐力度与信贷融资》，《经济经纬》2020年第3期。
③ 丁胜红、刘倩如：《企业违规、代理成本与慈善捐赠》，《会计之友》2020年第6期。
④ 胡珺等：《控股股东权质押与策略性慈善捐赠——控制权转移风险的视角》，《中国工业经济》2020年第2期。
⑤ 李雪等：《"原罪"嫌疑、制度环境与民营企业慈善捐赠》，《会计研究》2020年第1期。
⑥ 范黎波：《谁会更慈善？——基于竞争战略和慈善捐赠行为关系的研究》，《技术经济》2019年第10期。
⑦ 曹海敏等：《企业慈善捐赠是伪善吗——基于股价崩盘风险视角的研究》，《会计研究》2019年第4期。
⑧ 张晨等：《上市公司慈善捐赠动机：利他还是利己——基于中国上市公司盈余管理的经验证据》，《审计与经济研究》2018年第2期。
⑨ 杨玉珍：《民营企业家治村中捐赠行为的诱发因——基于河南省H县3个全国文明村的调查》，《中国农村观察》2019年第5期。

私利的追求。① 石国亮（2014）调查后发现普遍信任水平、媒体认知和媒体事件影响人们的慈善意识，变相说明了荣誉地位对慈善捐赠的影响。郭晟豪、阚萍（2012）认为慈善往往作为公司改善公众关系、产生广告效应和提升公司形象的一条途径。②

三　关于慈善捐赠激励的手段与效果的研究

（一）关于慈善捐赠激励手段的研究

越来越多的学者开始关注慈善捐赠税收优惠问题。总体而言，学者对于企业慈善捐赠税收优惠方面的关注多于对个人慈善捐赠税收优惠的关注。学者们提出当前立法存在享受税收优惠政策的慈善组织有限、受捐慈善组织缺乏普惠制、捐赠管理存在真空、减免税管理不合理、税前扣除限额低、缺乏遗产税和赠与税的反向激励、慈善捐赠减免税程序不规范、操作性不强等问题。李晶、王珊珊（2020）认为税收政策对慈善捐赠具有激励作用，但是所得税激励政策存在种种问题。③ 朱金凤、黄丹丹、张坦（2020）提出税收优惠政策对私企的激励效果高于国有企业。④ 周波、张凯丽（2020）提出企业所得税影响企业捐赠规模和倾向，并提出相应的完善建议。⑤ 王硕、杜兰英、余宜珂（2019）提出，企业所得税税率降低、税前扣除增加都会促使企业进行慈善捐赠。⑥

有学者提出扩大捐赠物的范围、加强对公允价值的界定、突破无偿性原则以激励捐赠；⑦ 有学者也开始关注政府在激励慈善捐赠方面作用的发

---

① 刘妍：《慈善的分类与道德价值导向》，《东南大学学报》（哲学社会科学版）2015年第6期。

② 郭晟豪、阚萍：《"经济人"与"利他主义"的一致与冲突——基于企业慈善角度》，《对外经贸》2012年第3期。

③ 李晶、王珊珊：《社会资本慈善捐赠的所得税激励政策探究》，《税务研究》2020年第8期。

④ 朱金凤、黄丹丹、张坦：《税收优惠政策对企业慈善捐赠的激励效应研究》，《会计之友》2020年第15期。

⑤ 周波、张凯丽：《促进慈善捐赠的企业所得税政策探析》，《税务研究》2020年第5期。

⑥ 王硕、杜兰英、余宜珂：《税收对企业自利性动机下慈善捐赠的影响分析》，《税务研究》2019年第7期。

⑦ 葛伟军：《公司捐赠的慈善抵扣——美国法的架构及对我国的启示》，《中外法学》2014年第10期。

挥，提出政府应该是慈善捐赠的激励者、大众多元参与的引导者和动员者、慈善机构公信力的保障者和规范者等观点；① 有学者提出从慈善募捐的主体范围与资格、公益募捐服务制度、公益募捐财务制度、公益募捐信息披露制度以及公益募捐监督管理及其法律责任制度等角度规范募捐以促进激励；② 个别学者从冠名的角度提出了激励慈善捐赠的建议。③

（二）关于慈善捐赠激励效果的研究

周晓剑等（2019）提出慈善捐赠水平和企业绩效呈现双向积极影响，市场化程度对捐赠水平影响有所增加。④ 彭镇（2020）提出慈善企业捐赠行为存在同群效应，且社会学系和社会压力机制是主要渠道，同地区、同行业企业存在显著正向影响。⑤ 王分棉等（2020）提出国有企业、有政治关联的企业和处在消费者敏感型行业的企业，多元化经营程度对企业慈善捐赠的影响更强。⑥ 淦未宇、肖金萍（2019）提出，女性高管比男性捐赠意愿更强，权利强度与捐赠水平呈明显正相关，制度环境越落后，高管性别对捐赠的积极效应越明显。⑦ 涂咏梅等（2020）提出慈善捐赠对企业绩效具有正向影响，但因经济发展水平降低，其促进关系会减弱或消失。⑧ 赵晓阳、胥朝阳（2020）经过调查发现慈善捐赠能够促进企业技术创新能力的提高，但是随着高管过度自信，这种作用逐渐减弱。⑨ 杨艳等（2019）提出民营企业参与慈善捐赠能够获得更多的商业信用融资，但是

---

① 赵宝爱：《论政府在慈善捐赠激励机制中的角色定位》，《学术界》2011年第10期。

② 杨道波：《公益募捐法律规制论纲》，《法学论坛》2009年第4期。

③ 李喜燕：《慈善冠名捐赠的税法前瞻》，《西南民族大学学报》（人文社会科学版）2020年第2期。

④ 周晓剑等：《企业社会责任、市场化程度与慈善捐赠——来自上市公司的动态面板证据》，《软科学》2019年第8期。

⑤ 彭镇：《中国上市公司慈善捐赠行为中的同群效应研究》，《管理学报》2020年第2期。

⑥ 王分棉等：《企业多元化经营程度与慈善捐赠——基于利益相关者识别理论的视角》，《北京工商大学学报》（社会科学版）2019年第5期。

⑦ 淦未宇、肖金萍：《女性高管、权力强度与企业慈善捐赠——基于我国民营上市公司的实证研究》，《管理学刊》2019年第4期。

⑧ 涂咏梅等：《地区经济发展、慈善捐赠与企业绩效关系的实证检验》，《统计与决策》2019年第18期。

⑨ 赵晓阳、胥朝阳：《慈善捐赠会影响技术创新吗？——基于高管过度自信的调节作用》，《财会通讯》2020年第20期。

有政治关联的企业往往被认为是"行政捐赠"或者"被动选择"。① 游辉城等（2019）提出环境敏感型企业的慈善捐赠能够提升企业合法性形象，降低权益资本成本。② 邹萍（2019）提出，慈善捐赠水平与企业价值呈现倒立的 U 形关系，并与动态调整速度有关。③ 曲顺兰、武嘉盟（2017）认为，企业所得税税前扣除政策极大地激励了企业慈善捐赠行为。④ 罗俊等（2019）提出公开捐赠信息容易导致捐赠数额较低的主体拒绝捐赠，但公开捐赠信息对捐赠数额较高的人则可能激励捐赠数额的增加。⑤ 此外，有学者对于不同慈善主体的捐赠效果进行了分析。周忠华、黄芳（2017）从道义论上提出，纯粹利他的慈善占据了至高位。⑥ 无论慈善主体是基于何种理念而进行慈善行为，客观上都改善了受助群体的生活状态。唐闻捷（2013）提出慈善捐赠次数多的中小型民营企业家的幸福感指数高于捐赠次数低的民营企业家，利他性动机的民营企业家的幸福感指数、总体情感指数和生活满意度均高于利己性动机的民营企业家。⑦

第三节　已有研究的评析及本书研究思路

一　国内外研究评析

总体说来，国外对于慈善捐赠中的非利他性关注较早，对于慈善捐赠主体非利他性的激励与约束的研究较为丰富，主要表现为：已有学者对慈

---

① 杨艳等：《民营企业慈善捐赠对其商业信用融资的影响——基于供应商感知视角》，《财会月刊》2019 年第 13 期。

② 游辉城等：《慈善捐赠对权益资本成本的影响：基于环境敏感型与非环境敏感型企业的分析》，《南京工业大学学报》（社会科学版）2019 年第 3 期。

③ 邹萍：《慈善捐赠动态调整机制及其异质性研究》，《管理学报》2019 年第 6 期。

④ 曲顺兰、武嘉盟：《慈善捐赠企业所得税政策效果评价》，《税务研究》2017 年第 3 期。

⑤ 罗俊等：《捐赠信息公开对捐赠行为的"筛选"与"提拔"效应——来自慈善捐赠田野实验的证据》，《经济学》（季刊）2019 年第 4 期。

⑥ 周忠华、黄芳：《慈善文化的多层性与核心价值观的引领》，《中州学刊》2017 年第 10 期。

⑦ 唐闻捷：《民营企业家慈善捐赠行为与主观幸福——关于温州地区中小型民营企业家的调查》，《浙江社会科学》2008 年第 8 期。

善捐赠动机类型及其表现形式进行理性分析的研究成果,对税收优惠、冠名捐赠及相关激励方式的研究也较为丰富,但尚有诸多不足。第一,尽管对于慈善捐赠主体非利他性动机具有一定的分析,但是对于如何利用慈善捐赠主体的非利他性捐赠动机予以激励缺乏深入研究。第二,对慈善捐赠中非利他性的合理性方面予以一定的分析,但是并未明确慈善捐赠中非利他性应有的法律边界。第三,关于慈善捐赠激励的现有研究成果主要是关于冠名权和税收优惠方面的研究,而对组织规范、程序性规范以及其他激励手段的研究不足。

相较而言,国内关于慈善捐赠中的非利他性关注和研究相对滞后,主要表现为以下特征。

第一,我国的相关研究起步较晚。不过,近年来学界逐步认识到慈善捐赠中存在非利他性的因素,有不少经济学、社会学等学科的学者对慈善捐赠的非利他性动机、影响因素、税收优惠效果等进行了分析。总体上,现有的研究成果存在研究内容宽泛粗略、研究视角相对单一等局限,[①] 其主要体现为:现有研究是通过列举或举例的方式论证了非利他性的存在,但是欠缺学理性的明确界定;现有研究认识到慈善捐赠中客观上存在非利他性,却鲜有对慈善捐赠中非利他性存在的正当性论证,也缺乏对慈善捐赠中非利他性应该在什么范围内存在、有无法律边界等方面的论证。第二,政府及学界虽然就慈善捐赠相关激励机制有不少研究,但尚缺乏从认识和利用慈善捐赠主体非利他性追求这个特定视角来研究慈善捐赠激励制度的相关法学类论著。第三,虽然我国学界对慈善捐赠税收优惠相关问题的关注日益增多,但现有的所得税税前优惠制度研究仍然是建立在对个体收入超过纳税起征点的群体上,而对收入尚未达到个税起征点的占人口更大比例的低层次群体捐赠激励制度的研究缺乏。第四,尽管有的学者开始从慈善捐赠动机的角度去思考问题,但尚缺乏从行为经济学和法制角度挖掘并激发慈善捐赠主体非利他动机以激励慈善捐赠的研究,更未见到关于对慈善捐赠主体不正当的非利他性追求予以限制的研究。

二 本书研究思路

基于对现有国内外研究现状的综述可知,从学理上对于非利他性慈善

---

① 许琳:《从慈善需要慈善行为》,《西北大学学报》(哲学社会科学版) 2020 年第 1 期。

捐赠进行理论界定并论证其存在的合理性、现状表现、现存问题并从不同类型角度分析立法支持与限制显得非常必要，基于此，本书的研究思路与框架如下。

本书总体上遵循总—分—总的思路，前三章为总体分析，第四章到第六章为分类论证，第七章为总体论述。其中，本书第一章先对有关慈善捐赠的研究进行综述。第二章对慈善捐赠中非利他性的合理性及其边界进行了分析。第三章对慈善捐赠中非利他性的现实表现进行调查分析，并归纳出现实中慈善捐赠中非利他性的类型，提出非利他性慈善捐赠具有物质利益追求、荣誉地位追求或特定偏好追求等不同类型的需要。在此基础上，第四章、第五章、第六章分别对慈善捐赠人有关物质利益追求、荣誉地位和特定偏好追求的立法支持与限制进行了分析。在有关物质利益追求中主要以税收优惠制度进行分析，有关荣誉地位的追求中主要对慈善冠名捐赠的立法支持与限制进行分析，有关特定偏好追求中主要基于慈善捐赠意愿的角度进行立法支持与限制的分析。本书的最后一章针对互联网时代下有关非利他性慈善捐赠的总体立法问题进行分析，并提出了建议。

三 研究框架

具体而言，第一章为非利他性慈善捐赠的总体概述，包括国内外研究现状梳理及评析、本书研究框架；第二章为非利他性慈善捐赠的基本内涵、合理性及其边界的分析，内容包括非利他性慈善捐赠的概念、类型，非利他性慈善捐赠存在的必然性、正当性和应有法律边界。第三章为慈善捐赠中非利他性追求的调查分析，根据研究假设，制作调查问卷，在对调查问卷汇总后进行总结分析，并推出相应的结论，认为慈善捐赠中存在物质利益追求、荣誉地位追求、特定偏好追求和政治地位追求等非利他性慈善捐赠类型，并提出相应的立法回应建议。第四章是针对非利他性慈善捐赠中物质利益追求的典型表现形式——慈善捐赠税收优惠制度进行研究，内容包括我国慈善捐赠税收优惠的发展历史及现状，并归纳我国慈善捐赠税收优惠的立法特点及不足，在对域外慈善捐赠税收激励制度进行考察的基础上，借鉴域外制度的经验启示，提出我国慈善捐赠税收优惠的思路转化，从而提出慈善捐赠税收优惠制度的完善建议。第五章是针对非利他性慈善捐赠中的荣誉地位追求中的典型形式——冠名捐赠进行分析，对我国慈善冠名捐赠的发展及其现状分析的基础上，明确我国慈善捐赠冠名捐赠的立法不足，并对慈善冠名捐赠的性质进行分析的基础上，提出我国慈善冠名捐赠的制度完善建议。第六章是针对慈善捐赠中特定偏好追求进行分析，主要是基于慈善捐赠主体的特定意愿角度进行分析，在对特定偏好进行界定的基础上，分析了我国有关立法不足，并明确制度改革思路，提出相应的立法完善建议。鉴于调查显示，政治地位与社会认同的追求对人类福祉和幸福的追求之间存在负相关关系，政治地位与社会认同提高，人类福祉和幸福一定比例地减少，对此种动机的慈善捐赠不应该予以支持，故本书没有针对有关政治地位和社会认同方面的专章立法支持与限制的分析。本书第七章是基于互联网时代下慈善捐赠进入了慈善 2.0 时代进行的分析，鉴于慈善 2.0 时代对慈善立法提出的挑战，有关非利他性慈善捐赠的相关立法存在相应的不足，并提出相应的立法完善建议。

本章小结

国内外学者均不同程度地注意到，慈善捐赠不仅具有利他性，还具有非利他性。国外学者对于慈善捐赠主体非利他的动机类型、"经济人"理论及其激励手段进行了一定的分析，但是对于如何利用慈善捐赠主体的非利他性捐赠动机激励捐赠、慈善捐赠非利他性应有的法律边界、非利他性慈善捐赠的激励手段研究不足。我国学界逐步认识到慈善捐赠存在非利他性因素，但现有的研究成果仍存研究视角偏向单一、研究内容宽泛粗略等局限，对慈善捐赠中非利他性正当性论证不足，对于慈善捐赠中非利他性范围和边界研究不足，也未见有关于非利他性慈善捐赠制度支持和限制方面的系统研究。本书在评析国内外研究现状的基础上提出了本书的研究思路。本书第一章先对有关非利他性慈善捐赠的研究进行概述，并给出本书的思路与框架；第二章对慈善捐赠中非利他性的基本概念、合理性及其边界进行了分析；第三章对慈善捐赠中非利他性的现实表现进行调查分析。第四章、第五章、第六章分别对慈善捐赠人有关物质利益追求、荣誉地位追求和特定偏好追求的立法支持与限制进行了分析。本书的最后一章针对互联网时代下有关非利他性慈善捐赠的总体立法问题进行分析，并提出了建议。

第二章

慈善捐赠中非利他性的合理性及其边界

慈善捐赠客观上存在非利他性,已是不争的事实。尽管慈善捐赠必须首先满足利他性,但是慈善捐赠中的非利他性的存在具有其客观必然性。其客观必然性是由慈善捐赠中非利他性之内在本质属性决定的。慈善捐赠中非利他性具有正当性,但应有相应的法律边界。

第一节 非利他性慈善捐赠基本内涵

要确定非利他性慈善捐赠的内涵,先要对利己、利他和非利他几个概念进行基本界定,再明确非利他性慈善捐赠的基本含义,并对其进行归类分析。

一 利己、利他与非利他

(一) 利己

利己即自利,是个体有利于自己的想法、倾向与行为,是考虑自己的利益超过了考虑他人或群体利益的思想与行为。"私心""自私""私欲"等都体现了利己的一面。

关于利己主义的说法最早应追溯到古希腊的伊壁鸠鲁。他认为所有人都只追求自己的快乐。[1] 欧洲近代资产阶级将利己主义发展为完整的伦理观,人文主义者在文艺复兴时期提出人们可以为所欲为地追求个人私利。17 世纪,霍布斯认为人的本性是自私自利的,人人都追求对自己有利的事情,主张"私恶即公利"。18 世纪的学者认为自爱自利是人的本性。19

---

[1] 杨秀青:《论利他性》,《辽宁大学学报》1995 年第 4 期。

世纪的利己主义学说开始主张追求最大多数人的最大幸福。虽然不同时期利己主义者都把追求个人利益作为利己主义的基本特点，但19世纪以后，利己主义学说开始意识到个人利益是社会利益的一部分，增加个人利益就是增加社会幸福，但是归根到底否定利他主义。达尔文的群体选择理论有利于解释群体内利他行为的存在。群体内成员存在利他行为使该群体能够在与其他群体或部落的竞争中获胜。哈密尔顿的亲缘选择理论则认为个体对近亲具有更多的利他行为。利己主义中还有一种合理利己主义，合理利己主义者不赞成损人利己，其认为利己主义包括利己不损人和利己利他两种类型。[①] 也就是说合理利己主义是将个人利益与社会利益相结合，[②] 利己以不损害他人利益为条件。合理利己主义认为人是自利的，但是对利己行为加以限制是合理的。《伦理学大辞典》提出，利己主义（egoism）以自我为中心，其道德原则为以个人利益为准则。[③] 纯粹利己主义认为个人利益为行为的唯一目的，不仅是允许的，而且是必需的，[④] 认为每个人在任何时候都应该最大限度地追求自己的利益，认为一个人行为的唯一目的就是利己。[⑤] 利己主义的行为目的只能是利己，利他行为的存在也是为了实现利己的目的。总之，利己主义认为个体行为的目的只能是利己的道德原则和道德理论。

有学者认为人性不可能既有利己性，又有利他性，虽然人会做出利他的行为，但是并不是人性本身的利他，相反，表现出利他的人性内在地服从于人的自利性。[⑥] 在现实中，人的利己本性决定了个体普遍追求个人私利，而不会为了他人牺牲自己的利益，但是利己本性又会受到社会和道德的限制。有学者认为按照利己的动机和后果不同，可以将人的行为分为损

[①] 田成义：《中国近代合理利己主义研究》，博士学位论文，黑龙江大学，2012年，第25页。

[②] 田成义：《中国近代合理利己主义研究》，博士学位论文，黑龙江大学，2012年，第25页。

[③] 朱贻庭主编：《伦理学大辞典》，上海辞书出版社2000年版，第76页。

[④] ［德］弗里德里希·包尔生：《伦理学体系》，何怀宏、廖申白译，中国社会科学出版社1988年版，第379页。

[⑤] Beauchamp, T. L., *Philosophical Ethics: An Introduction to Moral Philosophy*, New York: McGraw Hill Book Company, 1982, p. 86.

[⑥] 韩东屏：《反思"人性自利"》，《伦理学研究》2016年第6期。

人利己、利己不损人和利己利他三种类型。① 自私和利己的范围不同，只有损人利己才是自私，利己的范围大于自私的范围。

（二）利他

利他（altruism）源于拉丁语"alter"，就是利于他人的想法与表现。关于利他行为的论述最早可以追溯到古希腊。亚里士多德认为，人的天性是与同伴互相帮助，共同获益。我国古代儒家的"仁"就是无私利他。② "正义""仁爱""慈悲"等往往是利他的表现形式。默顿将利他行为界定为"牺牲施助者的利益而有利于他人的行为"。③

19世纪法国实证主义者孔德正式提出了利他的概念，认为利他主义是人类天然的普遍道德感情，在个人利益与他人利益、集体利益发生矛盾冲突时，集体利益高于个人利益，个人应该牺牲个人利益维护他人和集体利益。孔德对利他主义的解释是一种不考虑自身收益而完全为他人获取利益的行为和始终以他人能够取得利益为重心的行为。他认为利他的冲动行为和利己的冲动行为都是人类所具有的行为，而利他的冲动行为是基础，利己的冲动行为建立在利他的冲动行为之上。斯宾塞认为利己主义先于利他主义。因为利他行为必须在保全自己生命的前提下才能实现。斯宾塞反对利己主义和利他主义的极端化，认为利己性快乐与利他性快乐同等重要。尽管利他首先取决于利己，但利己又取决于利他。④ 利己主义以自我保存为目的，利他主义以种族保存为目的。他认为绝对的利他主义或者利己主义都不能推动社会发展。利己行为与利他行为相互联系，密不可分。人类的行为既有利己，也有利他，离开利己的利他和离开利他的利己都不是正义的。如果个体只为了自己的利益则很难在社会上正常生存，而完全为了他人或者共同体的利益牺牲或者付出个人利益也无法正常生存。

持"经济人"理论的学者认为利他行为是为了实现利己的目的。"经济

---

① 田成义：《中国近代合理利己主义研究》，博士学位论文，黑龙江大学，2012年，第29页。

② 王健：《利他行为的模型构造与数量分析》，博士学位论文，厦门大学，2009年，第1页。

③ ［美］罗伯特·默顿：《社会研究与社会政策》，林聚任译，生活·读书·新知三联书店2001年版；转引自胡石清《从利他性到社会理性——利他主义经济学研究的一个综合观点》，《财经问题研究》2009年第6期。

④ Herbert Spencer, *The Principles of Ethics*, New York: Appleton and Company, 1896, p. 201.

人"是利己的，是基于多层次的需要，实施相应的行为。这种利己性并不仅限于经济利益，也表现出对于友谊、荣誉、尊重等非经济利益的需要，既表现为对物质利益的需要，也表现为对非物质利益甚至精神利益的需要。个体精神利益的需要也是"经济人"个人追求效用最大化的体现。目的的利己，并不等于自私自利。"经济人"假设人的本性是利己的，而利己需要通过利他的方式与手段来实现。因此利己与利他并非相互排斥，而是统一的。利己只有通过利他才能实现。然而，由于道德认识过于功利性，可能发生欺骗、坑蒙拐骗等行为，损人利己的机会主义行为不可避免。

关于利他行为的分类，不同学者给予不同的分类。有的研究者将利他行为分为亲缘利他、互惠利他、纯粹利他三种类型。[①] 其中亲缘利他和互惠利他都不是纯粹的利他，具有非利他性。亲缘利他是个体为具有血缘关系的个体做出的牺牲，是为了实现自身基因延续的最大化；互惠利他是为了以后的回报做出的牺牲。互惠利他分为直接互惠与非直接互惠（有的又称为间接互惠）。直接互惠通过行为主体之间的反馈直接传导。间接互惠通过他人给予的声誉评价进行传导，即声誉机制在间接互惠中发挥着重要作用，个人的行为通过各种消息传播到整个人群，从而建立声誉，行为人能在类似环境中得到同样的帮助。[②] 纯粹利他是不计任何物质利益的付出和牺牲，是完全考虑他人的利益，却对自己没有利益甚至带来损害的行为。利他倾向是发展变化的，在不同的社会环境中，利他行为不同。

有人认为利他行为在日常生活中表现出不同的形式：有交换性的利他行为、选择性的利他行为、境遇性的利他行为、稳定性舍己的利他行为。交换性的利他行为是以利他行为来换取他人赞誉等个人某种需求的行为。选择性的利他行为表现为，在相同情况下，行为主体根据自己是否了解或是否与自己有密切关系，更多地选择能够有利于自己了解或者与自己有密切关系的群体的行为。比如与自己有师生关系、亲属关系、同事关系、朋友关系等相对于其他群体更密切的关系，行为人的行为表现出更加愿意选择有利于这些密切关系的群体的利他行为。境遇性的利他行为就是在特定特殊环境下，行为人能够感受到特定境遇的困难或者窘迫，从而基于自己

[①] 王健：《利他行为的模型构造与数量分析》，博士学位论文，厦门大学，2009年，第10页。

[②] 杜鹏：《基于互惠、非直接互惠和群体文化选择的利他行为研究》，博士学位论文，中国科学技术大学，2006年，第69页。

的同情心、善心和爱心选择利他的行为。而稳定性舍己的利他行为超越了前面交换性利他行为、选择性利他行为和境遇性利他行为,更多地表现为无私给予和真诚造福他人。这种无私给予与真诚造福他人的利他行为,相对于交换性利他行为、选择性利他行为、境遇性利他行为而言,需要道德主体将社会需求内化为自己的选择,来满足社会和他人的需求,从而产生精神上和心理上的满足感。因为无私奉献必然需要行为人以自己的某种牺牲为条件,所以更为可贵。

有学者认为,人类表现出来的利他行为可能源于纯粹利己、纯粹利他、为己利他[1]的动机,还有学者认为存在利他利己[2]。理性经济人认为纯粹利己与纯粹利他行为不具有持久性,只有为了自己而利他的行为才是普遍的并具有持久性的。[3] 为己利他中为他人带来利益的行为并非是为了真正地帮助他人,而是为了获得个人利益,这种利他的效果仅仅是为了个人利益的附带结果。而利他利己是出于利他的动机,其结果往往也对自己有利。对利他行为的原因进行分析,有学者认为利他行为主要是基于亲缘关系、基于互惠目的或者基于群体文化选择等因素。

不论何种情况的利他行为,也不论是为了满足自己的需要,还是基于其他原因,只要主体做出了有利于他人的行为都属于利他的范畴。即使行为人是为了满足自己的需要,却以对他人的奉献或给予的形式来表现自己的需要时,其行为仍然是利他的。

事实上,利他与利己并非完全割裂,而是对立统一的。一方面,利他与利己是对立的。首先,二者的对立表现为两种相反的价值取向,利己是实现人的自我价值,利他是实现人的社会价值。其次,一方的增加往往伴随着另一方的减少。比如基于资源的有限性,在静态下财富总量不变,资源稀缺的情况下,将他方财富增加,必然导致自己一方财富减少。另一方面,利他与利己又具有统一性。统一性体现为二者相互依赖、相互促进、相互转化、相互渗透。首先,没有利他价值取向就没有利己价值取向,没有利己价值取向也没有利他价值取向。实现利他需要维持利己的存在,利己的存在才能够更好地实现利他。个体自我价值的实现是其社会价值实现的必要条件,同时社会价值的实现能够更好地实现自我价值,二者相互促

---

[1] 邓春玲:《经济学中的人》,博士学位论文,东北财经大学,2005年,第76—77页。
[2] 徐秋实:《利己与利他的人学思考》,硕士学位论文,山东师范大学,2009年,第7页。
[3] 邓春玲:《经济学中的人》,博士学位论文,东北财经大学,2005年,第76—77页。

进。其次，二者在价值上互相渗透。利他与利己往往表现为一个共同体，在这个范围内是利他，在更大范围内则是利己。比如，抵御外侵是一种利己的行为，但也是对自己所在国家中其他人民的利他。有些情况下，利己的行为同时也是利他。如果个体能够保持健康，则不需要其他成员的照顾。从这个意义上来说，利己又内含着利他。最后，利他与利己价值上可以相互转化。如生产者为了赚钱而生产商品，必然想要将商品生产得更好，以便物美价廉销售，虽然是为了自己的利益，但是同时达到了为他人利益的效果。人的行为是在一定的欲求动机支配下产生行为目标，并运用各种手段实现目标的活动。① 马斯洛提出了五个层次的需求理论②。就人的高层次需要来说，其自我实现的动机是利己的，但其行为效果往往是利他的。这种利己动机，其实也就转化为利他动机，利他动机即成为利己动机的工具。从这个意义上说，利他与利己是相互统一的。

（三）非利他

关于人的行为动机和效果，运用不同的分类方法，得出的分类结果不同。非利他动机可能产生利他的效果，利他动机也可能产生非利他的效果，鉴于个人的主观动机无法判断，则需要结合其效果进行分析。因此在分类时应该将动机与效果相结合进行分类。如果从行为指向对象角度进行分类，则主体行为可以分为利他行为、利己行为或互利行为等其他行为。这种分类方法下，利他和利己两类行为不能穷尽所有的行为类型，实践中有些行为并非只涉及利他和利己两类，还有比如互利互惠的行为、共益的行为、共害的行为。也就是说，行为动机还存在利他、利己之外的其他情况。如果从行为是否利他角度进行分类，则主体的行为可以分为利他行为与非利他行为两种。这种分类方法下，利他与非利他是相对概念，能够穷尽所有的行为表现，不存在利他与非利他之外的情况存在（参见表2-1）。

表 2-1　　　　　　　　　　不同分类依据对比

序号	分类依据	分类结果
第一种分类	是否利他	利他行为、非利他行为
第二种分类	行为指向对象	利他行为、利己行为、互利行为等其他行为

---

① 伯茂雄：《现代心理学概论》，陕西师范大学出版社1985年版，第33页。
② 马斯洛的需要层次理论中五个层次的需要分别为生理的需要、安全性需要、爱的需要、尊重的需要与自我实现的需要。

从范围上来说，第一种分类下非利他行为比第二种分类下的利己行为范围更广。根据上述两种分类标准，其分类结果中都包括了利他行为；但是在利他行为这一类别外，不同的分类方式，对应的分类结果不同。在第一种分类中，非利他行为涵盖了利他以外的所有行为表现，比如互利行为、共益行为、不利人不利己或害人害己行为；而第二种分类中，利己行为却不能涵盖利他以外的所有行为表现，据此非利他行为的范围显然大于利己的范围。

实践中，上述两种分类下的子类均不能完全对应实践中的具体情况，不同的类别下又存在多种具体表现，两种分类方法表现出来的分类结果既有重合的部分，又有交叉和不同的部分。详见表2-2、表2-3。

表2-2　　　　　　　　两种分类方法对应的行为类型一览

第二种分类	行为类型	第一种分类	是否利他及强度
利他行为	纯粹利他	利他行为	强利他性
	损己利他	利他行为	强利他性
	利他不利己	利他行为	强利他性
	利他利己	利他行为	弱利他性
利己行为	纯粹利己	非利他行为	纯粹非利他性
	损他利己	非利他行为	纯粹非利他性
	利己不利他	非利他行为	纯粹非利他性
	利己利他	利他行为	弱利他性
其他行为	互利互惠	利他行为	弱利他性
	共益	利他行为	弱利他性
	不利己不利他	非利他行为	纯粹非利他性
	损人损己	非利他行为	纯粹非利他性

表2-3　　　　　　　　行为类型、是否利他及强度、慈善性一览

行为类型	是否利他及强度	是否具有慈善性
纯粹利他	强利他性	慈善性
损己利他	强利他性	慈善性

续表

行为类型	是否利他及强度	是否具有慈善性
利他不利己	强利他性	慈善性
利他利己	弱利他性	慈善性
纯粹利己	纯粹非利他性	非慈善性
损他利己	纯粹非利他性	非慈善性
利己不利他	纯粹非利他性	非慈善性
利己利他	弱利他性	慈善性
互利互惠	弱利他性	慈善性
共益	弱利他性	慈善性
不利己不利他	纯粹非利他性	非慈善性
损人损己	纯粹非利他性	非慈善性

运用第二种分类方法，从利他角度出发，一个行为可能存在纯粹利他、损己利他、利他不利己、利他利己四种情况；从利己角度出发，一个行为可能存在纯粹利己、损他利己、利己不利他、利己利他四种情况；此外还存在互利互惠行为、共益行为、不利己不利他行为和损人损己行为。

上述第二种分类下的12种行为类型对应了第一种分类下的利他行为与非利他行为，而根据利他与非利他行为的强弱程度来看，在利他行为中，有些行为具有较强的利他性，比如纯粹利他行为、损己利他行为、利他不利己行为；有些具有较弱的利他性，比如利他利己行为、利己利他行为、互利互惠行为、共益行为。而在这些弱利他性行为类型下，因为行为本身不仅利他，同时也利己，这些行为均包括了利己的一面，这种利己性同时也表明其具有非利他的一面，即弱利他性行为。至于纯粹利己行为、损他利己行为、利己不利他行为、不利己不利他行为、损人损己行为则不具有利他性，是纯粹非利他性行为。

二 非利他性慈善捐赠基本含义

（一）慈善捐赠必然具有利他性

英文中的Charity与Philanthropy都表示慈善。在古代，Charity表示对家族以外的人的善意行为,① 是对某个共同体以外的人所为的善意行为。② Philanthropy 由 Phil 和 anthropy 组成,源于古希腊,是对人类的博爱之意,即通过慈善捐赠行为增加人类福祉和幸福③。Charity 和 Philanthropy 各有侧重,④ 前者仅强调对弱者的救济,后者还强调对教育、公共设施等的捐赠,具有提高福利水平的意思。⑤ 19 世纪以后,美国使用更多的是 Philanthropy,体现了对理性福音主义⑥的推崇。⑦ 英国使用更多的不是 Charity 和 Philanthropy,而是"Beneficence"和"Benevolence"。这两个词在英文中常常表示捐赠、善行、慈善等,强调对弱者的救助。中国的慈善概念源于儒家、道家和佛教的善恶报应思想。"慈""善"分开使用,分别代表"慈心"和"善举",分别从伦理道德和社会行动层面进行理解。⑧

---

① 正如西塞罗所言,"倘若把钱用于修建城端、船务、港口、沟渠,以及所有那些服务于社会的工程,那么这种支出就更为正当了。诚然,施舍像即期付款一样,能使人得到更多一时的满足,但是公共工程的改善会使我们的子孙后代更加持久地感恩"。参见徐奕春译《西塞罗三论》,商务印书馆 1998 年版,第 195 页。

② Warren Weaver,"U. S. Philanthropic Foundations: Their History, Structure, Management, and Record", *American Quarterly*, Vol. 20, No. 2, January 1967, p. 6.

③ 包括私人为了永久性公共目的而建立的机构。参见 Chris Abbinante,"Protecting 'Donor Intent' in Charitable Foundations: Wayward Trusteeship and The Barnes Foundation", *University of Pennsylvania Law Review*, Vol. 145, No. 3, January 1997, pp. 665-710.

④ 随着慈善事业向公共领域扩展,Charity 和 Philanthropy 的差别也在日益缩小,许多学者已经不再对二者做严格区分。学者们在翻译 Charity 时,有时将其翻译成慈善,有时将其翻译成公益,比如我国将英国的 *Charity Law* 翻译成慈善法,而资中筠先生在写作《财富的归宿——美国公益基金会述评》时,将 Charity Foundation 翻译成公益基金会,美国学者田中实先生在写作《公益信托与公益法人》的过程中,也将 Charity Found 理解为以公益信托或公益法人方式设立的财团。

⑤ 田凯:《非协调约束与组织运作》,商务印书局 2004 年版,第 86 页。

⑥ 到了 19 世纪,与感恩相联系的慈善观念越来越为两个方面所排斥:对弱者而言,获得帮助日益成为一种基本权利,施舍式的慈善无异于是对贫穷阶层的侮辱;对于强者而言,"理性主义的福音主义"拒绝救助所谓自己把自己变穷的人(比如懒惰)。参见 J. Barry and Jones (eds.), *Medicine and Charity before the Welfare Stete*, London: Routledge, 1991, p. 190.

⑦ 由于 Charity 一词以贫困者的救济为中心,有一种富人对穷人施舍的污蔑性的语感在内,因此,19 世纪以后,随着美国公益活动在文化等方面的展开,Charity 渐渐不再被使用。

⑧ 行善以求善报在流行民间的善书中有很典型的表现。比如清代善会善堂收录的《阴骘录》中收录的功过程中有这样的规定:救人一命得百功;完一妇女节得百功;收养一无倚报五十功;施一地与无主之葬得三十功;以方术活一重病得十功;救一有力报人之畜命得五功;施茶药

现代社会，不少学者给慈善下定义，关于慈善的定义，观点各有不同。① 目前比较得到认可的说法是，慈善是将时间和产品转移给没有利益关系的个人或组织的行为。② 一般意义上，慈善具有两个特点，一是慈善不是强制的，完全是自愿的行为；二是慈善的对象应该是与行为人没有利益关系的个人或者组织。慈善应该是基于对人类的爱。③ 关于捐赠，《现代汉语大辞典》对其解释为放弃自己的财产，无偿赠送给他人。由此看来，慈善与捐赠都具有无偿提供帮助的含义。我国《慈善法》第34条从定性上比较准确地定义了捐赠。④ 当然，我国的《中华人民共和国公益事业捐赠法》（下称《公益事业捐赠法》）也对捐赠进行了间接定义。⑤ 两法虽然有所不同，但是都表现了捐赠的无偿性和自愿性。关于慈善捐赠的

（接上页）（百钱准一功）得一功；拾得遗字一千得一功；劝阻人不溺一子堕一胎得百功；救免一人流离得五十功；修创道路桥渡（百钱准一功）得一功；疏河掘井济众（百钱准一功）得一功；建仓平集（百钱准一功）得一功等。［日］夫马进：《中国普会善堂史研究》，伍跃、杨文信、张学锋译，商务印书馆2005年版，第741页。

① 国外慈善方面的法律中也给慈善下了定义。如《乌克兰慈善与慈善组织法》对慈善的定义是："慈善是个人或法人实体对接受者给予自愿的、无私的物质上、财政上、组织上及其他方面的、善意的帮助和支援。"《亚美尼亚共和国慈善法》第3条规定："本文所称慈善是指，为达到本法第二条载明的目标，由自然人、法人给自然人、非商业组织提供的、非官方的、无偿的、法律规定（无偿或优待条款）许可的有关物质和精神方面的帮助。"《俄罗斯慈善活动和慈善组织法》第1条规定：慈善活动是指公民和法人不图私利地（无偿或以优惠条件）将包括资金在内的财产转交给他人或法人的志愿活动以及不图私利地完成工程、提供劳务和给予其他帮助的志愿活动。法律在认定慈善活动或慈善行为时，并不考虑其背后的动机。只要有捐助行为和志愿行为的意思表示即可认定为慈善，并不追问这种慈善活动的道德动机为何。

② ［美］加里·贝克尔，《人类行为的经济分析》，王业宇等译，上海三联书店1995年版，第321页。转引自田凯《非协调约束与组织运作》，商务印书局2004年版，第86页。

③ 基于这个观点，人类之爱具有更大的包容性，既可以包容宗教意义上的慈悲，也可以包容世俗意义上的同情怜悯；既可以包容功利性的慈善，也可以包容以其本身为绝对价值的慈善。

④ 《慈善法》第34条规定，慈善捐赠是指自然人、法人和其他组织基于慈善目的，自愿、无偿赠与财产的活动。

⑤ 《公益事业捐赠法》第2条规定，自然人、法人或者其他组织自愿无偿向依法成立的公益性社会团体和公益性非营利的事业单位捐赠财产，用于公益事业的，适用本法。该条的主要含义包括，一是主体是自然人、法人或其他组织；二是自愿无偿捐赠财产，用于公益事业；三是向依法成立的公益性社会团体和公益性非营利的事业单位捐赠财产才算作该法意义上捐赠。《公益事业捐赠法》界定的是公益而非慈善，该法对于捐赠的路径必须是向依法成立的公益性社会团体和公益性非营利的事业单位捐赠。

界定，不同学者从不同角度运用不同概念对其进行了相关研究，虽然众说纷纭，但是各类定义均围绕"捐赠"和捐赠所具备的财务转移的特点进行，不同之处主要集中于：一是捐赠主体的不同。就捐赠主体而言，除了针对公司捐赠的界定外，其他的界定要么没有指明主体，要么是认定自然人、法人和其他组织均可以作为慈善捐赠的主体。二是捐赠目的的说法不同。有的说是为了发展社会公益事业或资助不特定的社会成员，也有的说是为了增进社会福利或是为了社会公益目的，还有的说是为了社会公益事业、公共目的或其他非营利的特定目的。三是受赠主体或捐赠对象不同，① 学界基本上把公益性社团法人和事业单位法人等特定机构都作为慈善捐赠的受体，当然其说法有些不同，有些称这些受赠主体为中介性机构，至于这些特定机构接受以后如何分配在所不问，而有些学者认为慈善捐赠不仅是对这些法律上认可的特定机构的捐赠，还包括向能够代表受资助人利益的某些临时组织、个人等的直接资助。四是捐赠的客体②不同。对于捐赠的客体究竟包括哪些，各种观点不同，就资金和实物而言基本是没有异议的，而对无形资产、劳务甚至权利的捐赠越来越成为最近发展的方向，应该纳入慈善捐赠的客体范围。综述现有观点，慈善捐赠就是自然人、法人或其他组织，为了慈善公益目的，通过个人、某些临时性组织、公益性社团法人、公益性非营利性质的事业单位、财团法人、信托公司等主体③或者直接向无利益关系的个人或组织自愿、无偿地转移资产、实物或权益的行为。④ 其主要特征在于捐赠的自愿无偿性、慈善公益目的性。

---

① 其实究竟是称作捐赠对象，还是受赠主体，甚至有人将接受捐赠的个人或组织称为捐赠客体，笔者为了行文方便，并与其他概念方便区别，在此称作受赠主体。

② 关于何为捐赠客体，笔者以为包括资产、实物和权益，但是为了行文方便后面再提及时，根据不同语境多数采用了"财产"等说法，其含义根据上下文意思有时也包括了资产、实物和权益。

③ 美国大多数非营利组织是教会、学校、医院福利机构，统称为慈善组织。John K. Eason, "Nonprofit Law, Econmic Challenges, and The Future of Charities: Panel III: Making and Spending Money in Nonprofits: The Restricted Gift Life Cycle, or What Comes Around Goes Around", U. Pa. L. Rev., Vol 145, 2007, pp. 665-708.

④ 当然尽管针对特定对象的慈善捐赠往往不能享受税收优惠，但是否享受税收优惠与是否属于慈善捐赠行为属于两个不同的问题，即使不符合享受税收优惠的条件也不能代表其不具有慈善捐赠的性质。事实上，不少学者认为服务提供者，比如志愿者也是慈善捐赠行为，但笔者认为因其属于具有特有的人身属性，不应纳入一般的慈善捐赠的领域，而应该特别研究。

不论是自愿无偿还是慈善公益目的，均表明慈善捐赠是有利于其他主体的利他行为，如果不具有利他性，则不具有慈善捐赠的属性。

(二) 慈善捐赠也存在非利他性

慈善动机包括纯粹利他主义和非纯粹利他主义两类。[①]根据上文中有关类型的区分，纯粹利他、损己利他、利他不利己三类行为因为不具有利己性，属于纯粹利他主义的表现形态，具有利他性。当然，也有人否认这种纯粹利他行为的存在。[②]

不可否认的是，有些主体进行慈善捐赠并非基于纯粹利他的行为动机。他们从事慈善活动除了利他的动机，还有着其他的动机。有的以善和爱本身为动机，有的以获得救赎（或善报）为动机，有的以获得名誉（荣誉）为动机，有的以获得商业利益或其他物质利益为动机（获得免税或具有广告效应等）。慈善的不同动机，意味着不同的道德境界：以善和爱本身为目的的慈善为最高境界的慈善。只有极少数的人能够达到如此高的境界；为了获得救赎、善报、名誉或道德满足感的慈善是第二层次的慈善；为了商业利益的慈善是最低位阶的慈善。基于商业利益的慈善主观因素往往不再被考虑，主要从客观效果方面具有帮助弱者或在其他方面的公益而被列为慈善。近代以来对慈善的评价逐渐从道德评价向"效果论"发展，以商业利益为目的的慈善行为被认为具有意义。从功利目的角度对行为效果评价的典型代表是边沁和密尔，他们认为要看行为能否对人们产生快乐和幸福，能否带来实际利益，来进行善恶评价。根据此类理论，如果基于为了得到别人的报酬而抢救一个处于危险状态的人使其免于死亡，从道德评价角度来看，他的行为也是善的。显而易见，这种情况下的慈善，绝不仅具有利他性，而且具有很强的非利他性。

关于慈善捐赠中存在的非利他性，相关研究主要集中在以下两个方面：第一，有些学者提出或认识到慈善捐赠存在利他性以外的动机。关于慈善捐赠主体存在利他性以外的动机的研究可以参看第一章中相应内容。

[①] Mastromatteo G., F. F. Russo, "Inequality and Charity", *World Development*, Vol. 96, No. c, March 2017, pp. 136-144.

[②] 也有研究指出，纯粹的利他主义并不存在，因为其不符合人的自我利益规范，某种程度上自我利益是每个人类行为的基础。Zlatev J. J., Millerd T. Zlatev J. J., D. T. Miller, "Selfishly Benevolent or Benevolently Selfish: When Self-interest Undermines versus Promotes Prosocial Behavior", *Organizational Behavior and Human Decision Processes*, Vol. 137, November 2016, pp. 112-122.

第二，有些学者对慈善捐赠中存在的非利他性效果予以分析。理查德·古德、约翰·K. 伊森、埃里克·M. 卓尔特提出税收优惠本身是一种通过降低捐赠价格而给予慈善捐赠主体的回报，是慈善捐赠主体获得的利他性以外的利益①，具有激励效应②，在激励捐赠中发挥重要作用③。安德烈尼也认为慈善捐赠中存在非利他效用。④

从"理性经济人"假说来看，纯粹的利他主义者与亚当·斯密的"理性经济人"假说的价值基础与目标追求存在着本质差异，前者是基于造福他人、纯粹利他目的而进行的慈善捐赠，后者则可能基于理性经济人利益最大化角度进行捐赠。尽管我们不能否定现实中存在基于完全利他目的而进行的慈善捐赠，但无论是从主观认知还是客观实践来看，相当多情况下的慈善捐赠并非仅仅出于利他的动机，还存在诸多非利他的动机，并能够产生非利他的效果。

因为自利与利他并非是绝对的二元对立，自利意愿形成利己动机，不排除在自利意愿中形成利他的动机，即有利于他人同时自己也觉得有利。⑤ 根据前述表 2-2 中列举的行为来看，在利他利己、利己利他、互利互惠、共益性四类行为中，无论行为主体基于利他、利己、互益还是公益的动机和出发点，其行为均具有利己的一面，既然是具有利己性质的行为，这种利己性便代表其行为具有非利他性。因此，这四类行为应该属于既有利他性，又有非利他性的行为。这种非利他性就是行为不仅仅是利他，而且是利己的、互益的或者共益性质的，这些利他以外的部分，便是非利他的。而这四类行为因为其本身具有慈善捐赠中的自愿无偿性质、慈

---

① Richard Goode. ed., *The Individual Income Tax*, *Revised edition*, Vancouver: University of British Columbia Press, 2005, p. 161; Eric M. Zolt, "Tax Deductions for Charitable Contributions: Domestic Activities, Foreign Activities, or None of the Above", *Hastings Law Journal*, Vol. 63, No. 2, January 2012, pp. 361-410.

② John K. Eason, "Private Motive and Perpetual Conditions in Charitable Naming Gifts: When Good Names Go Bad", *U. C. Davis Law Review*, Vol. 38, No. 2, February 2005, pp. 375, 419.

③ Eric M. Zolt, "Tax Deductions for Charitable Contributions: Domestic Activities, Foreign Activities, or None of the Above", *Hastings Law Journal*, Vol. 63, No. 2, January 2012, pp. 361-410.

④ Andreoni, James, "Impure Altruism and Donations to Public Goods a Theory of 'Warm Glow' Giving", *The Economic Journal*, Vol. 100, No. 401, June 1990, pp. 464-477.

⑤ 刘清平：《利他主义"无人性有德性"的悖论解析》，《浙江大学学报》（人文社会科学版）2019 年第 1 期。

善公益性特点，仍然属于慈善捐赠行为。比如慈善冠名捐赠行为，既具有慈善捐赠的自愿无偿性质，又具有慈善公益性质，因此是利他行为；另外，冠名的同时也使捐赠人从中获得荣誉，具有利己性。这种行为因其符合慈善捐赠的特点，具有利他性；同时又具有利己性，利己性便是非利他性的。因此，冠名捐赠便是属于利他利己性质的行为。

事实上，表2-3中的利他利己、利己利他和互惠互利行为在实践中难以区分，是从不同视角出发的具有相同性质的行为。如果从利己角度考虑就是为利己而利他，属于利己利他；如果从利他角度考虑，则属于因利他而利己，属于利他利己；如果从市场交易角度出发就是属于互利互惠行为。但实践中无法判断行为人本身的出发点是利己、利他还是互利，所以，利他利己、利己利他、互利互惠往往在符合慈善捐赠性质的情况下难以区分。而共益性质的行为如果是公益行为，就不能因为公益行为有利于自己便否定其慈善公益的性质，比如捐赠人进行慈善捐赠发展建设当地的公园，这是具有公益性质的行为，因为捐赠人本身也能够在公园里享受相应的服务，所以该行为具有利己性质，不能因为其有利己性质便否定其慈善公益的性质。

当然，慈善捐赠中的非利他性不仅仅含有行为动机的非利他性，更通过行为效果来表现，利他或者非利他是行为动机和行为效果的结合。[①] 换言之，非利他性表现为两个层面：一是动机的非纯粹利他。慈善捐赠主体不仅具有利他的动机，还具有非利他的动机。二是效果的非纯粹利他。即慈善捐赠主体所取得的慈善效果之外的非利他效果。非利他性慈善捐赠指慈善捐赠主体在一定的非利他动机驱使下进行慈善捐赠取得的利他效果和非利他效果，是非利他动机与利他效果加非利他效果的结合。

三 非利他性慈善捐赠的类型

前文中所述罗伯特·卡茨关于"纯粹利他"动机的说法符合社会各界的认识，但是罗伯特所描述的其他三类慈善捐赠动机并不准确。虽然为了荣誉地位或为了物质利益而进行慈善捐赠的主体更加关注自我利益，但不能因此便断定为了荣誉地位与为了物质利益而进行捐赠的主体就完全不

[①] 李喜燕：《慈善捐赠中非利他性的立法激励》，《河北大学学报》（哲学社会科学版）2015年第5期。

具有利他的动机。罗伯特所述的其他三类慈善捐赠均应属于非纯粹利他动机驱使下的慈善捐赠。但是,非纯粹利他的行为动机仍应有所区分。从人类利益存在的不同领域来看,利益往往分为物质利益与精神利益。罗伯特所述的为了荣誉地位而捐赠及为了追求个人特定偏好或为了获得社会认同而捐赠,其实质都是属于个人特定的精神需求,应该纳入荣誉地位追求的范畴。罗伯特所述的为了税收减免、争取交易机会等进行的捐赠可以视为对于物质利益的追求。因此,根据慈善捐赠中非纯粹利他动机所追求的利益性质,慈善捐赠中非纯粹利他动机可以分为对于物质利益的追求与对于精神利益的追求。当然,某些情况下,慈善捐赠主体的非利他追求同时体现为物质利益和精神利益两个方面。比如,通过慈善捐赠而获得某个名誉,从而增加市场交易的机会,最终又实现了追求物质利益的目的。这种情况下慈善捐赠主体的非利他追求便同时体现为物质利益和精神利益两个方面。

毋庸置疑,纯利他主义者做出慈善捐赠决策时,基于造福他人的动机,只考虑他人的利益,而完全不考虑自身利益;而理性"经济人"做出慈善捐赠决策时,则不仅出于纯粹利他动机,还兼有非利他的动机。

具体而言,利他以外的动机主要体现为以下几种情况。

(一) 对荣誉地位的追求

有学者认为非利他动机表现为"为了提高捐赠者的声望、社会认同、社会地位"[1]。调查发现,非营利组织往往根据收到的捐赠数额将声誉激励划分成不同的声誉等级,而慈善捐赠主体总是希望用更多的捐赠额获得更高级别的声誉。哈博(Harbaugh)(1998)认为,不同声誉等级对应不同的捐赠金额,激励了捐赠总额的提高。在他看来,捐赠主体并不一定关心捐赠款向的去向,只要捐赠主体发现,通过捐赠,提升了其个人的社会地位。[2] 格兰兹·阿米亥(Glazer Amihai)和科恩·瑞德(Konradand Kai)(1996)通过对捐赠者目录名单进行研究后发现,捐赠人往往希望通过最小的捐赠代价被列入捐赠目录名单。通过对 1988—1989 年的捐赠情况研究后发现,在被纳入 1000—4999 美元捐赠目录的 82 位捐赠主体

---

[1] 郑筱婷:《理性人为何捐赠——关于慈善理论和实验研究的一个综述》,《世界经济文汇》2014 年第 1 期。

[2] Harbaugh. W. T., "What Do Donations Buy? A Model of Philanthropy based on Prestige and Warm Glow", *Journal of Public Economics*, Vol. 67, No. 2, February 1998, pp. 269-284.

中，大约有89%的捐赠人的捐赠额在1000—1100美元，属于刚好能够被纳入这个捐赠目录的最低捐赠额区间。同样，哈佛大学法学院1993—1994年捐赠报告显示，在纳入555—999美元的捐赠目录名单中，有93%的人刚刚达到555美元捐赠额。[①] 越来越多的公司把慈善当作改善与公众关系、取得广告效应和提升公司形象的手段与途径。这在美国法律院校的冠名捐赠中可以体现出来，从1784—1984年两百年间，只有四所法律院校进行了冠名，但是在1984年以后的20年里，却有12所法律院校进行冠名。[②] 在美国，大额匿名捐赠越来越少，大金额的捐赠主体一般都要求进行冠名。2007年，威斯康星州麦德森大学商务学校募集了850万美元，但是没有授予冠名权，被认为是"空前的"情况，成为极大的新闻。[③] 除了对学校或建筑物冠名外，有些机构开始把内部空间冠名权进行"出售"，比如教室走廊、图书馆、礼堂、会议室、中庭和单个教室及演讲厅等。匹兹伯格工程大学公布的冠名募捐公告可知，向该校捐赠3000万美元便可以冠名学校，捐赠2.5万美元便可以冠名学生工作办公室等。2014年9月8日，香港恒隆地产向美国哈佛大学的公共卫生学院捐出3.5亿美元，该校公共卫生学院被冠名为"哈佛陈曾熙公共卫生学院"，作为哈佛大学378年来最大的单笔捐赠额，也毫不例外地获得了冠名回报。除了这些有形物体或名称的冠名，还有一系列基金冠名。此外，很多公益组织表示，为了募集到大额捐赠，往往需要对某些人物授予名誉委员或者公益大使等头衔，这样才能募得大额捐赠。这未尝不是慈善捐赠主体对荣誉追求的体现。

一般来说，对于荣誉地位的追求属于精神利益追求的范畴。比如慈善捐赠达到一定额度的才有资格获得荣誉表彰、名誉头衔、被纳入捐赠名册或在捐赠建筑物上留名或者制作雕像等。根据马斯洛的需要层次理论，爱与归属的需要、受到尊重的需要和自我实现的需要往往是在满足了生理需要和安全需要以后的更高层次的需要，捐赠主体不仅通过捐赠荣誉获得归

[①] Glazer Amihai and Kai Konrad, "A Signaling Explanation for Charity", *American Economic Review*, Vol. 86, No. 4, September 1996, pp. 1019-1028.

[②] Robert M. Jarvis, "A Brief History of Law School Names", *Journal of Legal Education*, Vol. 56, No. 3, 2006, pp. 388, 407.

[③] Charles Isherwood, "The Graffiti of the Philanthropic Class", *The New York Times*, Vol. 12 2007, p. 26.

属感,还能够受到社会和他人的尊重,提高社会成员对自己的评价。此外,慈善捐赠荣誉或者名誉还能够给捐赠主体带来内心的精神愉悦、心理的满足感,感受到自我价值,这些可以视为慈善捐赠主体所获得的非利他性精神利益。此外,荣誉地位与政治地位之间往往相互交叉,荣誉地位的取得往往通过政治地位的获得来体现,在获得政治地位的同时,取得了相应的荣誉,或者在获得了荣誉地位的同时,又在一定程度上取得政治地位。而政治地位的获得对慈善捐赠主体来说,也象征着一种荣誉。

(二) 对潜在物质利益的追求

有学者通过实验的方式验证在慈善捐赠中,是否存在潜在的物质利益追求。实验人员对部分捐赠参与者不提供礼品回馈,部分参与者提供小额礼品回馈,部分参与者提供大额礼品回馈,结果发现,获得小额礼品回馈的实验参与者比没有获得礼品的实验参与者捐赠参与率增加了17%,获得大额礼品的捐赠者对获得小额礼品的捐赠者捐赠参与率增加了75%。而在"冷漠型"家庭和"热心型"家庭对比中,这种影响力对于"冷漠型"家庭的影响力更大。在玛丽·雷杰和谢蒂尔·特勒(Mari Rege 和 Kjetil Telle)的实验中,也取得了相同的结论。捐赠主体身份和捐赠额的公开,对提高捐赠人捐赠数额具有明显效果。因此可知,相比没有任何回报的方式来说,能够获得捐赠回报的捐赠方式更能激励捐赠。[1] 还有的捐赠主体进行捐赠,更看重能够获得与公益组织或者相关主体进行市场交易的机会,从而最终能够从中获得物质利益。比如通过向公益组织捐赠,捐赠主体就能够获得与这些公益组织接触机会,从而有机会争取这些组织向捐赠主体购买产品或者服务。在有些情况下,捐赠主体还把取得交易机会作为慈善捐赠的条件,当然,这种做法可能已经涉及违法。此外,通过捐赠而获得冠名或荣誉地位,也可能使得捐赠主体因此提升了社会形象,获得了更多的商业机会,从而实际上获得了经济利益。

事实上,在很多情况下,通过慈善捐赠获得物质利益往往确实存在。可以明确的是,物质利益一方面体现为直接物质利益的增加,另一方面体现为减少了成本或损失。而通过公开报道表扬、获得荣誉或其他形式的奖励也能够提升捐赠主体的社会地位与社会形象,为此交易对象往往更愿意

---

[1] Mari Rege, Kjetil Telle, "The Impact of Social Approval and Framing on Cooperation In Public Good Situations", *Journal of Public Economics*, Vol. 88, No. 7-8, 2004, pp. 1625-1644.

进行交易，从而给捐赠主体带来了更多的市场交易机会，带来了经济利益，这也可以看作慈善捐赠主体间接获得了物质利益。此外，世界上普遍的做法是为慈善捐赠主体提供一定比例或额度的税收优惠。这种税收优惠事实上也降低了慈善捐赠主体的捐赠成本，① 成本的降低也能使捐赠人实际享受到物质利益，只不过这种物质利益是通过减少支出的方式体现出来的。

（三）其他类型的追求

实践表明，慈善捐赠主体并非毫无选择地进行慈善捐赠，而是往往根据各自的经历体验和周围环境，开展慈善捐赠，其结果往往表现为对于特定偏好的追求或者基于其他方面的需要开展慈善活动。

1. 对特定偏好的追求

在史密瑟斯诉圣卢克罗斯福医院（Smithers v. St. Luke's/Roosevelt Hospital）案②中，史密瑟斯在1971年的时候，承诺在纽约罗斯福医院（后来与圣卢克医院合并形成圣卢克罗斯福医院）投入1000万美元，成立一个酒精康复中心。史密瑟斯要求，这个项目的计划和员工聘任等事项需要通过他本人的批准，该项目的治疗目标是是实现酒精中毒治疗的专业化。因为该项目在管理和护理等方面的压力越来越大，最终医院决定卖掉该康复中心，在其他场所进行酗酒治疗。史密瑟斯的遗孀认为，医院没有严格按照其丈夫意愿开展相关酗酒治疗，违背了当初的捐赠协议，将医院起诉到法院。最终，该案件达成了庭外和解，医院不再在该酗酒治疗项目中冠名史密瑟斯，但需要将史密瑟斯捐赠的大部分财产返还给史密瑟斯的遗孀。这个案例充分说明，某些慈善捐赠主体，在捐赠中有着特定的个人偏好，并非出于纯粹的利他动机。

2. 对政治地位、社会认同及其他方面的追求

有学者发现在"获得工作培训、提高工作技巧、获得信息、加强与其他人的联系、参与非营利组织权力的分配"等方面有些慈善捐赠主体往往是有所期待的。③ 比如在出现地震、水灾、疫情等突发性自然灾害或

---

① John K. Eason, "Private Motive and Perpetual Conditions in Charitable Naming Gifts: When Good Names Go Bad", *U. C. Davis Law Review*, Vol. 38, No. 2, February 2005, pp. 375, 419.

② Iris J. Goodwin, "Donor Standing to Enforce Charitable Gifts: Civil Society vs. Donor Empowerment", *Vanderbilt Law Review*, Vol. 58, No. 4, May 2005, p. 1097.

③ Steinberg, *Overall Evolution of Economic Theories*, London: Routledge, 2000, p. 179.

者公共卫生事件时，我国往往存在"运动式"捐赠的情况。这些情况下，相当比例的捐赠是通过单位尤其是国有单位发起的，单位内的各类员工往往根据各自的岗位职级等身份进行捐赠，下级岗位的员工往往不会超越上级岗位领导捐赠的金额，也不会比同级岗位的同事更低。事实上，这种捐赠并非完全出于自主自愿，而是基于环境要求，觉得不按照单位或者环境所期待的角色进行捐赠，就会在这个事情中脱离集体或者受到否定性评价。而在慈善晚会等公开募捐或捐赠活动中，某些明星公开承诺的慈善捐赠也往往属于此类情况，他们进行捐赠不一定是出于纯粹的公益动机，往往也是因为在特定环境下，为了避免在整个同行中落后，而不一定纯粹出于自己的爱心或公益动机。从某种意义上来说，社会认同是对个体社会价值认同的体现，与荣誉地位的追求有一定的交叉关系。这种因角色期待或者环境氛围进行的捐赠，在表面上表现为利他的公益行为，但其捐赠动机也存在为了自己获得社会认同的非利他成分。

第二节 非利他性慈善捐赠存在的必然性

慈善捐赠的非利他性源于其动机的复杂性和效果的复合性，从而说明了非利他性存在的必然性。

一 慈善捐赠动机的复杂性

在慈善捐赠中，评价一个具体的捐赠行为是否"利他"，其首要标准与尺度是捐赠行为之动机。而对捐赠行为利他性的否定性判断，则是基于"人类天性是利己的，不存在真正的利他主义"[1]的基本原则，甚至有人曾经把社会工作者规定为"职业的利他主义者"[2]，试图通过在"利他主义"的前面加一个限定词"职业的"而非本性的利他主义，从而达成对纯粹利他主义的否定。这种源于资本主义的反利他主义思潮，不仅将自利

---

[1] [美]杰罗姆·韦克菲尔德：《利他及人性——社会工作基础理论的建构》，吴同译，《江海学刊》2012年第4期。

[2] Lubove, R. ed., *The Professional Altruist*, Cambridge, Mass: Harvard University Press, 1965, p. 28.

看作一种美德,①而且认为现实生活中不存在完全的利他主义。这种论断从最基本的人性出发,进而依据资本累积主宰下的利益诉求之本性,从根本上分析利他主义存在的现实基础,从而解析利他主义存在的必然性。

客观地说,尽管慈善捐赠中存在利他主义动机,但不能因此就认定慈善捐赠本身仅仅出于利他主义动机。如果完全出于利他的动机,人们应对所有需要帮助之人或事给予资助,其现实的表现应该是慈善捐赠主体不论时间、地点和捐赠对象,只要有需要资助的人与事便会做出捐赠,但是该种情况在现实中并非捐赠的常态。事实上,慈善捐赠主体在捐赠时往往会选择特定的时间、特定的地点、特定的受助对象和特定的项目予以进行。慈善捐赠主体的这种选择行为本身就意味着慈善捐赠主体的利他行为蕴含着其他动机,比如对于为了追求特定的个人价值目标的实现或者其他的特殊爱好。在此种情况下,慈善捐赠主体的捐赠便体现为不仅是为了利他,还有追求其他目标的非利他动机。

慈善捐赠行为的动机并非单一,常常多重动机交织、混杂在一起,而难以清晰地加以剥离与区分,一个慈善捐赠行为往往不只具有利他动机或者只具有利己动机,而是综合了利他与利己动机。有时慈善捐赠主体自身也许不清楚他们自己在慈善捐赠之时,是否只具有明确的利他动机或者利己动机。对此,巴特森·C. 丹尼尔和沙·L. 浪若说:"利他追求是将提升他人福祉为最终目标的动机状态。"②根据达尔文的进化论和适者生存理论,社会有机体首先是要在竞争中获胜才能保证自身的生存与发展。而要在竞争中获胜,主体首先必须具有自利性。依据这种理论,慈善捐赠显然不会是人类的天生动机,因为这是与人之生存本性相悖的。如此,慈善捐赠的动机不具有天生的纯粹利他性。不可否认,作为同样按照社会进化规律生存发展的"理性经济人",其慈善捐赠的动机,具有其复杂性。

慈善捐赠具有非利他的动机也是经过实践检验证实的。尽管有学者认为企业慈善捐赠具有信奉利他主义价值观和信奉利己主义价值观两类,③但是越来越多的研究发现,企业慈善捐赠具有寻求政治关联、提升

---

① [美] 杰罗姆·韦克菲尔德:《利他及人性——社会工作基础理论的建构》,吴同译,《江海学刊》2012 年第 4 期。

② Baton, C. D. and Shaw, L. L., "Evidence for Altruism: toward a Pluralism of Prosocial Motives", *Psychological Inquiry*, Vol. 2, 1990, pp. 108, 115.

③ 丁胜红、刘倩如:《企业违规、代理成本与慈善捐赠》,《会计之友》2020 年第 6 期。

地位、寻求更多信贷、减少经营风险、改善公众关系、广告或或者提升公司评价等动机。针对信奉利己主义价值观的企业而言，当出现产品事故、诉讼风险等危机情形时，企业慈善捐赠水平反而更高。越来越多的企业慈善捐赠不再是纯粹的利他行为，而是成为企业增强竞争优势、应对和化解企业危机①或者隐瞒负面信息②的战略手段。一些临时性慈善捐赠企业更多地被认为具有掩盖负面信息的动机，而持续性捐赠的企业，往往被认为具有更少的自利性动机。经过对2009—2017年中国A股民营上市公司的调查分析发现，党的十八大以前慈善捐赠往往是民营企业谋求政治关联最隐蔽、最保险的方式，通过慈善捐赠的方式寻求银行信贷和融资寻租。③ 进取型企业慈善捐赠被认为具有一定的"伪善性"或谋求企业政治关联性。④ 胡珺等对2003—2018年中国沪深A股公司的调查发现，控股股东存在策略性慈善捐赠行为，在股权质押情境下为了拉抬股价和寻租而进行慈善捐赠，以降低控制权转移风险。⑤ 而通过对2004—2016年上市的1288家民营企业的调查发现，具有"原罪"嫌疑的民营企业往往把进行慈善捐赠作为获得并提高其身份合法性的有效战略工具，并且随着制度环境的改善，这种影响越来越小。⑥ 在进行慈善捐赠的各类企业中，慈善捐赠的私利动机均比较明显，且民营企业强于国有企业，股权分散企业强于股权高度集中企业，⑦ 也有不少公司把慈善当成改善与公众关系给公司发布广告和提升公司形象的一条途径⑧。因此，无论是理论上还是实践中，慈善捐赠均存在复杂的动机。

---

① 戴亦一、彭镇、潘越：《企业慈善捐赠：诉讼风险下的自我救赎》，《厦门大学学报》（哲学社会科学版）2016年第2期。

② 曹海敏等：《企业慈善捐赠是伪善吗——基于股价崩盘风险视角的研究》，《会计研究》2019年第4期。

③ 张会芹：《慈善捐赠、反腐力度与信贷融资》，《经济经纬》2020年第3期。

④ 范黎波：《谁会更慈善？——基于竞争战略和慈善捐赠行为关系的研究》，《技术经济》2019年第10期。

⑤ 胡珺等：《控股股东权质押与策略性慈善捐赠——控制权转移风险的视角》，《中国工业经济》2020年第2期。

⑥ 李雪等：《"原罪"嫌疑、制度环境与民营企业慈善捐赠》，《会计研究》2020年第1期。

⑦ 张晨等：《上市公司慈善捐赠动机：利他还是利己——基于中国上市公司盈余管理的经验证据》，《审计与经济研究》2018年第2期。

⑧ 郭晟豪、阚萍：《"经济人"与"利他主义"的一致与冲突——基于企业慈善角度》，《对外经贸》2012年第3期。

二 慈善捐赠效果的复合性

除了慈善捐赠的动机具有综合复杂性以外，慈善捐赠的效果也具有复合性。其复杂性主要表现为：

第一，慈善捐赠的效果具有多面性。多数情况下慈善捐赠产生的效果不仅仅具有利他的性质，还具有利己的性质。比如向贫困者提供慈善捐赠，使得受助者获得温饱，具有利他的属性。同时，由于给贫困者带来温饱，相应的结果是该贫困者不会因为贫困而发生盗窃或者其他影响社会稳定安全的事件，从而有利于慈善捐赠主体享受安全稳定的生活环境。有学者提出慈善捐赠一方面确实给贫困者或者受赠人带来了福利，同时也对企业修缮社会关系、应对化解危机、掩盖管理层失德行为等具有作用。[①] 慈善捐赠是企业社会责任中最具代表性的责任形式，能够有效地修缮企业的社会关系，[②] 转移舆论对违规行为的关注，重建企业声誉，[③] 从而成为企业转移公众注意力，扭转不利局面的自救工具。[④] 同时，由于慈善捐赠往往传递了企业利他主义价值观，从而默认管理层道德水平较高，倾向于在企业违规被查时选择相信管理层，从而减少管理层可能因违规事件而导致的自身利益损失。[⑤] 由此，企业慈善捐赠从战略层面不仅可能挽救企业违规带来的危机，还可能减少管理层可能的损失，重建利益相关者的信任。研究表明，企业违规与慈善捐赠水平存在显著正相关关系，企业尤其是非国有企业倾向于利用慈善捐赠转移利益相关者和社会公众对违规事件的关注。[⑥]

第二，有的慈善捐赠所产生的效果中利他或利己的边界难以划分。比

[①] 曹海敏等：《孟元·企业慈善捐赠是伪善吗：基于股价崩盘风险视角的研究》，《会计研究》2019年第4期。

[②] 朱永明、常梦可、张水潮：《慈善捐赠、政企关系与企业价值》，《会计之友》2019年第4期。

[③] 李晓玲、侯啸天、葛长付：《慈善捐赠是真善还是伪善：基于企业违规的视角》，《上海财经大学学报》2017年第4期。

[④] 戴亦一、彭镇、潘越：《企业慈善捐赠：诉讼风险下的自我救赎》，《厦门大学学报》（哲学社会科学版）2016年第2期。

[⑤] 谭小伟、丁忠明：《违规处罚对上市公司信息披露的有效性研究：合法性压力与路径依赖的权衡》，《会计之友》2015年第20期。

[⑥] 丁胜红、刘倩如：《企业违规、代理成本与慈善捐赠》，《会计之友》2020年第6期。

如向灾区捐赠或者建立教育基金,虽然不能说捐赠目的一定具有利己的性质,但是通过这种行为,受助人获得救助,贫困地区学生教育条件获得改善。如此,需求者不仅仅获得了相应的帮助,慈善捐赠主体也会因其教育理念的宣传或者从慈善捐赠中体验到个人特有价值或成就感而取得利己的效果。比如上述企业慈善捐赠中,一方面对受赠主体的教育、卫生或者社区发展有益,另一方面也对慈善捐赠企业改善与当地政府的关系、扭转企业形象、摆脱企业融资困境等方面具有积极意义,单从捐赠本身难以说明其只有利他或利己效果,更无从区分其边界。从这个意义上说,慈善捐赠所产生的效果不能单纯地认定为仅仅是利他或者利己,二者的边界是相对模糊的。

第三,社会生活具有复杂性。慈善捐赠中的慈善捐赠主体、捐赠方式、捐赠类型、捐赠对象各有不同。如果我们运用辩证的方法加以分析,社会主体的每一种行为都不能简单地说其具有正外部性或负外部性。比如抢夺别人的财产,本身是利己且受到禁止的行为,而如果这个被抢夺财产的人是准备要通过该财产防止自残,那么从防止自残的角度而言,却是具有利他性质的行为。慈善捐赠也不例外,每一种慈善捐赠产生的效果都可以从不同的社会主体或者不同的角度观察到不同的效果。这种效果既具有利他性,也具有非利他性。

由于慈善捐赠行为动机的多元复杂性和效果的复合性,决定了慈善捐赠行为利他性与非利他性交织在一起,并行不悖,使非利他性特质内在于慈善捐赠行为之中,成为其本质属性,从而使慈善捐赠行为必然具有非利他性特征。

第三节 非利他性慈善捐赠存在的正当性

从抽象的学理意义上对"正当性"加以诠释,概而论之,基本可以分为三类,即第一类是马克斯·韦伯的经验主义的正当性,第二类是以苏格拉底、柏拉图、亚里士多德等为代表的规范主义的正当性,第三类是哈贝马斯的兼具经验主义和规范主义进路的正当性。[①] 这三种主张中,第一

---

① 唐丰鹤:《哈贝马斯的正当性理论探析》,《前沿》2012 年第 14 期。

类强调思想信念的认可,第二类则强调对于某种规范或标准的遵从,强调现实的客观实践,而第三类则是二者的结合,即不仅客观上存在,而且价值上被认可,哈贝马斯认为经验主义和规范主义的正当性理论都存在缺陷。经验主义的正当性理论关注政治秩序能否获得大众认同,却忽略了认同的价值所在,而规范主义则不论是否得到公众的认同,只关注价值。因此哈贝马斯的正当性理论企图平衡经验主义与价值认同,既要求理性层面的客观要素也要求经验层面的主观要素,"不是经验与规范二者的排斥,而是二者的辩证统一"①,被称为"创造了正当性的第三条道路"②。笔者认为,这种兼具价值认同和客观实证的主张能够更加充分地解释事物存在的正当性。慈善捐赠中非利他性,便是符合这种双重进路下的正当性,在客观实践方面,有其存在的现实必然性,在价值上具有可认同性。

一 慈善捐赠中的非利他性不排斥利他性效果

慈善捐赠行为中虽然客观存在着非利他性,但并不因此而影响慈善财产发挥其慈善功能。慈善捐赠的基本标准是"必须充分地表明对社会有利,使其财产永远致力于完成该使命"③。以冠名捐赠为例,其功能在于:一是这种捐赠资金运用于慈善目的,该捐赠提供了公共利益;二是冠名捐赠中,因对受赠组织、项目或建筑物冠以个人名字,使得慈善捐赠接受者与慈善捐赠主体个人名字相联系,从某种意义上看,慈善捐赠主体具有购买了与公共产品相联系的身份,从而提升了慈善捐赠主体形象,实现了慈善捐赠主体荣誉追求甚至物质利益追求的私人目的。但是,即使冠名捐赠存在满足私人目的属性,也不影响其慈善功能的发挥,因为决定慈善捐赠性质的是慈善捐赠财产能够具有促进公共利益的效果。如果这个目的实现了,捐赠主体的冠名动机本身不会改变慈善捐赠的利他性质。④ 比如刻在建设大楼上的捐赠人的名字不会改变教育、艺术或者其他事业的慈善本性,即冠名捐赠具有满足其私人目的功能不影响其公益慈善功能,但如果不允许冠名捐赠,把捐赠人名字从建筑物上去除时可能会导致捐赠的减少或某项捐赠的终结。同理,在慈善捐赠主体追求

---

① 陈炳辉:《试析哈贝马斯的重建性的合法性理论》,《政治学研究》1998 年第 2 期。
② 唐丰鹤:《哈贝马斯的正当性理论探析》,《前沿》2012 年第 14 期。
③ 李喜燕:《慈善捐赠人权利研究》,法律出版社 2013 年版,第 137 页。
④ Estate of Campbell, Cal. *Rptr*., Vol. 97, Ct. App., 1977, p. 728.

税收减免的情况下,尽管可以视为慈善捐赠主体捐赠价格降低,[①] 但是其捐赠的慈善资金或物品本身仍然用于不特定的社会主体,其慈善捐赠价格的降低并不会影响其捐赠的资金或实物发挥其相应的公益慈善功能。在慈善捐赠主体慈善捐赠后获得纪念性质的礼品或者获能够证明其做出慈善捐赠的证书等情况下,同样不会影响其捐赠的慈善资金或实物的公益慈善功能。对于慈善捐赠主体希望通过慈善捐赠提升自身的社会信誉或者知名度从而获得一些交易机会的情况,显然也不会影响到其已经捐赠的资金或实物发挥慈善功能。

其实,从其客观效果上看,慈善捐赠主体非利他性的追求对于慈善捐赠所产生的激励作用,较之排斥非利他性的追求所产生的实际效果更加明显。有学者针对捐赠过程进行伦理透视,提出对于不同的捐赠人,"捐赠"行为中呈现出由低到高的层次伦理:一是基本层次的社会伦理,二是提高层次的社会伦理,三是最高层次的社会伦理。[②] 如此,我们并不怀疑现实中存在最高层次社会伦理指引下的慈善捐赠,但是也不可否认相当多的慈善捐赠属于基本层次或者提高层次的社会伦理,对此亦需要有相应的激励机制进行激励。在理性选择理论看来,人的行善动机是复杂多变的,并非是单一的,并且往往是多种动机和需要的结合体。慈善捐赠主体之所以做出捐赠行为,往往是其理性选择的结果。从理性角度看,允许非利他成分的存在才能够更好地激发"理性经济人"利他的公益行为。尽管有反对者认为"只要理性、智慧可能会造成人性内在情感的缺失"[③],但不可否认这种理性经济行为动机的客观存在。奥尔森(Olson Mancur)(1988)曾说:"有时候,人们受到激励的动力在于为了赢得声

[①] Schwarts Rovert A., "Personal Philanthropic Contributions", *Journal of Political Economy*, Vol. 78, 1970, pp. 264-291.

[②] 基本层次的社会伦理就是不做违反道德底线的行为;提高层次的社会伦理,即在不违反社会基本伦理前提下,考虑捐赠人和受赠人的长远利益和社会利益,在利他中实现互利。捐赠人可以通过捐赠获得相应的声誉,比如特定的名誉职位、特定的冠名或者特定的荣誉证书等。冠名捐赠不仅扩大了捐赠人社会影响力,提升了美誉度,同时更多的社会主体受到了正向激励,积极投身于公益事业也具有相应的正向效益。最高层次的社会伦理为完全的利他,捐赠者把利他作为追求个人自我实现的最终目的,从而不考虑捐赠成本和声誉方面的回报。参见朱小梅《教育捐赠行为的伦理探析》,《教育发展研究》2003年第12期。

[③] 杨豹、肖红春:《正义的实现仅仅依靠理性吗——探讨努斯鲍姆的诗性正义》,《华中科技大学学报》(社会科学版)2012年第5期。

望、尊重、朋友和其他社会和心理目标。"[1] 由于在集体行动中，存在"搭便车"行为，公共利益就难以成为利己主义者进行捐赠的动机，自利的个体一般不会为争取集体利益做贡献。同时，捐赠活动给捐赠者带来的收益是无法排他的，比如，捐赠给希望工程用于资助失学儿童带来的教育普及率的提高是全社会共享的。然而，如果捐赠人有排他性的收益比如捐赠冠名等，则被视为非利他的私人收益，这种私人收益不能由"搭便车"行为取得，是影响捐赠者捐赠的重要因素，能够激发捐赠者的捐赠动力。博弈论对慈善捐赠的解释，突出"理性经济人"根据贡献公共品所带来的收益是否大于不贡献公共品所带来的收益来决定是否提供公共品。当其贡献公共品带来的收益大于不贡献公共品所带来的收益时，"理性经济人"便会选择进行慈善捐赠。比如不少美国大学还"明码实价"地开列教席冠名权的价格，捐赠主体要从捐赠中得到他预期的声誉享受，才愿意做出相应的捐赠。理查德·古德（Richard Good）也持同样的看法，他认为税收优惠是对慈善捐赠的奖励，降低了捐赠价格，慈善捐赠主体可以在征税中获得可观的经济效应，[2] 对慈善捐赠具有激励作用。乔希·伊格尔（Josh Eagle）通过对地役权捐赠的研究，认为捐赠价格是影响捐赠者捐赠的重要因素，税收优惠能够明显地说服捐赠者进行捐赠。[3]

相关的实验也证实了这一观点。葛岩、秦裕林对上海交通大学的240名学生测试后发现，捐赠后能够获得高价格礼物回报的学生捐赠意愿更高，说明市场机制在捐赠意愿中得以体现。[4] 换个角度来看，如果把慈善

---

[1] Andreoni, James, "Privately Provided Public Goods in a Large Economy: the Limits of Altruism", *Journal of Public Economics*, Vol. 35, No. 1, February 1988, pp. 57-73.

[2] Richard Goode ed., *The Individual Income Tax*, University of British Columbia Press, 2005, p. 161. 根据该观点，按照我国《企业所得税法》，慈善捐赠的税收扣除比例由原来的3%提高到了12%，内外资企业适用统一的扣除标准。如果某企业年度应纳税所得额和慈善捐赠额分别为2000万元和240万元，假设以原来的3%的税收优惠比例计算，只有60万元享受税收优惠，余下的180万，若按30%的所得税率征税，仍须缴税54万。按照《企业所得税法》12%的税收优惠标准，则这240万元捐款可以完全享受税收减免优惠。在这种扣除比例发生变化后，企业实际多节约了54万元税款。

[3] Josh Eagle, "Notional Generosity: Explaining Charitable Donors High Willingness to Part with Conservation Easements", *Harvard Environmental Law Review*, Vol. 35, 2011, pp. 47-90.

[4] 葛岩、秦裕林：《善行的边界：社会与市场规范冲突中的公益选择——基于上海交通大学学生的研究》，《中国社会科学》2012年第8期。

捐赠税前扣除，作为一种对慈善捐赠主体的奖励行为，这种奖励相当于为慈善捐赠主体创造了一个良好的捐赠环境。如果把慈善捐赠行为看作慈善捐赠主体的自我发展动力，那么捐赠奖励往往是保障慈善捐赠主体在慈善捐赠中还有一个加速度的外力。这种外力能够有效激励慈善捐赠，如果没有这种激励，外部性的产品往往提供不足。

事实上，慈善捐赠中非利他性的存在不仅能够激励慈善捐赠，而且有利于实现个人效用与社会效用的最大化。许多学者提出并论证了这种观点。安德烈尼提出了"非纯利他主义动机"（impurely altruistic motive）的"温暖理论"（warm-glow theory）。该理论假设公共物品的供给者除了创造非竞争利益外，还从其公益慈善事业的贡献中获得了个人效用——非利他的效用。[1] 经济学家罗伯特·A.史华慈运用西方经济学原理中的价格效应理论和收入效应理论来证明慈善捐赠的税收激励效应，[2] 他认为，当个体收入既定的情况下，每个人将在捐赠和消费（或储蓄）之间作出选择。捐赠的价格就是捐赠支出额减去获得的税收优惠额。在所得税累进税率之下，捐赠数额越低，个人应纳税部分越高，适用的税率也越高，结果是税后的净收入也越低。但捐赠税前扣除相当于降低了捐赠价格，税前扣除比例越高，捐赠价格越低。捐赠价格的降低使得慈善捐赠主体在实际支付的捐赠总额相同的情况下，名义上的捐赠数额更大，体现了捐赠人更多的社会价值；同时，通过税收优惠鼓励社会组织举办公益事业的方式不但节约了国家的征税成本和纳税成本，还减少了政府对此类公益事业的行政事务和行政成本支出，减少成本意味着增加投入，从而有效促进更多的资源用于慈善事业，提高了资源利用的社会效应。另外所得税税前扣除慈善捐赠额，使得应纳税总额降低，适用的税率也相应降低，纳税总额减少，税后的净收入额度降低幅度减小，其结果是个人税后净收入与捐赠总额之和大于个人不捐赠时的个人税收净收入总额，个人所得价值也相对提高，也增加了捐赠人的个人效用。普林西（Prince.R.A）和费尔（File.K.M）认为非营利组织与捐赠

---

[1] Andreoni, James, "Impure Altruism and Donations to Public Goods a Theory of 'Warm Glow' Giving", *The Economic Journal*, Vol. 100, No. 401, June 1990, pp. 464-477.

[2] Rovert A. Schwarts, "Personal Philanthropic Contributions", *Journal of Political Economy*, Vol. 78, 1970, pp. 264-291.

主体的关系是一种社会交换关系。① 慈善经济学只有转向"互惠"——利他且利己,才能较好地解释慈善行为的动机,达到双赢局面。② "利他"可以通过提升知名度和形象,促进产品销量提升从而实现作为"理性经济人"自利的手段,同时也使得受助者境况得到改善,最终表现为行为人利他且利己的效用最大化。

此外,慈善捐赠中,通过奖助学金冠名、讲座席位冠名、赋予捐赠者一定的名誉职位或荣誉证书,象征着受赠人对于慈善捐赠的褒扬与激励,对捐赠人产生良好的个人效用,同时,这种褒扬与激励具有导向和辐射功能,亦能产生良好的社会效应。而在不能取得荣誉奖励的情况下,慈善捐赠行为虽然也给不特定的受助对象提供了相应的帮助,慈善捐赠主体内心也有一种精神的满足。但是,社会认可与肯定并没有充分显现,对其周围群体的激励和辐射功能也不能得以充分地发挥。

二 非利他性慈善捐赠伦理价值的正当性

首先,从社会伦理的角度来看,非利他性的存在符合社会公平正义伦理精神。道德观是影响捐赠的因素之一。在道德观的指引下,捐赠主体会捐赠等同于他最希望别人捐赠或者别人最希望他捐赠的数量。在这种情况下,人们都会以其认为最合适的数量来进行捐赠。譬如一个单位职工进行捐赠时,往往受到其他同事或其所属工作生活圈的影响。这也说明慈善捐赠中的利他行为是一种夹杂着具有公平、互惠等其他因素的有条件的利他(conditional altruism)。这些有条件利他行为,既是非纯粹利他的体现,也是维系社会关系、提升社会道德水平的有益途径。其次,从法理上讲,权利、义务是法律调整人的行为和社会关系的主要方式,二者几乎贯穿于具有逻辑联系的法律现象的各个环节和法律运行的全过程。两者分别发挥着联系的功能,权利表征资格,义务凸显约束。在我国,慈善捐赠不是社会主体的法定义务,仅仅是通常意义上的道德义务,这种权利义务存在分离性特质,不参加慈善捐赠不会招致法律上的否定评价。但是,当社会主体进行慈善捐赠时,就意味着他们自愿主动地履行慈善捐赠的义务,而履行

---

① Prince. R. A., File. K. M., *The Seven Faces of Philanthropy: A New Approach to Cultivating Major Donors*, San Francisco: Jossey-Bass, 2001, pp. 86-92.

② 郭晟豪、阚萍:《"经济人"与"利他主义"的一致与冲突——基于企业慈善角度》,《对外经贸》2012年第3期。

义务的社会主体必然希望有相应的权利支持。① 由此，履行了慈善捐赠义务的主体应该享有相应权利的规则本身符合立法的权利义务基本原则。慈善捐赠税收优惠某种意义上属于赋予履行了捐赠义务的慈善捐赠主体相应的权利，激励人们把多余的财富进行慈善捐赠。慈善捐赠主体能够享受税收优惠，在计算所得税税基之前将慈善捐赠额度的一定比例而不是全部从税基中扣除，甚至还在其他税收方面享受税收优惠待遇。立法通过授予慈善捐赠主体税收优惠权，鼓励人们选择从事法律所容许和鼓励的行为。捐赠人选择参与慈善捐赠，税法便给予其税收优惠的权利；捐赠人选择不参加慈善捐赠，则无权获得相应的税收优惠。精神利益的回报同样也具有这样的作用。无论物质利益回报还是精神利益回报，都给社会主体增加选择的砝码，不仅发挥了法律的指引作用，也符合社会公平正义的伦理精神。

每个社会主体都有慈善捐赠的道德义务，却没有对某个具体群体或项目进行捐赠的特定义务，这就表明慈善捐赠权利义务具有分离性特质。② 当某类主体对 A 项目进行慈善捐赠而对 B 项目不进行慈善捐赠时，获得 A 项目捐赠的受益人便会对该慈善捐赠主体给予感激和正面评价，这种正面评价本身符合国家倡导的感恩意识和道德文化，是一种具有积极意义的道德评价。而对于作出慈善捐赠的主体而言，之所以选择 A 项目而不选择 B 项目进行慈善捐赠，必然具有自己的特定考虑，比如为了加强政治关联、为了获得某类成员的社会评价、为了避免可能的负面影响等。但是，不论慈善捐赠主体基于何种特定考虑，对于接受捐赠的主体而言，对慈善捐赠主体给予积极的感激和正面评价也是伦理道德所倡导的行为。从这个意义上说，非利他性慈善捐赠存在道德伦理的正当性。

第四节 非利他性慈善捐赠的应有法律边界

虽然慈善捐赠中非利他性的存在具有其客观必然性与价值合理性，但

---

① 李喜燕：《慈善捐赠人权利研究》，法律出版社 2013 年版，第 150 页。
② 李喜燕：《慈善义务的分离性困境及其制度克服的思考——从"舆论逼捐"说起》，《华东科技大学学报》2016 年第 2 期。

慈善捐赠中的非利他性不应该被无限扩大，而应具有相应的范围与限度。首先，慈善的本原含义是"利他"，而非"自利"。不论是源于我国古代的"慈善"，还是英文的慈善（"Charity"和"Philanthropy"），均具有仁慈、博爱的意思，代表对穷困之人或需要的人的慷慨给予（for giving）。① 而"捐赠"，即是不求回报地给予他人有价值的东西。因此，慈善捐赠的基本含义便是无偿付出、给予、不求回报，这样的行为不论是动机还是效果，都应该体现为利他性。而其中的非利他性追求必须服从于本原意义上的利他性，直言之，非利他性追求必须以利他为基础和前提。非利他性追求是慈善捐赠之利他的携带性效能。在这里，"利他性"与"非利他性"之间具有严格的主次关系，不可倒置。其次，慈善捐赠本身属于财富，属于第三次分配范畴，其不同于通过市场交易实现的第一次分配，也不同于政府调节的第二次分配。从这一意义上来说，慈善捐赠是企业、社会团体、个体出于自愿，将其可支配收入的一部分或大部分无偿捐赠给他人或团体、组织的活动。在此，无偿性构成判断一项捐赠活动是否是慈善捐赠的根本原则或标准。如果一个捐赠行为既不具备无偿性，又不属于利他性的行为，则不是慈善捐赠。最后，慈善捐赠往往会获得国家税收补贴，获得补贴的原因在于慈善捐赠主体将其拥有的可支配收入用于利他性质的公益事业。税收补贴本身属于公共资源，公共资源补贴也必然要求用于公益事业，这就必然限制慈善捐赠主体对非利他性的过分追求。因此，一方面慈善捐赠必须是利他性的行为，另一方面慈善捐赠中非利他性的存在应具有正当性。在某些情况下，慈善捐赠中的非利他性与利他性之间可能会产生冲突，非利他性的存在可能会危及利他的效果或产生其他损害后果，此时更需要对"非利他性"予以相应的限制与规范，从而确立其相应的合法边界。

通过考察现有的国内外立法，尚未见到慈善捐赠中非利他性的激励与约束的全面立法，有关这方面的规定散见于民事立法、税收立法或者慈善立法中。通过对国内外立法及其实践的考察，结合慈善捐赠本质特性，慈善捐赠中非利他性的限制应该体现为以下几个方面。

---

① 金锦萍：《论公益信托之界定及其规范意义》，《华中科技大学学报》（社会科学版）2015年第6期。

一 慈善捐赠中非利他性必须具有合法性

合法性是法治国家中每个主体进行社会活动必须要遵循的基本原则，慈善捐赠当然也不例外。

首先，慈善捐赠中非利他性的目的必须是合法的。尽管慈善捐赠主体在慈善捐赠中可以追求一定的非利他性目的，但是这种目的一定要满足合法的要求，不能损害国家利益、集体利益或他人的合法权益，也不能对受赠人或受益人附加不合理的条件。比如，慈善捐赠不能以宣扬传播颠覆国家政权为目的，不能以接受有神论思想为条件，不能以对受赠人或者受益人造成精神伤害或者其他方面的伤害为条件。慈善捐赠中非利他性的合法性不仅仅是对慈善捐赠非利他性的限制，而且也是对于慈善捐赠行为本身的要求。以美国为例，《美国统一信托法典》规定慈善信托必须合法，与公共政策一致，并且是可能实现的。不合法的或者与公共政策相矛盾的信托是无效的。非法的信托目的包括涉及受托人犯罪或具有侵权任务，委托人建立信托是为了欺骗债权人或者其他人，或该信托是非法产生的。违背公共政策包括鼓励犯罪、侵权行为、干扰婚姻自由、鼓励离婚、限制宗教信仰自由。[1] 但是，不合法的信托执行方式却不一定导致慈善信托无效。如果委托人建议或者指示一种非法的或者不合适的方法建立信托，而该信托的实质目的能够通过其他方法实现，则信托不一定无效。[2]

其次，慈善捐赠财产必须是慈善捐赠主体合法拥有并具有处置权的财产。慈善捐赠是为了慈善目的，自愿、无偿地向无利益关系的个人或组织转移资产、实物或权益的行为。这种转移的财产或权益包括以下含义：一是捐赠的财产或权益一定是合法取得的财产或权益；二是慈善捐赠主体对捐赠的财产或权益应当具有处分权，非法获取的或者慈善捐赠主体不具有处分权的财产、权益不能用于慈善捐赠。

最后，慈善捐赠主体非利他性动机满足的前提是不能违反社会公共利益和社会善良风俗。这一点在世界各国有不同的法律表述。比如《法国民法典》第6条规定，个人不得以特别约定违反有关公共秩序和善良风俗的法律。《德国民法典》第138条规定，违反善良风俗的行为无效。

---

[1] Uniform Trust Code 2010. S 404. c.

[2] See Restatement (Third) of Trusts § 28 cmt. e (Tentative Draft No. 2, approved 1999).

《日本民法典》第 90 条规定，以违反公共秩序或善良风俗的事项为标的的法律行为为无效。① 美国在 20 世纪 60 年代的司法实践中已经明确，慈善信托中具有歧视性的条款是无效的。Pennsylvania v. Board of Directors 被认为是针对慈善信托的歧视性条款无效的第一案。② 为了维护公共利益和善良风俗，我国《宪法》和《民法典》同样有类似的规定。因此，即便要追求利他以外的利益，慈善捐赠主体也不能存在违反公共秩序或者善良风俗的行为。

二 慈善捐赠中的非利他性附属于利他性

首先，慈善捐赠中的非利他性必须是伴随慈善捐赠中的利他性而产生与存在的，慈善捐赠的本质特征是慈善无偿性，非利他性附属于慈善无偿性而存在。慈善捐赠与市场交易行为的有偿对价不同，是社会主体出于自愿，在习惯与道德的影响下把可支配收入的一部分、大部分甚至全部捐赠用于公益事业，其本质特征在于慈善无偿性。我国立法规定慈善捐赠必须是无偿的，但对于慈善捐赠是否一定全部无偿，美国立法有不同的规定。1967 年，美国国内税收总署提出了在慈善筹资活动中适用于《美国国内税收法典》（IRS）第 170 条项下捐赠的新规则。该规则将捐赠的含义限定在捐赠人向慈善组织的支付超过捐赠人所收到的对价部分。如果按照美国立法，慈善捐赠并非是指捐赠人在捐赠时不得接受任何对价，而是只要给予的财产超过了捐赠人收到的对价，超过对价的部分便应视为捐赠人的捐赠。不过，即使对于慈善捐赠能否部分有偿，能否在一定范围内具有相应的对价意见不一，也可以明确慈善捐赠必然需要具有无偿的成分。慈善无偿性是慈善捐赠的本质特征，慈善捐赠中的非利他性（比如对价）不能自我产生、自我存在，而是附属于无偿的慈善捐赠而存在。如果以慈善捐赠的名义全额接受对价给付，则其行为性质为市场交易，无慈善捐赠可言。慈善捐赠主体从慈善捐赠中所获得荣誉称号、荣誉职位、冠名、税收优惠、特定偏好追求等非利他性效果，都是附属于慈善捐赠行为而存在，

---

① 王利明：《论公序良俗原则与诚实信用原则的界分》，《江汉论坛》2019 年第 3 期。许翠霞、王勤芳：《从"接脚夫"的习俗谈善良风俗的认定——由厦门同安区一则审判案例谈起》，《河北经贸大学学报》（综合版）2019 年第 4 期。

② Elias Clark, " Charitable Trusts, The Fourteenth Anmendmnent and The Wall of Stephen Girard", *Yale Law Journal*, Vol. 66, 1957, p. 979.

并通过慈善捐赠而实现的。美国的国内税收法典对于慈善捐赠主体获得非利他性利益予以一定的认可，并强调其非利他性的附属性。《美国国内税收法典》（IRS）明确，"公开赞赏一个人可能使其收到一些好处，但仅仅是附带的和极少的好处"[①]。比如有一个捐赠人为了再现19世纪早期类似于美国历史博物馆的农村，而用该捐赠人的名字命名，并在向公众公开的册子和公众活动中明确提出，实际上是给予了捐赠人的公开冠名。[②] 然而，《美国国内税收法典》提出，冠名带来的"个人利益是在捐赠带来的公共利益中附带产生的"[③]，并不违反法律规则。1973年，美国财务部也发布规定认为对慈善捐赠的建筑冠以捐赠人的名字带给捐赠人的仅仅是"附带性的和微小的"利益。[④] 由此可见，美国立法一方面肯定慈善捐赠主体可以获得利他性以外的利益，另一方面也强调慈善捐赠主体从慈善捐赠中获得的利益是附属的。

其次，慈善捐赠主体非利他性和慈善目的发生冲突时，需要遵循公益优先原则。在法定的界限内，慈善组织在管理、决策和使用捐赠财产时，不能忽略慈善捐赠协议所约定的捐赠目的和使用限制的约束，但是慈善捐赠主体的非利他性有时可能与慈善性相冲突。比如在捐赠人做出捐赠时往往对捐赠财产的管理使用进行限制。这种限制必然有一定的界限，其最低界限在于不能与慈善捐赠本身的慈善目的相左，不能与受赠慈善组织本身的使命相违背。当一项捐赠致力于干扰公益组织完成自身使命的时候，这种意愿不会受到保护。

三 慈善捐赠中非利他性应该体现为非排他性

非排他性是指任何个人的消费都不能排斥该社会上任何人对社会中存在的公共产品进行消费。从慈善捐赠主体所追求的特定非利他动机类型来看，不论是冠名等荣誉地位追求，还是税收优惠等物质利益追求，非利他性动机所追求的利益不排斥其他慈善捐赠主体同样的非利他性动机方面的追求。如果慈善捐赠主体获得的是竞争性和排他性的社会公共资源，比如容量固定并通过竞争性方式才能享受的教育资源，则这种排

---

① Rev. Rul. 73-407, 1973-2 C. B. 383.
② Rev. Rul. 77-367, 1977-2 C. B. 193.
③ Rev. Rul. 77-367, 1977-2 C. B. 193.
④ Treas. Reg. § 53.4941 (d) -2 (f) (9) (Ex. 4). 1973.

他性的获益是不应该允许的。非利他性中的非排他性是指就受赠人或受益人是社会不特定的主体而言，慈善捐赠主体通过慈善捐赠所追求的非利他性的利益不具有排他性。以冠名为例，慈善捐赠主体因捐赠而享有冠名的权利不排除其他主体通过建立慈善基金、公益项目或者捐赠其他财物而享有冠名的权利；慈善捐赠主体获取税收优惠的权利不排除其他捐赠人也可以享受类似的权利；慈善捐赠主体获取荣誉证书或者捐赠证书的追求也不影响其他社会主体享受此类利益。但是，若慈善捐赠主体通过捐赠来获取商业机会或者不正当的升学就业机会，而商业机会或者升学就业机会本身是有限的资源，则这种机会的取得必然影响其他主体获得同样的机会。慈善捐赠主体因慈善捐赠而获得子女升学或者其他相关的非正当利益，因其属于社会公众共同享有的有限资源，这种资源一旦被占用，就排除了其他主体获取同样资源的机会。这种利益属于排他性的，不能获得法律的肯定与支持。比如有的捐赠者每年给高校捐资便可成为"校董"，获得相应的"点招"指标，这个名额可以给自己的孩子、亲属，也可以送给生意合作伙伴或有所求的官员，把慈善捐赠完全当作利益交换的工具。这种"点招"指标也许是受赠学校的自愿提供，但是大学教育资源是一种公共资源，其资源总量是有限的，应该对社会上所有主体提供公平公正的机会。"点招"指标的存在意味着慈善捐赠主体通过其捐赠财物换取了公共教育资源，排除了其他主体获得有限的教育资源的权利，违背了慈善捐赠中非利他性的非排他性原则，其本质上类似于市场交易行为，属于排他性的利己行为，从而背离了教育资源公平分享的理念，应该受到严格的禁止。

本章小结

从动机是否利他、不同行为对象以及利他的效果来划分，人类的行为基本划分为12类，其中纯粹利他、损己利他、利他不利己、利他利己、利己利他、互利互惠、公益行为是具有利他性的行为。这些利他性行为中，纯粹利他、损己利他、利他不利己属于强利他性的行为，这些行为显然是具有慈善性质的行为；而利他利己、利己利他、互利互惠及共益行为属于弱利他性行为，这些行为中可能具有无偿赠与的成分，如果其捐赠的对象与自己没有利益关系、亲缘关系或互利互惠关系，则该行为具有慈善性质，如果捐赠的对象是具有利益关系、亲缘关系或互利互惠关系，则该行为不具有慈善性质。而纯粹利己、损他利己、利己不利他、不利己不利他、损人损己五类行为不具有利他性质，不具有慈善性质。

非利他性慈善捐赠指慈善捐赠主体在一定的非利他动机驱使下进行慈善捐赠取得的一定的非利他效果，是非利他动机与非利他效果的结合。慈善捐赠必然具有利他性，但同时还可能具有非利他性。慈善捐赠的非利他性在其动机方面体现为对潜在物质利益追求、对荣誉地位的追求、对特定偏好追求、政治地位或社会认同追求等类型。

慈善捐赠行为的动机并非是单一的，常常存在多重动机交织、混杂在一起，而难以被清晰地剥离或区分，如此，一个慈善捐赠行为往往不仅仅只具有利他动机或者只具有利己动机，而是综合了利他与利己动机。不仅慈善捐赠行为的动机具有复杂性，慈善捐赠的效果也具有多面性，有时慈善捐赠产生的利他与利己的效果难以划分。社会生活具有复杂性，慈善捐赠中的慈善捐赠主体、捐赠方式、捐赠类型、捐赠对象各有不同。如果我们运用辩证的方法分析，社会主体的每一种行为都不能简单地说其只具有正外部性或负外部性，也不能简单说其只具有利他性或利己性。

尽管慈善捐赠必须首先满足利他性，但是慈善捐赠中的非利他性具有其客观必然性。慈善捐赠中非利他性符合这种理性层面的客观要素和经验层面的主观要素双重进路下的正当性，在客观实践方面具有现实必然性，在价值上具有可认同性。其客观必然性是由慈善捐赠中非利他性之内在本质属性决定的。进而言之，慈善捐赠中非利他性存在的必然性，可以从其动机的复杂性和效果的复合性等方面加以甄别与判定。慈善捐赠中的非利他性不排斥利他性效果。同时，慈善捐赠中非利他性的存在符合社会公平正义伦理精神，履行了慈善捐赠义务的主体应该享有相应权利，这符合权利义务相一致原则。对慈善捐赠主体给予积极的感激和正面评价也是伦理道德所倡导的行为。由此，非利他性慈善捐赠伦理价值具有正当性。

虽然慈善捐赠中非利他性的存在具有其客观必然性与价值合理性，但慈善捐赠中的非利他性不应该是无限扩大的，而应具有其相应的范围与限度。慈善捐赠中非利他性必须具有合法性，慈善捐赠中的非利他性附属于利他性，慈善捐赠中非利他性应该体现为非排他性。

第三章

慈善捐赠非利他性追求的调查分析及立法回应

慈善捐赠具有提升人类福祉和幸福的属性，这是毋庸置疑的。如果纯粹为了提升人类福祉和幸福而进行捐赠，则属于纯粹利他性的动机。毫无疑问，现实中存在纯粹为了人类福祉和幸福进行的慈善捐赠，但是否所有的慈善捐赠均是完全出于为了人类福祉和幸福的动机，学界说法不一。有的学者认为慈善捐赠是基于纯粹利他性的动机。卢恰纳·查艾祖等提出慈善捐赠源于同理心，源于对幸福的无私关心，属于纯粹利他主义动机。[1] 石国亮提出纯粹利他主义动机促使捐赠人持续性的从事慈善行为[2]。同时，相当一部分学者关注到慈善捐赠中存在非纯粹利他性的动机。刘妍认为慈善主体的动机并非完全出于内心善念，而源于对某种私利的追求。[3] 朱利安·兹拉特父等提出纯粹的利他主义并不存在，某种程度上自我利益是每个人类行为的基础。[4] 朱塞佩·马斯特罗马泰奥等提出慈善捐赠动机分为纯粹利他主义和非纯粹利他主义动机两类。周中之认为慈善分为纯粹的慈善和功利性的慈善，提出慈善捐赠存在"施恩不图报"和"善有善报"的慈善动机，认为个人慈善捐赠动力由内生动力系统、外生动力系统和动力传导媒介共同组成，个人捐赠者的慈善意识和财富伦理观要素属于内生动力系统，对慈善捐赠动机发挥作用，制度政策要素作为外

---

[1] Echazu L. and D. Nocetti, "Charitable Giving: Altruism Has No Limit", *Journal of Public Economics*, Vol. 125, No. C, 2015, pp. 46-53.

[2] 石国亮：《倡导和培育内在驱动的利他导向的慈善动机——兼论"慈善不问动机"的片面性》，《理论与改革》2015 年第 2 期。

[3] 刘妍：《慈善的分类与道德价值导向》，《东南大学学报》（哲学社会科学版）2015 年第 6 期。

[4] Amihai Glazer and Kai A. Konrad, "A Signaling Explanation for Charity", *The American Economic Review*, Vol. 86, No. 4, 1996, pp. 1019-1028.

生动力系统发挥作用。①

除了认为慈善捐赠行为基于非纯粹利他性动机外，学者们还对慈善捐赠中非利他性动机类型进行了研究。其一，慈善捐赠主体具有荣誉地位追求的动机。阿米凯·格莱泽和卡伊·A. 康拉德（1996）认为慈善捐赠是渴望显示自身实力的人的一种获得社会认同的显露方式，其发挥着名誉传递的功效。②威廉·T. 哈博（1998）认为慈善行为是希望获得尊重以及得到社会的赞誉或声望。③丹尼尔·巴特森和亚当·鲍威尔（2003）提出个人慈善捐赠会因获得社会和他人的认可与赞誉而相应的提升捐赠的频率和数额。④石国亮（2014）调查后发现普遍信任水平、媒体认知和媒体事件影响人们的慈善意识，变相说明了荣誉地位对于慈善捐赠的影响。⑤杨玉珍（2019）发现回乡进行捐赠式治理的民营企业家是源于高声誉的诉求。企业家获得一系列的社会荣誉与其个人捐赠行为具有前后关联性。⑥其二，慈善捐赠主体具有物质利益追求的动机。卡兰·迪恩和约翰·A. 李斯特（2007）提出随着捐赠成本的降低，捐赠动机增加，⑦反向表明捐赠成本减少的慈善捐赠，具有物质追求的属性。安德里亚·布拉斯基和弗朗西斯卡·科尔内利（2002）认为慈善捐赠有互惠动机，获得某些声誉或物质回报能够激励捐赠。⑧其三，有的学者提出慈善捐赠主体还具有自我实现或者其他方面的动机。詹姆斯·安德雷尼奥

---

① 周中之：《慈善：功利性与非功利性的追问》，《湖北大学学报》（哲学社会科学版）2017年第3期。

② Amihai Glazer and Kai A. Konrad, "A Signaling Explanation for Charity", *The American Economic Review*, Vol. 86, No. 4, 1996, pp. 1019-1028.

③ Harbaugh W. T., "What Do Donations Buy? A Model of Philanthropy based on Prestige and Warm Glow", *Journal of Public Economics*, Vol. 67, No. 2, February 1998, pp. 269-284.

④ Batson, C. D. and Powell, A. A., "Altruism and Prosocial Behavior", *Handbook of Psychology: Personality and Social Psychology*, Vol. 5, 2003, pp. 463-484.

⑤ 石国亮：《慈善组织公信力的影响因素分析》，《中国行政管理》2014年第5期。

⑥ 杨玉珍：《民营企业家治村中捐赠行为的诱发因——基于河南省H县3个全国文明村的调查》，《中国农村观察》2019年第5期。

⑦ Karlan Dean, and John A. List, "Does Price Matter in Charitable Giving? Evidence from a Large-Scale Natural Field Experiment", *American Economic Review*, Vol. 97, No. 5, 2007, pp. 1774-1793.

⑧ Buraschi, A., and F. Cornelli, "Donations", *CEPR Discussion Papers*, Vol. 25, No. 1, 2002, pp. 899-900.

（1990）提出慈善行为是为了满足对温暖发光的渴望，① 阿米凯·格莱泽和卡伊·A. 康拉德提（1996）出慈善捐赠是出于表达慷慨或财富的愿望，② 达伦·W. 达尔（2003）等提出慈善捐赠可能是希望内疚感可以从中得到缓解，③ 塔玛斯·伯瑞斯科（2010）等提出间接互惠、强互惠、声誉建设、竞争利他主义、利他惩罚等理论都是非亲属间的慷慨行为的原因，④ 费莉佩·蒙塔诺·坎波斯等（2019）认为慈善捐赠是出于表达其聪明才智的愿望，⑤ 朱塞佩·马斯特罗马泰奥等（2017）认为慈善捐赠可能是为了增加结交新朋友或潜在配偶的可能性；⑥ 罗伯特·萨格登（1984）⑦、朱塞佩·马斯特罗马泰奥等（2017）认为慈善捐赠是出于对道德原则或社会规范的依从性；⑧ 等等。

此外，有的学者对于不同慈善主体的捐赠效果进行了分析。邓玮（2008）提出大学生对慈善的认知和捐赠意愿不高。⑨ 唐闻捷（2013）提出慈善捐赠次数多的中小型民营企业家的幸福感指数高于捐赠次数低的民营企业家，利他性动机的民营企业家的幸福感指数、总体情感指数和生活

---

① Andreoni, James, "Impure Altruism and Donations to Public Goods a Theory of 'Warm Glow' Giving", *The Economic Journal*, Vol. 100, No. 401, June 1990, pp. 464-477.

② Glazer Amihai and Kai A. Konrad, "A Signaling Explanation for Charity", *American Economic Review*, Vol. 86, No. 4, September 1996, pp. 1019-1028.

③ Dahl D. W., Heather Hoena and Rajesh V. Manchanda, "The Nature of Self-reported Guilt in Consumption Contexts", *Marketing Letters*, Vol. 14, No. 3, October 2003, pp. 159-171.

④ Bereczkei T., B. Birkas and Z. Kerekes, "Altruism Towards Strangers in Need: Costly Signaling in an Industrial Society", *Evolution and Human Behavior*, Vol. 31, No. 2, March 2010, pp. 95-103.

⑤ Felipe Montano-Campos and Ricardo Perez-Trgulia, "Giving to Charity to Signal Smarts: Evidence from a Lab Experiment", *Journal of Behavioral Experimental Economics*, Vol. 78, February 2019, pp. 193-199.

⑥ Mastromatteo G., F.F.Russo, "Inequality and Charity", *World Development*, Vol. 96, No. c, March 2017, pp. 136-144.

⑦ Sugden R., "Reciprocity: The Supply of Public Goods through Voluntary Contributions", *The Economic Journal*, Vol. 94, No. 376, 1984, pp. 772-787.

⑧ Mastromatteo G., F.F.Russo, "Inequality and Charity", *World Development*, Vol. 96, No. c, March 2017, pp. 136-144.

⑨ 邓玮：《当代大学生慈善捐赠行为与认知调查——来自厦门高校的问卷分析》，《中国青年政治学院学报》2008 年第 5 期。

满意度高于利己型动机的民营企业家。[①] 周忠华、黄芳（2017）从道义论上提出，纯粹利他性的慈善占据了至高位，[②] 但无论慈善主体出于哪一种慈善理念而发生的慈善行为，其都在客观上改善了弱势群体的生活状况。

综上，现有研究认为纯粹利他慈善捐赠增进人类幸福和福祉，同时也认识到慈善捐赠中存在非利他性的动机，认为慈善捐赠中存在不同的非利他性动机，体现为物质利益追求、荣誉地位追求、自我实现或者其他方面的动机存在。同时，现有研究对慈善捐赠主体的捐赠效果也进行了一定的分析。但是，现有的研究成果在某种程度也仍存在研究视角偏向单一、研究内容偏向宽泛粗略等局限性，[③] 并未对基于不同非利他动机进行的捐赠与增进人类福祉和幸福具有何种相关性进行分析。现实生活中，基于不同的非利他性动机进行的捐赠是否能对人类福祉和幸福完全具有正向相关性，是否应该从立法上予以鼓励和支持，现有研究成果并未对此予以回应。这就必然为现有的研究提出问题，即不同类型的非利他性捐赠动机是否均能够促进人类福祉与幸福，均具有正向相关性，需要进行分析研究。为此，需要通过相应的问卷调查，分析不同类型的非利他性动机和人类福祉与幸福的相关性，方能明确哪些非利他性慈善捐赠动机和人类幸福与福祉具有正相关性，从而应该予以鼓励，哪些非利他性慈善捐赠动机和人类福祉与幸福具有负相关性，应该予以限制，以便有效激励慈善捐赠，推动我国慈善事业的可持续发展。

慈善捐赠具有促进人类福祉和幸福的作用，纯粹利他性动机慈善捐赠必然能够增进人类福祉和幸福。如果基于某种非利他性动机进行的慈善捐赠和人类幸福与福祉的指标呈正相关，则表明该种慈善捐赠能够实质增进人类幸福与福祉，应该予以激励；如果基于某种非利他性动机进行的慈善捐赠和人类幸福与福祉的指标呈负相关，则表明该种慈善捐赠不能增进人类幸福与福祉，该非利他性动机的慈善捐赠应该予以限制。鉴于现有学者已经认识到非纯粹利他性动机存在物质利益追求、荣誉地位追求和价值实现等其他方面动机追求几种类型，笔者又将其他方面的

---

① 唐闻捷：《民营企业家慈善捐赠行为与主观幸福——关于温州地区中小型民营企业家的调查》，《浙江社会科学》2013 年第 8 期。

② 周忠华、黄芳：《慈善文化的多层性与核心价值观的引领》，《中州学刊》2017 年第 10 期。

③ 许琳：《从慈善需要慈善行为》，《西北大学学报》（哲学社会科学版）2020 年第 1 期。

动机追求进一步细化为特定偏好追求和政治地位与社会认同两种，故调查问卷将物质利益追求、荣誉地位追求、特定偏好追求、政治地位和社会认同追求四种类型的非利他性动机①作为自变量（动机），以人类福祉与幸福作为因变量（效果），尝试提出基于物质利益追求、荣誉地位追求、特定偏好追求、政治地位和社会认同追求为动机的慈善捐赠均有利于增进人类福祉和幸福。

第一节 慈善捐赠问卷设计与数据采集

为了解慈善捐赠中非利他性动机对于慈善捐赠的影响，先要进行一系列假设，制作问卷，并进行调查后对捐赠情况进行统计分析。

一 研究假设

假设1：慈善捐赠人物质利益追求对人类福祉和幸福有影响。

慈善捐赠具有促进人类福祉和幸福的作用，纯粹利他动机的慈善捐赠必然能够促进人类福祉和幸福。但是，如果慈善捐赠人某种程度上不是或不完全是为了纯粹利他动机，而是为了追求其物质利益追求的动机而进行慈善捐赠，这种动机下进行的慈善捐赠也能够产生促进人类福祉和幸福的效果，即如果慈善捐赠人为了减少捐赠成本或者增加交易机会等物质利益追求而进行慈善捐赠，客观上能够产生促进人类福祉和幸福的效果。

假设2：慈善捐赠人荣誉地位追求对人类福祉和幸福有影响。

慈善捐赠具有促进人类福祉和幸福的作用，纯粹利他动机的慈善捐赠必然能够促进人类福祉和幸福。但是，如果慈善捐赠人为了实现其荣誉地位追求而进行慈善捐赠，这种动机下进行的慈善捐赠也能够产生增进人类福祉和幸福的效果，即如果慈善捐赠人为了荣誉地位而进行慈善捐赠，客观上能够产生增进人类福祉和幸福的效果。

假设3：慈善捐赠人特定偏好对人类福祉和幸福有影响。

---

① 李喜燕：《非利他性视角下慈善捐赠的立法激励》，《河北大学学报》（哲学社会学科学版）2015年第5期。

慈善捐赠具有促进人类福祉和幸福的作用，纯粹利他动机的慈善捐赠必然能够促进人类福祉和幸福。但是，如果慈善捐赠人为了实现其特定偏好而进行慈善捐赠，这种动机下进行的慈善捐赠也能够产生增进人类福祉和幸福的效果，即如果慈善捐赠人为了特定偏好而进行慈善捐赠，客观上能够产生增进人类福祉和幸福的效果。

　　假设 4：慈善捐赠人政治地位和社会认同追求对人类福祉和幸福有影响。

　　慈善捐赠具有促进人类福祉和幸福的作用，纯粹利他动机的慈善捐赠必然能够促进人类福祉和幸福。但是，如果慈善捐赠人为了实现政治地位和社会认同而进行慈善捐赠，这种动机下进行的慈善捐赠也能够产生增进人类福祉和幸福的效果，即如果慈善捐赠人为了政治地位和社会认同而进行慈善捐赠，客观上能够产生增进人类福祉和幸福的效果。

　　同时假设：希望通过捐助获得税收优惠、在自己需要时获得帮助、获得礼物回馈、能够通过低价购买捐赠物品、获得物质回馈作为自变量——基于物质利益追求动机进行慈善捐赠的五个标准；希望收到感谢信、被记载或留念、获得精神愉悦或自我满足、希望捐赠的项目或者基础设施冠名、感到高兴视为自变量——基于精神利益动机进行捐赠的五个标志；捐赠时更愿意向自己了解和关心的人员或项目捐赠、更愿意在单位组织或者政府组织下进行捐赠、更愿意捐赠给感兴趣的人或者关心的项目、更愿意向认识的人或熟悉的项目捐赠视为自变量——基于具有特定偏好追求动机的捐赠的评价指标；为了能够认识更多的人、从众和随大流、怕被同行笑话、获得社会交流机会、提升自己的社会影响力视为自变量——为了政治地位与社会认同动机进行捐赠的评价指标。假设将基于纯粹爱心驱使、完全为了他人、不求任何回报、关心捐助款物落到实处、关心受助人切实得到救助视为因变量——促进人类福祉和幸福的评价指标。

二　调查样本基本信息

　　本项目通过问卷星进行调查，共填写问卷 1214 份，在筛选问卷时将以下三种情况问卷视为无效问卷：第一，因考虑问卷题干有 1000 多字，阅读问卷并填写问卷不应该低于 3 分钟，问卷回答时间低于 180 秒超出 600 秒视为答卷人未经过思考回答或者在回答问卷时同时在做其他事情而未认真作答，视为无效问卷；第二，问卷勾选同一个选项超过 80% 的视为无效选项；第三，整份问卷勾选的选项有规律性，比如具有规律性的勾选选项，比如选项轮流勾选 A、B、C、D、E，视为无效问卷。统计表明，上述三种情况共有 260 份无效问卷，故保留 954 份有效问卷进行统计分析。954 份问卷的 IP 地址显示调查问卷的填写人来源于重庆、河北、北京、上海、广东、天津、四川、浙江、山东、山西、辽宁、吉林、海南、江苏、湖北、湖南、贵州、内蒙古、陕西、云南、福建、安徽、甘肃、江西、新疆 25 个省份及部分居住国外的人员。

954 份问卷中，性别比例显示男性 391 名（41.0%），女性 563 名（59.0%），女性占比显著。年龄比例显示，24 岁以下 244 名（25.6%），25—40 岁 287 名（30.1%），41—60 岁 384 名（40.3%），60 岁以上 39 名（4.1%），数据显示 41—60 岁占比显著。学历比例显示，硕士及以上 326 名（34.2%），本科 360 名（37.7%），专科 164 名（17.2%），高中及以下 104 名（10.9%），数据显示本科占比显著。职业比例显示，行政机关/事业单位/国有企业 464 名（48.6%），私企、民营企业、外企单位工作人员 77 名（8.1%），个体户或自由职业 222 名（23.3%），学生 75 名（7.9%），其他 116 人（12.2%），数据显示行政机关/事业单位/国有企业占比显著。年收入比例显示，无收入 21 名（2.2%），4 万元以下（不含 4 万元）243 名（25.5%），4 万—10 万元（不含 10 万元）138 名（14.5%），10 万—30 万元（不含 30 万元）301 名（31.6%），30 万元以上 251 名（26.3%），数据显示 10 万—30 万元（不含 30 万元）占比显著。

三　数据处理及问卷说明

本次调查采用在问卷星上网上匿名答题的问卷方式，问卷结果通过 SPSS 进行统计分析。

从总体来看，本次调查问卷共七个部分，分别是个人基本情况、捐赠基本情况、关于人类福祉和幸福追求方面的问题、关于物质利益追求方面的问题、关于荣誉地位追求方面的问题、关于特定偏好方面的问题、关于政治地位与社会认同方面的问题。第一部分个人基本情况为 5 个问题，第二部分捐赠基本情况为 7 个问题，分别是：您线下给陌生人捐过款或物吗？您通过网络给受灾或者疾病等生活困难的陌生人捐过款或物吗？您给熟人或朋友捐赠过吗？您是否在所在单位或集体统一组织下参加过捐款或捐物？您是否在政府机构号召或组织下捐过款或物？您向公益慈善组织直接捐赠过吗？您去敬老院等慈善组织或者其他非营利组织做过志愿服务吗？每个问题分别设置了非常多（10次以上）、较多（6—9次）、一般（3—5次）、很少（1—2次）、没有（0次）五个答案。问卷的七个问题分别是为了了解给陌生人捐赠（前两个问题）、熟人捐赠（第三个问题）、慈善组织捐赠（第六个问题）、是否是有组织捐赠（第四个和第五个问题）、志愿服务（第七个问题）的情况。第三、第四、第五、第六、第七部分均为5个问题，全部是单项选择题。其中，关于人类福祉和幸福的问题包括：参加志愿服务或者捐赠完全是因为爱心驱使、捐赠完全因为他人的需要、为了他人的幸福而不求任何回报、捐赠以后关心捐助的钱款物资能否落到实处、捐赠后会跟踪受助人能否切实得到救助五个问题。有关物质利益追求方面的问题主要包括慈善捐赠时期待能够获得税收优惠、能够在自己需要时获得帮助、能够获得礼物回馈、能够通过低价购买捐赠物品进行捐赠、能够获得物质回馈五个方面的内容。关于荣誉地位追求方面调查内容包括收到感谢信、被记载或留念、精神愉悦或自我满足、捐赠的项目或者基础设施冠名、感到高兴五个方面问题。关于特定偏好追求方面的问题包括是否更愿意向了解和关心的人员或项目捐赠、是否更愿意在单位组织或者政府组织下进行捐赠、捐赠是否必须是感兴趣的人或者关心的项目、捐赠是否向认识的人或熟悉的项目捐赠五个方面。有关政治地位和社会认同方面的问题主要包括：捐赠或参与志愿活动是为了能够认识更多的人、从众和随大流、在公开募捐时不捐赠会被同行笑话、获得与一些人员的交流机会、提升自己的社会影响力五个方面的内容。调查问卷的最后一个问题是开放性的问题，即"您认为还有哪些因素会影响您进行慈善捐赠？"请被调查者用文字作答。

四　捐赠基本情况分析

从捐赠3次以上人员来看，线下给个人捐赠3次以上的占比75.6%、73.9%的人给熟人或者朋友捐赠过3次以上，在单位或集体组织参加捐赠3次以上的占比为69.9%、通过网络给生活困难人数或受灾人数捐赠3次以上的占比65.2%，在政府机构号召下捐赠3次以上的占比59.3%。29.9%的人给向公益慈善组织直接捐赠3次以上，去慈善组织或者非营利组织参加志愿活动3次以上的28.5%。

在从未参与的各类捐赠方式中，3.1%的人没有线下给陌生人捐赠过；7.7%的人未给熟人朋友捐赠过，9.6%的人没有通过单位或集体统一组织捐赠，10.1%的人未通过网络给受灾或者疾病等生活困难的陌生人捐赠，14.8%的人没有通过政府机构号召或者组织下捐赠。

通过以上对比不难发现，向个人捐赠的参与比例和频次高于向组织捐赠的比例和频次，个人自主捐赠比例和频次高于单位组织或者政府号召捐赠比例；面对面的捐赠比例和频次高于网络捐赠的比例和频次。

第二节 慈善捐赠影响因素分析

针对慈善捐赠的影响因素，主要从人类福祉和幸福追求、物质利益追求、荣誉地位追求、特定偏好追求、政治地位与社会认同追求这几个方面了解影响慈善捐赠的因素及其相互关联性。

一 慈善捐赠不同动机相关性分析

表 3-1　　　　　　　　　　　　相关性

		人类福祉和幸福追求	物质利益追求	荣誉地位追求	特定偏好追求	政治地位与社会认同追求
人类福祉和幸福追求	皮尔森（Pearson）相关	1				
	显著性（双尾）					
	N	954				
物质利益追求	皮尔森（Pearson）相关	0.347**	1			
	显著性（双尾）	0.000				
	N	954	954			
荣誉地位追求	皮尔森（Pearson）相关	0.379**	0.665**	1		
	显著性（双尾）	0.000	0.000			
	N	954	954	954		
特定偏好追求	皮尔森（Pearson）相关	0.420**	0.526**	0.582**	1	
	显著性（双尾）	0.000	0.000	0.000		
	N	954	954	954	954	

续表

		人类福祉和幸福追求	物质利益追求	荣誉地位追求	特定偏好追求	政治地位与社会认同追求
政治地位与社会认同追求	皮尔森（Pearson）相关	0.034	0.365**	0.313**	0.388**	1
	显著性（双尾）	0.294	0.000	0.000	0.000	
	N	954	954	954	954	954

注：** 表示相关性在 0.01 上显著（双尾）。

如表 3-1 所示，以在 0.01 水平（双侧）为基准，物质利益追求方面与人类福祉和幸福方面的相关性为 0.347。

荣誉地位追求方面与人类福祉和幸福方面的相关性为 0.379，与物质利益追求方面的相关性为 0.665。

特定偏好追求方面与人类福祉和幸福追求方面的相关性为 0.420，与物质利益追求方面的相关性为 0.526，与荣誉地位追求方面的相关性为 0.582。

政治地位与社会认同追求与物质利益追求方面的相关性为 0.365，与荣誉地位追求方面的相关性为 0.313，与特定偏好方面的相关性为 0.388，与人类福祉和幸福方面的相关性为 0.034。

由此可见，在人类福祉和幸福、物质利益追求、荣誉地位追求、特定偏好、政治地位与社会认同这五个因素相互之间的相关性中，荣誉地位追求方面与物质利益追求方面的相关性最高，为 0.665；政治地位与社会认同方面与人类福祉和幸福方面的相关性最低，为 0.034。

在与人类福祉与幸福相关度方面，特定偏好追求与人类福祉和幸福追求的相关度为 0.420，荣誉地位追求方面与人类福祉和幸福追求方面的相关性为 0.379，物质利益追求与人类福祉和幸福追求的相关性为 0.347，政治地位与社会认同追求与人类福祉和幸福方面追求的相关性为 0.034。

二 非利他动机追求对人类福祉和幸福的影响

为了研究哪些非利他因素会影响人类福祉和幸福，此处将人类福祉和幸福作为因变量，将物质利益追求、荣誉地位追求、特定偏好追求、政治地位与社会认同追求作为自变量，建立线性回归模型。模型的参数估计见表 3-2。

表 3-2　　　　　　　　　　模型的参数路径检验

模型		非标准化系数		标准化系数	T	显著性	R^2
		B	标准误	Beta			
因变量：人类福祉和幸福	（常数）	1.102	0.081		13.571	0.000	0.240
	物质利益追求	0.107	0.030	0.142	3.599	0.000	
	荣誉地位追求	0.124	0.033	0.152	3.719	0.000	
	特定偏好追求	0.345	0.038	0.333	9.068	0.000	
	政治地位与社会认同追求	-0.137	0.022	-0.195	-6.203	0.000	

自变量是四种非利他性追求，因变量是利他效果——人类福祉和幸福。

由表 3-2 可知，四个自变量对因变量均有显著影响（显著性 P < 0.05），信度比较高，且四个自变量对因变量的总解释力为 24.0%。

将人类福祉和幸福追求这一利他因素作为因变量，物质利益追求、荣誉地位追求、特定偏好追求、政治地位与社会认同追求四个非利他性追求动机作为自变量，构建线性回归模型，从结果的可知：第一，特定偏好追求与人类福祉和幸福之间存在正相关关系，且四个要素中该要素的影响作用最显著，特定偏好追求每提高 1 个单位，人类福祉和幸福提高 0.345 个单位。第二，政治地位与社会认同追求对人类福祉和幸福追求之间存在负相关关系，且在四个要素中影响较大，因为政治地位与社会认同追求每提高 1 个单位，人类福祉和幸福减少 0.137 个单位。第三，荣誉地位追求对人类福祉和幸福的影响紧随其后，荣誉地位追求每提高 1 个单位，人类福祉和幸福提高 0.124 个单位。第四，物质利益追求对人类福祉和幸福的影响相对最小，二者之间存在正相关关系，物质利益追求每提高 1 个单位，人类福祉和幸福提高 0.107 个单位。

三　小结

根据调查数据，从物质利益追求、荣誉地位追求、特定偏好追求、政治地位追求和社会认同追求四个自变量与因变量人类福祉和幸福的影响显著性方面，其影响的解释力的大小依次为：特定偏好追求>政治地位与社会认同追求>荣誉地位追求>物质利益追求，特定偏好追求的影响力显著性最强，政治地位与社会认同的影响力次之，荣誉地位追求的影响力排第三，物质利益的影响力显著性最弱。

有关特定偏好追求的问题主要是涉及捐助人更愿意了解和关心的人员或项目、捐助人感兴趣的人或者关心的项目、捐助人认为需要救助的人或项目、向遭受了自身类似经历的受灾人员或项目捐赠，意味着捐赠人根据自身的捐赠意愿进行捐赠对于人类福祉和幸福存在典型的正相关，且影响最为显著。与其他三个要素相比，特定偏好追求与对于人类福祉和幸福的影响作用最大。荣誉地位追求对人类福祉和幸福的影响也属于正相关，荣誉地位追求每提高1个单位，人类福祉和幸福则提高0.124个单位。只是在相关度方面，荣誉地位追求对于人类福祉和幸福的影响程度不如特定偏好追求的正相关度高。而物质利益追求对人类福祉和幸福的影响也是正相关性，只是相对于特定偏好和荣誉地位追求来说，物质利益追求对于人类福祉和幸福的相关度是最小的。

值得一提的是，政治地位与社会认同的追求对人类福祉和幸福的追求之间存在负相关关系，政治地位与社会认同的提高，伴随着人类福祉和幸福一定比例的减少。换言之，慈善捐赠人为了提高政治地位和社会认同而进行的捐赠可能对于人类福祉和幸福是负效应。因此，应该对基于政治地位和社会认同追求方面的捐赠予以限制。

第三节 对非利他性慈善捐赠的应有立法回应

慈善捐赠影响因素分析显示，基于物质利益追求动机、荣誉地位追求动机、特定偏好追求动机进行的慈善捐赠有利于促进人类福祉和幸福，而基于政治地位与社会认同追求动机进行的慈善捐赠并不能促进人类福祉和幸福，反而具有一定的负面效应。这就意味着，从制度上肯定和支持慈善捐赠人的物质利益追求、荣誉地位追求、特定偏好追求，能够在一定程度上增进人类福祉和幸福，立法应该支持这些非利他性慈善捐赠；政治地位和社会认同追求进行的慈善捐赠对于人类福祉和幸福产生的是负面效应，立法应该限制政治地位和社会认同开展的慈善捐赠行为。鉴于慈善捐赠人对于慈善捐赠意愿落实和慈善捐赠款物适用监管的高度关注，立法也应该加强慈善捐赠透明化管理，以便更好地实现捐赠人意愿。

一 优化慈善捐赠税收优惠制度

尽管慈善捐赠人物质利益追求对人类福祉和幸福的影响相对最小,但是二者毕竟存在正相关关系,物质利益追求每提高1个单位,人类福祉和幸福随着提高0.107个单位。慈善捐赠人在捐赠时可能获得物质利益方面的好处有:获得税收减免,能够在需要时得到回馈的互助、能够获得礼物回馈、能够用更低的价格买到捐赠物品或者能够获得一定的物质回馈。调查表明,如果慈善捐赠人能够获得这些方面的物质性利益,慈善捐赠人更愿意获得捐赠。如果这种物质利益的追求能够在法律规范中予以肯定和鼓励,便能够有效地促进慈善捐赠。而税收优惠是降低慈善捐赠价格的一种世界性的普遍做法,然而税收优惠制度在我国也备受诟病,① 我国应该进一步完善慈善捐赠税收优惠制度。同时,在礼物回馈、降低捐赠价格等促进慈善捐赠方面也有一定的制度空间。

二 支持慈善捐赠人荣誉地位追求法律机制

根据调查结论,荣誉地位追求对人类福祉和幸福的影响仅次于特定偏好追求对于人类福祉和幸福的影响。荣誉地位追求往往能够伴随提高人类福祉和幸福,即荣誉地位追求每提高1个单位,人类福祉和幸福提高0.124个单位。因此,保障捐赠人对于荣誉地位的追求能够促进慈善捐赠,增进人类福祉和幸福从而促进我国慈善事业的发展。目前,我国立法虽然在符合特定条件的情况下对捐赠冠名予以肯定,然而现有立法还存在冠名捐赠对价部分税收优惠有争议,② 其他有关荣誉地位追求的立法支持不够等问题。为此,我国立法应该构建能够支持慈善捐赠人实现荣誉地位追求的法律机制,从而激励慈善捐赠。

三 完善捐赠人捐赠意愿实现的保障制度

特定偏好追求实际上体现为捐赠人的捐赠意愿,特定的捐赠意愿的满足能够有效地提升其幸福指数和满意度。如果能够保障捐赠人的捐赠意愿

---

① 李喜燕:《我国慈善捐赠个人所得税激励制度的局限与克服》,《经济法学评论》2015年第2期。

② 李喜燕:《慈善冠名捐赠对价的税法前瞻》,《西南民族大学学报》(人文社会科学版)2020年第2期。

必然能够推动主体更多地进行慈善捐赠。然而我国目前对于捐赠意愿的实现还有诸多问题。① 为此，从立法、执法、司法上对慈善捐赠意愿给予充分保障是促进慈善捐赠的有效手段。首先，是要设立多样化的慈善捐赠项目，促使慈善捐赠人能够选择到自己明确认识并愿意捐赠的捐赠项目。确立慈善捐赠项目的多样化展示形式，让慈善捐赠主体能够充分地认识到正在开展慈善捐赠的项目，以便做出捐赠选择。其次，捐赠意愿的实现是促进慈善捐赠的有效手段。特定捐赠意愿的满足需要有相应法律机制保障。我国历年来发生的各种慈善丑闻导致相当多的捐赠人对捐赠意愿的落实产生了担忧，从而对慈善机构产生了不信任。这就需要完善相关法律规范，保障捐赠意愿的落实。

四 对基于政治地位与社会认同追求方面的被动捐赠予以限制

调查发现，政治地位和社会认同的追求与人类福祉和幸福之间存在负相关关系，且影响较大。追求政治地位和社会认同表现为能够认识更多的人、从众、怕被同行笑话、获得交流机会、提升自己的社会影响力，基于这些目的的慈善捐赠不仅不会提升人类福祉和幸福，而且可能起到相反的作用。而这种政治地位和社会认同的追求在实践中常常表现为单位组织的统一捐赠，或者某些场合下为了面子而进行的捐赠。这种捐赠并不能提升人类福祉和幸福。因此，应该从制度层面限制这种被动性的捐赠。

本章小结

为了进一步了解慈善捐赠主体内在捐赠动机，项目组设计了相应的问卷，对慈善捐赠动机进行调查研究。针对慈善捐赠的调查问卷涉及 7 个部分，分别是个人基本情况、捐赠基本情况、关于人类福祉和他人幸福追求方面的问题、关于物质利益追求方面的问题、关于荣誉地位追求方面的问题、关于特定偏好追求方面的问题、关于政治地位与社会认同追求方面的问题。除了第二部分为 7 个问题外，其他部分均为 5 个问题。本项目通过

---

① 李喜燕：《美国慈善捐赠意图实现的法律保障演进及其启示》，《河北大学学报》（哲学社会科学版）2014 年第 5 期。

问卷星进行抽样调查，来自 25 个省份和旅居在 6 个国家的人员共计填写问卷 1214 份，有效问卷 954 份，通过 SPSS 进行统计分析。

通过调查分析慈善捐赠主体不仅仅具有纯粹利他性动机，还存在非利他性动机，非利他性动机有物质利益追求、荣誉地位追求、特定偏好追求和政治地位和社会认同追求等类型。调查发现，慈善捐赠的非利他性动机对慈善捐赠具有显著相关性。物质利益追求、荣誉地位追求和特定偏好追求对于人类福祉与幸福具有正相关性。基于政治地位和社会认同追求的慈善捐赠对于人类福祉和幸福具有负相关性。这就意味着，从制度上肯定和支持慈善捐赠主体物质利益追求、荣誉地位追求、特定偏好追求，能够在一定程度上增进人类福祉和幸福，立法应该支持这些非利他性慈善捐赠；基于政治地位和社会认同形式进行的慈善捐赠对于人类福祉和幸福产生负面效应，立法应该限制基于政治地位和社会认同的慈善捐赠行为。基于这一调查结论，立法应该激励能够对人类福祉和幸福产生正相关的慈善捐赠动机，限制基于政治地位和社会认同动机追求的被动捐赠。为此应该检视现有立法，修改完善有关慈善捐赠非利他性动机的相关立法。

第四章

我国慈善捐赠税收优惠制度的思路转化与完善路径

慈善捐赠主体能够享受的物质利益回馈最主要、最常见的表现方式是税收优惠，比如，捐赠人捐赠1元钱，如果其通过税收优惠能够减免2角钱，则捐赠人实际上只用了8角钱的成本，名义上却有1元钱的捐赠。税收优惠被视为对慈善捐赠个人或者企业给予物质利益回馈的一种主要途径。因此，税收优惠能够激励捐赠成为不证自明之理。① 通过对2006—2012年民营企业调查数据显示，慈善捐赠税收抵扣政策对于企业的捐赠力度影响显著，平均捐赠力度提高了38%，捐赠效应在任何捐赠区间均呈现显著状态，而对于捐赠力度较小的企业的促进作用明显大于捐赠力度较大的企业。但是，慈善捐赠税收优惠对于企业捐赠倾向的扩展作用有限，即使捐赠成本下降再多，如果企业没有捐赠倾向，那么慈善捐赠税收优惠对于企业捐赠倾向的影响也不大。② 黄靖对2003—2009年在无锡注册的828家企业数据进行回顾分析发现，税收价格增加会使捐赠数额减少，而流转税占比大于所得税的结构使我国公益活动税收优惠激励不足。③ 朱迎春从我国A股的1522家上市公司中选取了259家上市公司对其2007年的捐赠数据作为研究样本，得出结论表明：降低捐赠价格有助于提升慈善捐赠水平。④ 龙朝晖、王杰对2003—2009年在广州注册的355

---

① 杨娟：《经济目的捐赠获得税收优惠的正当性论证——以无因性理论作为分析工具》，《宏观经济研究》2018年第5期。

② 彭飞、范子英：《税收优惠、捐赠成本与企业捐赠》，《世界经济》2016年第7期。

③ 黄靖：《企业慈善捐赠行为与税收政策关系的研究》，博士学位论文，浙江大学，2011年，第15页。

④ 朱迎春：《我国慈善捐赠税收政策激励效应——基于2007年我国A股上市公司数据的实证研究》，《当代财经》2010年第1期。

家上市公司研究表明,降低捐赠成本或者提高捐赠收益能够有效激励慈善捐赠。[①] 可见,无论是针对个人还是企业,慈善捐赠税收优惠制度对于激励慈善捐赠行为均具有积极作用。因此,对慈善捐赠税收优惠制度进行研究,以便发挥税收优惠制度对慈善事业的推动作用显得尤为重要。

第一节 我国慈善捐赠税收优惠立法现状

我国税收优惠立法规定分散在各个单项税种的规范性文件中,目前法律层面的文件主要有《慈善法》《公益事业捐赠法》《企业所得税法》《个人所得税法》及其相关实施条例。

总体而言,影响慈善捐赠个人或者组织进行慈善捐赠的有关税收优惠主要涉及四个方面,第一个方面是有关纳税人所得税税收优惠的规范性文件;第二个方面是受赠公益组织的税前扣除资格规范性文件;第三个方面是纳税人所得税税前扣除比例的规范性文件;第四个方面是有关捐赠人所得税以外的其他税种的税收优惠规定,包括流转税方面的税收优惠规定,主要体现为增值税和消费税;还有一些有关财产行为税方面的规定,主要体现为契税、土地增值税和印花税三个税种。

一 关于纳税人慈善捐赠所得税优惠的规范性文件

以2008年为界,关于税收优惠的规定,分为两个阶段。

(一)第一阶段(2008年以前)

1994年以前,关于企业慈善捐赠税收优惠方面,我国还没有相关规定。最早关于企业捐赠所得税优惠方面的规定从1994年开始,其内容的变化可以分为两个阶段,第一阶段是1994—2007年。第二个阶段是2008年至今。2008年之前,在年度利润总额3%以内的企业公益捐赠支出部分准予进行税前扣除,超过3%的部分不允许跨年结转。最早关于企业所得税优惠的规定是1994年1月1日实施的《企业所得税暂行条例》[②]。同日

---

① 龙朝辉、王杰:《企业所得税改革前后广东上市公司慈善捐赠的实证分析》,《税收经济研究》2013年第3期。

② 该条例规定,纳税人用于公益、救济性捐赠在年度应纳税额3%以内的部分准予扣除。

实施的《企业所得税暂行条例实施细则》通过概括加列举的方式对能够享受税收优惠的捐赠方式予以明确。① 1995年4月27日实施的《关于外商投资企业公益、救济性捐赠有关税务处理问题的批复》对可以作为成本扣除的公益性捐赠方式予以明确，与《企业所得税暂行条例》不同的是，外商投资企业捐赠额可以全额作为成本费用列支，不计入应纳税所得额中。② 2007年《企业所得税法实施条例》③ 规定实物捐赠支出不允许在所得税前扣除。这一规定不利于促进实物慈善捐赠。

关于个人所得税优惠的规定，最早体现在1994年1月1日实施的《个人所得税法实施条例》（以下简称《个税条例》）规定：个人对教育事业的捐赠支出，未超过纳税申报30%的部分，准予从其应纳税所得额中扣除。

1999年《公益事业捐赠法》规定有关公司和其他企业、自然人和个体工商户捐赠用于公益事业，依照法律法规规定享受所得税方面的优惠，并未具体明确优惠比例，实际上相当于采纳《企业所得税暂行条例》和《个人所得税实施条例》的相关规定。

（二）第二阶段（2008年以后）

1. 企业公益性捐赠所得税税前扣除和结转方面的规定

2008年开始对企业所得税进行较大改革。2008年1月1日实施的《财政部、国家税务总局、民政部关于公益性捐赠税前扣除有关问题的通知》对企业纳税人捐赠税前扣除比例从3%提高到12%，个人税前扣除比例仍保持30%。该文件同时明确：公益性组织需要按照程序申请公益性捐赠税前扣除资格。而2008年1月1日实施的《企业所得税法》，将企业

---

① 《企业所得税暂行条例》第6条第二款（四）项所称公益、救济性的捐赠，是指纳税人通过中国境内非营利的社会团体、国家机关向教育、民政等公益事业和遭受自然灾害地区、贫困地区的捐赠。

② 《关于外商投资企业公益、救济性捐赠有关税务处理问题的批复》规定：支出可以作为成本费用列支的公益性捐赠要求是外商投资企业通过中国境内非营利的社会团体（包括中国青少年发展基金会、希望工程基金会、宋庆龄基金会、减灾委员会、中国红十字会、中国残疾人联合会、全国老年基金会、老区促进会以及经民政部门批准成立的公益组织等）或国家机关向教育、民政等公益事业和遭受自然灾害的地区、贫困地区的捐赠，不包括直接向受益人的捐赠。

③ 2007年《企业所得税法实施条例》规定：企业发生非货币性交换以及将货物、财产、劳务用于捐赠、偿债、赞助、集资、广告、样品、职工福利和利润分配等用途的，应视同销售货物、转让财产和提供劳务，都必须按照公允价值视同销售确认收入计算所得税。

公益性捐赠支出扣除比例由 3% 提高到 12%，且立法层次上升到法律层面。2016 年 9 月 1 日实施的《慈善法》规定，当企业慈善捐赠超过当年可扣除比例时，可以结转，在后续的三年内进行扣除。2017 年 2 月 24 日实施的《企业所得税法》规定，企业公益性捐赠支出超出当年利润 12% 的部分，可以向后递延三年。①

2. 企业公益性捐赠所得税收优惠范围的扩大

除了提高比例以外，享受税收优惠的捐赠范围也从原来的货币扩大到了非货币财产和股权。2008 年 1 月 1 日实施的《财政部国家税务总局关于通过公益性群众团体的公益性捐赠税前扣除有关问题的通知》对于企业向获得公益性捐赠税前扣除资格的公益性群众团体捐赠非货币财产的，废除了以往的非货币价值的捐赠不能获得所得税优惠的规定，非货币性捐赠的公允价值允许纳入所得税税前扣除范围。不过《财政部国家税务总局关于通过公益性群众团体的公益性捐赠税前扣除有关问题的通知》仅仅适用于受赠组织是群众团体即县级以上各级机构编制部门直接管理其机构编制的公益性组织，才可以对接受非货币性资产捐赠以捐赠方证明的公允价值提供公益性捐赠票据，从而享受税前扣除的优惠。而向其他公益组织捐赠的非货币性资产则不能享受税前扣除。2019 年《企业所得税法实施条例》第 25 条②规定将捐赠的非货币型财产视同销售货物、转让财产，意味着排除了其享受所得税优惠。不过，实践操作中仍然可以依据财税《财政部国家税务总局关于通过公益性群众团体的公益性捐赠税前扣除有关问题的通知》享受非货币型资产所得税税收减免。2016 年 1 月 1 日实施的《关于公益股权捐赠企业所得税政策问题的通知》③，对股权捐赠如

---

① 《关于公益性捐赠支出企业所得税税前结转扣除有关政策的通知》2018 年 2 月颁布，2017 年 1 月 1 日便实施的，对《企业所得税法》《企业所得税法实施条例》公益性捐赠支出企业所得税准予结转以后年度三年内应纳税所得的结转扣除有关政策予以细化，并且明确了具体的结转规则。

② 该条规定，企业发生非货币性资产交换，以及将货物、财产、劳务用于捐赠、偿债、赞助、集资、广告、样品、职工福利或者利润分配等用途的，应当视同销售货物、转让财产或者提供劳务，但国务院财政、税务主管部门另有规定的除外。

③ 该文件规定企业可用于各种公益性捐赠的股票（股权）仅限于其持有的"其他企业股权或上市公司股票等"，且给予税收优惠的范围是企业向符合条件的境内非营利性公益性社团的捐赠。这两个规定明确了股权捐赠在规定利润 12% 以内的部分，允许在计算应纳税所得额时扣除。该通知规定以其股权历史成本为依据确定捐赠额。

何确定捐赠额予以规定。

3. 慈善捐赠个人所得税税收优惠的规定

有关个人所得税税收优惠的规范性文件从 1994 年以后一直没有变化。2011 年 9 月 1 日实施的《个人所得税法》第 6 条①对个人慈善捐赠税收优惠做出了规定。2018 年修订后的《个人所得税法》第 6 条②有关慈善捐赠税收减免的规定进一步修改。2018 年修订后的《个人所得税法》从两个方面进行了修订：第一，将个人公益捐赠在计算应纳税所得额时应扣除的部分明确为 30%；第二，明确了国务院规定实行全额税前扣除的，从其规定。不过，这个 30% 的扣除比例并未明确按月扣除还是可以全年统筹。同时，也没有规定超额部分是否可以递延。而在 2021 年，因为个人所得全部是全年综合所得汇缴汇算，自动按照全年统筹来扣除慈善捐赠额应纳税所得额，不用考虑按月进行慈善捐赠税前扣除。

4. 公益慈善捐赠的范围有所扩大

2016 年颁布的《慈善法》将公益捐赠的类别从《公益事业捐赠法》中的四类扩大到六类，内容更为具体，但内容大致相同。从捐赠渠道方面看，《慈善法》规定可以直接向受益人捐赠，不过直接向受益人捐赠能否享受税收优惠，并未规定。如果受益人是具有慈善捐赠税前扣除资格的组织，可以享受税收优惠，但是如果捐赠对象是不具有慈善捐赠税前扣除资格的主体，实践中无法享受税收优惠。另外，《公益事业捐赠法》规定的受赠组织仅指慈善组织等社会团体，《慈善法》则包括所有依法设立的非营利组织，二者受赠组织的范围不同，非营利组织的范围大于社会团体。

二 关于授予公益组织税前扣除资格的规范性文件

享受所得税税前扣除优惠的前提条件是纳税人必须通过法律规定的相应组织③捐赠，如果向不具有税前扣除资格的公益组织或者部门进行慈善

---

① 2011 年 9 月 1 日实施的《个人所得税法》第 6 条规定，个人将其所得对教育事业和其他公益事业捐赠的部分，按照国务院有关规定从应纳税所得中扣除。

② 2018 年修订的《个人所得税法》规定，个人将其所得对教育、扶贫、济困等公益慈善事业进行捐赠，捐赠额未超过纳税人申报的应纳税所得额 30% 的部分，可以从其应纳税所得额中扣除；国务院规定对公益慈善事业捐赠实行全额税前扣除的，从其规定。

③ 需要通过享有税前扣除资格的公益性组织或者县级以上政府部门及其组成部门等组织捐赠才能够享受税收优惠资格。

捐赠，不能享受所得税税收优惠政策。而关于税前扣除资格的获得也先后经历了审批制和核准制两个阶段。

（一）审批制

2007年1月8日生效、2008年1月1日失效的《财政部、国家税务总局关于公益救济性捐赠税前扣除政策及相关管理问题的通知》，规定公益组织捐赠税前扣除资格由财政部和国家税务总局确认或者省级财政部门确认并报财政部和国家税务总局备案才能取得，并对取得税前扣除资格的条件和申报材料提出要求，同时还对具有捐赠税前扣除资格的组织或部门的公益救济性捐赠的用途予以限制，即仅限于教育、民政等公益事业的发展和遭受自然灾害地区和贫困地区的救济。

2008年1月1日实施至今的《关于公益性捐赠税前扣除有关问题的通知》规定的公益性捐赠的支出范围较大，对申请税前扣除资格的公益组织必须满足的条件、批准部门、报送材料以及资格取消的情形予以规定。不过，县级人民政府及其组成部门和直属机构自动获得捐赠税前扣除资格，不需要经过税前扣除资格的申请。

2009年3月10日实施的《民政部办公厅关于印发基金会公益性捐赠税前扣除资格审核工作实施方案的通知》（该文件于2017年失效）明确了基金会申请公益性税前扣除资格需要经过民政部门初审，财政、税务部门会同民政部门联合审核确认，并对申请条件、提供材料、资格取消予以比较严格的规定。

2009年7月15日实施、2017年失效的《民政部关于印发社会团体公益性捐赠税前扣除资格认定工作指引的通知》对社会团体申请公益性捐赠税前扣除资格的申请条件、审核程序、申请文件、财务审计、监督管理进行了细化。

2009年12月发布但从2008年1月1日起便实施至今的《财政部、国家税务总局关于通过公益性群众团体的公益性捐赠税前扣除有关问题的通知》（2021年1月1日已失效，被2021年《财政部、税务总局关于通过公益性群众团体的公益性捐赠税前有关事项的公告》替代）对不需进行社团登记的人民团体以及经国务院批准免予登记的社会团体（统称为公益性群众团体）公益性捐赠税前扣除的适用范围、条件、审批单位、报送材料予以明确要求。

2010年7月21日实施的《财政部、国家税务总局、民政部关于公益性捐赠税前扣除有关问题的补充通知》是为了规范公益性捐赠税前扣除政策,加强征管而出台的。该通知进一步对《关于公益性捐赠税前扣除有关问题的通知》文件下发之前已经获得公益性捐赠税前扣除资格的公益性社会团体提出要求。① 此文件颁布实施以后,之前获得公益性捐赠税前扣除资格的所有公益性组织均需要重新提交申请,经财政、税务会同民政部门予以确认,且需要每年确认。

2011年5月18日实施的《民政部关于印发〈全国性社会团体公益性捐赠税前扣除资格初审暂行办法〉的通知》(该文件2017年失效)是根据《财政部、国家税务总局关于公益救济性捐赠税前扣除政策及相关管理问题的通知》,对全国性社会团体即民政部批准登记的社会团体法人申请公益性捐赠税前扣除资格的必备条件和禁止性条件予以细化。

(二) 确认制

根据《财政部、国家税务总局、民政部关于公益性捐赠税前扣除资格确认审批有关调整事项的通知》(财税〔2015〕141号)对捐赠税前扣除资格的有关申请环节予以取消,《关于公益性捐赠税前扣除有关问题的通知》第6条、第7条停止执行,取消捐赠税前扣除资格申请相关环节,改为联合确认,联合确认的单位包括财政、税务、民政部门,这些组织联合确认的依据是社会组织登记注册、公益活动情况,联合确认需要以公告形式进行,并对符合公益性捐赠税前扣除资格名单予以发布。事实上,国家及省、直辖市、自治区民政部门的确认流程还是比较复杂和烦琐的。

(三) 自动获得制

与社会团体和群众团体依据申请获得不同,政府及其组成部门和直属机构的公益性捐赠税前扣除资格为自动获得,不需要任何认定或者确认程序。②

---

① 该文件规定,《关于公益性捐赠税前扣除有关问题的通知》下发之前已经获得公益性捐赠税前扣除资格的公益性社会团体,必须按规定的条件和程序重新提出申请,通过认定后才能获得公益性捐赠税前扣除资格。符合《关于公益性捐赠税前扣除有关问题的通知》第4条规定的基金会、慈善组织等公益性社会团体,应同时向财政、税务、民政部门提出申请,并分别报送《关于公益性捐赠税前扣除有关问题的通知》第7条规定的材料。民政部门负责对公益性社会团体资格进行初步审查,财政、税务部门会同民政部门对公益性捐赠税前扣除资格联合进行审核确认。

② 参见2010年7月21日实施的《财政部、国家税务总局、民政部关于公益性捐赠税前扣除有关问题的补充通知》。

三 关于纳税人所得税税前扣除比例例外的规范性文件

从制度规范上来说，1994年企业纳税人税前扣除比例为3%，2008年之后企业纳税人公益捐赠税前扣除比例为12%。2016年以后企业公益捐赠可以向后结转3年。从1994年至今个人公益捐赠税前扣除比例为30%。

然而，在实际操作中，财政部和国家税务总局针对某些公益组织、特定灾难或者特殊阶段需要，发布了一系列单项性的文件，分别赋予特定慈善组织税前全额扣除资格，向特定目的的公益事业捐赠享受企业所得税税前全额扣除或10%扣除比例，特定事项下特定企业捐赠享受全额扣除资格。

（一）通过特定公益组织捐赠享受税前全额扣除或特定比例扣除的单项性文件

通过北大法宝查到，财政部、国家税务总局先后发布了6个文件，共授权了27家社会团体税前全额扣除资格。凡是通过这27家组织进行公益救济性捐赠的纳税人，可以享受税前全额扣除的税收优惠。此外，也有享受税前扣除比例超过法定的3%的情况。2002年，在一般性的规范规定企业公益性捐赠只能享受税前3%扣除的时期，《国家税务总局关于企业等社会力量向中华社会文化发展基金会的公益救济性捐赠税前扣除问题的通知》（已失效）却赋予企业向中华社会文化发展基金会捐赠享受税前10%扣除的权利。

（二）特定情形、灾难危急或特殊阶段需要时公益捐赠全额扣除的单行性文件

通过北大法宝以全文搜索"全额扣除"查到的文件中共有39个文件涉及纳税人税前全额扣除，这些文件主要是为了教育、医疗、SARS、灾区、奥运会、世博会、地震、困难职工以及支持脱贫事业，向教育、医疗、困难职工的捐赠，不论时段，一直享受税前全额扣除；而在SARS、地震等意外发生或者奥运会、世博会、扶贫等国家特殊时段的重要任务需要的时候，纳税人提供的赞助或捐赠可以在计算应税所得时全额扣除。

《财政部、税务总局、国务院扶贫办关于扶贫货物捐赠免征增值税政

策的公告》①规定,凡是企业向目标脱贫地区的企业和个人进行捐赠的,可以据实扣除,且可以向前追溯四年②。这四年期间向目标脱贫地区捐赠的支出尚未在计算企业所得税应纳税所得额时扣除的部分,可执行据实扣除的政策。

(三) 特定组织提供的赞助享受税前全额扣除

目前从北大法宝查到的文件显示,在我国开展重大活动事项时,单行性文件赋予特定企业赞助税前全额扣除的税收优惠待遇。比如《国家税务总局关于搜狐公司赞助第29届奥林匹克运动会有关税收问题的通知》(已失效)规定对于搜狐公司向第29届奥运会的赞助进行税前全额扣除;《财政部、国家税务总局关于源讯(北京)公司和欧米茄(瑞士)公司对第29届奥运会服务赞助有关税收政策问题的通知》规定欧米茄(瑞士)公司根据赞助协议向第29届奥运会北京奥组委提供的价值为5311万美元服务赞助支出允许税前全额扣除;《财政部、国家税务总局关于第29届奥运会、第13届残奥会和好运北京财税〔2008〕128号体育赛事有关税收政策问题的补充通知》(已失效)规定对联想(北京)有限公司向国际奥委会提供的现金赞助,向第29届奥运会、第13届残奥会、"好运北京"体育赛事的资金和物资允许税前全额扣除;《国家税务总局关于普华永道中天会计师事务所有限公司及其关联机构赞助第29届奥运会有关税收政策问题的通知》规定普华永道中天会计师事务所有限公司及其关联机构向第29届奥运会进行的赞助允许税前全额扣除;《国家税务总局关于深圳市腾讯计算机系统有限公司赞助2010年上海世博会有关税收问题的通知》规定深圳市腾讯计算机系统有限公司向2010年上海世博会提供的现金等赞助支出允许税前全额扣除。

四 有关慈善捐赠所得税以外的税收优惠的规定

慈善捐赠除了享受所得税税收优惠外,货物劳务税、财产行为税方面也有一定的免税规定。货物劳务税涉及的免税税种有增值税、消费税和关税;而财产行为税涉及的免税税种主要是印花税。此外,也有关于城市维护建设税等附加税的税收优惠规定。

---

① 该文件规定,凡是企业通过公益性社会组织或者县级及以上人民政府及其组成部门和直属机构向目标脱贫地区的企业和个人进行捐赠的,可以据实扣除。

② 即企业在2015年1月1日至2018年12月31日期间的捐赠。

（一）境外捐赠免税规定

对境外捐赠给予的税收优惠力度较大。《公益事业捐赠法》规定对境外用于公益事业捐赠的物资依法减征或者免征进口关税和进口环节的增值税。同时，当地人民政府还应对于捐赠工程项目给予支持和优惠。《中华人民共和国海关总署公告2004年第7号——关于对20种商品停止减免关税和进口环节增值税》（已失效）第5条对外国政府、国际组织捐赠物资或残疾人组织进口供残疾人专用的物品免征增值税予以规定。[①] 2016年4月1日实施的《慈善捐赠物资免征进口税收暂行办法》对境外捐赠人慈善捐赠免征进口关税和进口环节增值税作出规定。2016年颁布实施的《慈善法》第80条第2款同样对境外慈善物资捐赠有关进口关税和进口环节增值税减免作出规定。

（二）特定灾难或者扶持教育需要的有关规范性文件

地震灾难发生以后，也有相关税收优惠的特别措施。2008年7月30日实施的《财政部、海关总署、国家税务总局关于支持汶川地震灾后恢复重建有关税收政策问题的通知》[②]对"5·12"地震后捐赠受赠地区免征增值税、城市维护建设税及教育费附加予以规定。

为了促进教育事业发展，我国还有针对教育捐赠的特别税收优惠。2004年1月1日实施的《关于教育税收政策的通知》（财税〔2004〕39号）。对财产所有人将其财产赠给学校所立的书据免征印花税；对一些单位[③]承受土地房屋权属用于教学科研的免征契税。[④]《关于实施〈国有公益性收藏单位进口藏品免税暂行规定〉的有关事宜》（海关总署公告2010年第7号）对公益性藏品有关税收优惠予以规定。[⑤]

《财政部、税务总局、国务院扶贫办关于扶贫货物捐赠免征增值税政

[①] 2004年1月1日实施的《关于进口货物进口环节海关代征税税收政策问题的规定》第5条规定"外国政府、国际组织无偿赠送的物资免征增值税"，"由残疾人组织直接进口供残疾人专用的物品免征增值税"。

[②] 该文件规定，自2008年5月12日起，对单位和个人将自产、委托加工或购买的货物通过公益性社会团体、县级以上人民政府及其部门捐赠给受灾地区的，免征增值税、城市维护建设税及教育费附加。

[③] 主要指国家机关、事业单位、社会团体和军事单位承受土地房屋权属用于教育科研的。

[④] 参见《契税暂行条例》（2019年修正）。

[⑤] 该文件规定对国有公益性收藏单位以从事永久收藏、展示和研究等公益性活动为目的，以接受境外捐赠、归还、追索和购买等方式进口的藏品，免征关税和进口环节增值税、消费税。

策的公告》①规定，通过特定途径无偿捐赠给目标脱贫公益性收藏单位进口藏品免征关税、进口环节增值税、消费税。直接无偿捐赠给目标脱贫地区的单位和个人，免征增值税。优惠期限为2019年1月1日到2022年12月31日，但是向非目标脱贫地区捐赠就不能享受免征增值税优惠的待遇。

（三）其他方面的税收优惠规定

2009年开始，单位、个人无偿赠予不动产，视同销售不动产征收营业税。依据2016年5月1日起实施的《营业税改征增值税试点实施办法》附件一《营业税改征增值税试点有关事项的规定》规定营业税改增值税以后，无偿提供服务、转让无形资产或者不动产给公益事业或者社会公众的，不征收增值税。

我国在消费税方面没有相关的免税措施，②也没有赠与税与遗产税方面的规定。

我国对慈善组织或公益组织自身出台了一些税收优惠方面的规定。1986年颁布的《房产税暂行条例》第5条规定，由国家拨付行政事业费的各类社会团体自用的房产，免征房产税。1988年颁布的《印花税暂行条例》规定，财产所有人将财产赠予符合要求的单位，免征印花税。2011年修订后的《印花税暂行条例》继续保留了该规定。1988年制定的《城镇土地使用税暂行条例》规定，对免缴土地使用税的组织予以规定，其免缴的对象就是财政拨付事业经费的单位。虽然该条例于2006年、2013年、2019年分别予以修订，但仍然保留了该条款。《关于医疗卫生机构有关税收政策的通知》规定，非营利性医疗机构在特定情况下免征房产税、城镇土地使用税和车船使用税。③2001年《关于非营利性科研机构税收政策的通知》④规定了免征房产税、城镇土地使用税的对象。2009年《增值税暂行条例》第15条对直接进口的残疾物品免征增值税

---

① 该文件规定，对于通过公益性社会组织、县级及以上人民政府及其组成部门和直属机构，或者直接无偿捐赠给目标脱贫地区的单位和个人，免征增值征税。

② 2008年修订的《消费税暂行条例》和《消费税暂行条例实施细则》规定，纳税人将自产自用应税消费品用于生产非应税消费品、在建工程、管理部门、非生产机构、提供劳务、馈赠、赞助、集资、广告、样品、职工福利、奖励等方面，视同销售，于移送时缴纳消费税。

③ 该文件规定，对非营利性医疗机构自用的房产、土地、车船，免征房产税、城镇土地使用税和车船使用税。

④ 该文件规定非营利性科研机构自用的房产、土地，免征房产税、城镇土地使用税。

作出规定。

第二节 我国慈善捐赠税收优惠立法特点及不足

我国慈善捐赠税收优惠立法总体向好，当然还有一系列不足。

一 我国慈善捐赠税收优惠立法特点

我国慈善捐赠税收优惠立法发展体现的特点是：激励慈善捐赠的主要途径是依托所得税，税收优惠幅度和范围日益扩大，受赠组织税收优惠资格逐步简化，保障性、应急性和涉及全民性的事项税收优惠力度大。

（一）所得税是激励慈善捐赠的主要途径

我国目前税收种类有流转税、所得税、资源税和财产类行为税四大类。1994年税制改革以来，我国的税收是以流转税和所得税为双主体，其他税种协调配合的税制体系。以2015年为例，我国全年税收收入中流转税的占比达到70%以上，所得税的占比不足30%。[①] 而在慈善捐赠税收激励中，所得税是慈善捐赠激励的领头羊，流转税的税收优惠力度远远小于所得税。关于慈善捐赠所得税激励制度体现在《公益事业捐赠法》《慈善法》《企业所得税法》《个人所得税法》以及相关实施条例中。同时，国务院、财政部、国家税务总局还发布了若干个单行性行政法规。总体来说，慈善捐赠税收立法体现的税收优惠力度日益增加，优惠范围不断拓宽，优惠种类逐步多样。税收优惠种类从所得税，扩大到增值税、印花税、关税、城市维护建设税，但慈善捐赠税收优惠的主体税种仍然是以所得税为主。增值税等其他税种的免税条件有着极为严格的限制和规定。目前，我国除上海和重庆两地试点房产税改革外，其他地区并未开征个人自有非营业住房的房产税，而只是向企业自有的房产和个人出租的房屋征收房产税。

（二）税收优惠幅度和范围日益扩大

从1994—2007年年底，我国企业慈善捐赠所得税税收扣除比例一直保持在3%，且不能向以后年度结转。从2008年1月1日起，一般情况

---

① 曲顺兰、许可：《慈善捐赠税收激励政策研究》，经济科学出版社2017年版，第114页。

下,企业所得慈善捐赠税前扣除比例提高到 12%,且从 2016 年 9 月 1 日起,当年税前扣除超过 12% 的部分可以向后三年结转扣除。如此,假如企业一次性慈善捐赠年度利润总额不变,捐赠额为年度利润总额的 48%,随后的三年不再捐赠,那么当年超出 12% 的部分,即 36% 可以向以后三年分别结转 12%。这不仅提升了慈善捐赠税前扣除比例,而且有效地提高了慈善捐赠的灵活性。

2008 年以前,我国并没有非货币性价值慈善捐赠税前扣除的相关规定。从 2008 年 1 月 1 日起,向获得公益性捐赠税前扣除资格的公益性群众团体捐赠非货币财产的,非货币性价值的公允价值计算作为所得税扣除依据。不过《财政部、国家税务总局关于通过公益性群众团体的公益性捐赠税前扣除有关问题的通知》(已失效)仅仅适用于群众团体即县级以上各级机构编制部门直接管理其机构编制的公益性组织,其可以对接受非货币性资产捐赠以捐赠方证明的公允价值提供公益性捐赠票据,从而享受税前扣除的优惠。而向其他公益组织捐赠的非货币性资产捐赠主体则不能享受税前扣除。《民政部关于印发〈关于规范基金会行为的若干规定(试行)〉的通知》①对非货币财产捐赠入账价值的方法予以专门规定。

立法在企业股权捐赠税收优惠方面也算是一大进步。从 2016 年 1 月 1 日起,企业持有的"其他企业股权或上市公司股票等",向符合条件的境内非营利性的公益性社团进行捐赠,以其股权成本为依据,利润比例 12% 以内的部分,在计算应纳税所得额时允许扣除。这标志着,税收优惠的范围从货币捐赠扩大到非货币价值捐赠甚至股权捐赠。不过,该规定的不足在于为了避免捐赠人以股权捐赠获得不当利益,限制了只能以股权的历史成本为税前扣除的计算依据。

(三)受赠组织税收优惠资格认定逐步简化

慈善捐赠税前扣除的捐赠途径要求纳税人必须通过具有税前扣除资格

---

① 《民政部关于印发〈关于规范基金会行为的若干规定(试行)〉的通知》(民发〔2012〕124 号)规定,捐赠人提供了发票、报关单等凭据的,应当以相关凭据作为确认入账价值的依据;捐赠方不能提供凭据的,应当以其他确认捐赠财产的证明,作为确认入账价值的依据;捐赠人提供的凭据或其他能够确认受赠资产价值的证明上标明的金额与受赠资产公允价值相差较大的,应当以其公允价值作为入账价值。捐赠人捐赠固定资产、股权、无形资产、文物文化资产,应当以具有合法资质的第三方机构的评估作为确认入账价值的依据。无法评估或经评估无法确认价格的,基金会不得计入捐赠收入,不得开具捐赠票据,应当另外造册登记。

的组织捐赠,然后由这些组织将捐赠款物用于受益人,但并不是所有的公益组织都享有税前扣除资格。对于非国家政府部门的公益组织税前扣除资格的取得方式以2015年为界分为两个阶段。2015年12月31日前采取审批制,之后采取确认制。2015年前又以2008年1月1日为界分为两个时间段。2008年之前,纳税人税前扣除资格的申请是各个组织分散申请,税前扣除资格的批准文件是针对提出申请的个别公益组织单独发文同意的,授予的时间,有的是一年,有的是永久性的。2008年起,国家开始对申请税前扣除资格的公益组织必须满足的条件、批准部门、报送材料以及资格取消的情形予以规范化的规定,此后每年统一一次或者两次对税前扣除资格的组织进行统一发文批准,而且凡是被批准具备税前扣除资格的组织的有效期限均为一年。

而从2015年12月31日开始,根据国务院关于取消非行政许可事项相关文件精神,公益性社会团体和公益性群众组织不再需要单独进行税前扣除资格的申报和审批,转而通过联合公告形式予以确认,且有效期为1年。换言之,公益组织税前扣除资格的申请由审批制改为确认制,程序逐步简化。

当然,县级以上人民政府及其相关部门不需要经过税前扣除资格的审批而自动具备税前扣除资格。纳税人如果向县级以上人民政府及其相关部门向受益人捐赠,可以自动享受相应的税前扣除待遇。

(四)保障性、应急性、全民性事项的税收优惠力度大

第一,一般情况下,我国企业纳税人有从3%到12%、个人纳税人有30%的税前扣除的优惠规定,但是在针对地震、瘟疫、教育、大规模体育赛事类的公益性强的事项或者活动方面,慈善捐赠税前扣除不再限于固定的比例,而是享受全额扣除。比如针对脱贫的《财政部、税务总局、国务院扶贫办公告2019年第49号》文件明确,脱贫方面的捐赠享受全额税前扣除。为了全力做好2022年冬奥会的各项筹办工作,企业通过具有税前扣除资格的组织对冬奥会的赞助和捐赠,享受全额税前扣除的优惠待遇。第二,在保障性、应急性的事项方面,除了通过符合规定的公益组织捐赠享受税前全额扣除外,某些特定企业针对这些应急性或者保障性全民性重要事项的赞助或捐赠也可以享受税前全额扣除。比如针对第29届奥运会、上海世博会准备期间,搜狐公司、欧米茄(瑞士)公司、联想(北京)有限公司、普华永道中天会计师事务所有限公司及其关联机构、深圳市腾讯计算机系

统有限公司等提供的现金赞助和现金等价物赞助支出专门有单行性的规范性文件授权给予税前全额扣除的待遇。第三，一些有关医疗、教育等涉及民生问题的公益性慈善组织，单行性规范专门赋予这些组织一直享有税前全额扣除资格。比如，前文提及的国家税务总局的6个规范性文件对中华健康快车基金会等27家基金会享受税前全额扣除资格。

二　我国慈善捐赠税收优惠立法不足

尽管立法有一些进步，但尚存在慈善捐赠税收激励种类不全、税收优惠条件苛刻、税收激励缺乏纵向公平、税收减免操作繁杂等不足。

（一）税收激励种类不全，优惠体系失衡

我国慈善捐赠税收优惠以所得税为主要激励手段，涉及的主体包括能够营利的企业和达到个税起征点的个人。对于没有营利的企业和没有达到纳税起征点的个人而言，无法享受慈善捐赠税收优惠。虽然也有关于增值税、印花税、关税、城市维护建设税、消费税方面的一些税收优惠措施，但是这些税收优惠措施受益主体偏少，难以真正发挥作用。增值税税收优惠，除了受灾情况外，主要针对境外来源的捐赠。关税优惠的受益人也只是源于境外的捐赠。印花税、城市维护建设税涉税少，发挥作用小。消费税的优惠主要针对来源于境外的藏品。此外，有关流转税方面，除了扶贫等特殊情况外，以捐赠方式转移货物的，均视同销售，不能享受流转税税收优惠。关于契税、印花税、土地增值税方面，有一定的税收优惠规定。其他的资源税法、财产税法、行为税法未见税收优惠相关规定。目前在国外广为实施的遗产税在我国尚未开征，大多数人选择将财产留给后人而不是去捐赠。事实上，开征遗产税才是激励慈善捐赠的有效手段。国外纳税人为了避免高额遗产税，往往选择采用慈善信托的方式进行慈善捐赠，从而在慈善捐赠激励方面发挥了有效作用。

（二）税收优惠条件苛刻，激励效应不足

首先，受赠主体扣税资格问题。只有向经过税务、财政、民政各部门对公益性社会团体取得捐赠税前扣除资格联合确认的组织进行捐赠的企业或个人才能在计算应纳税所得额时予以扣除。如果捐赠的渠道不是向经过确认的具有捐赠税前扣除资格的组织进行捐赠，或者直接向受赠人捐赠则无法享受税前扣除优惠。其次，个人慈善捐赠税前扣除比例偏低且不能向后结转。个人捐赠扣除比例为30%，低于国际惯例，比如美国为50%。

即使是向具有税前扣除资格的公益组织或政府部门捐赠,也规定了若干不能享受税前扣除的情况:个人捐赠超过应纳税所得额超过 30% 的部分、未取得法定捐赠凭证的、直接捐赠给个人或单位的、不属于符合限定范围名单及所属年度的、逾期支出不允许结转以后年度、纳税申报证明材料不全的、赞助性支出、非公益性捐赠支出、个人所得资助研发经费、不足抵扣的部分、偶然所得、经国务院相关部门确定征税的其他所得自主研发经费的捐赠支出。事实上,目前我国慈善捐赠个人所得税优惠制度的受益群体仅仅是月收入超过纳税起征点的个人,而对于月收入低于纳税起征点的个人却没有任何税收优惠补贴,即使对于月收入超过个税起征点的个人也因其边际税率的不同而享受不同的补贴。此外,个人捐赠人捐赠更有随机性,往往通过水滴筹等各种众筹性质的平台捐赠,而这种捐赠无法享受税收优惠,目前的慈善捐赠税前抵扣对此类捐赠完全没有激励效应。

(三) 税收激励缺乏纵向公平,引发慈善失灵

慈善物品类似于公共物品,慈善物品的提供也存在市场失灵和政府失灵。[①] 慈善捐赠税收优惠制度本意是解决公共物品提供中的市场失灵和政府失灵,但目前的税收优惠制度缺乏纵向公平,减损分配正义,进一步引发慈善失灵。

根据现在慈善捐赠税收优惠制度,纳税人向特别重要紧急事项方面的捐赠可以享受税前全额扣除,[②] 向具备全额扣除资格的公益组织捐赠享受税前全额扣除,[③] 向国家应急性、保障性全民性事项的捐赠享受税前全额

[①] Brian L. Frye, "Solving Charuty Failures", *Or. L. Rev.*, Vol. 93, No. 163, 2014, p. 165.

[②] 参见《国家税务总局关于搜狐公司赞助第 29 届奥林匹克运动会有关税收问题的通知》(已失效);《财政部、国家税务总局关于源讯(北京)公司和欧米茄(瑞士)公司对第 29 届奥运会服务赞助有关税收政策问题的通知》;《财政部、国家税务总局关于第 29 届奥运会、第 13 届残奥会和好运北京体育赛事有关税收政策问题的补充通知》(已失效);《国家税务总局关于普华永道中天会计师事务所有限公司及其关联机构赞助第 29 届奥运会有关税收政策问题的通知》;《国家税务总局关于深圳市腾讯计算机系统有限公司赞助 2010 年上海世博会有关税收问题的通知》。

[③] 参见财政部、国家税务总局《关于向中华健康快车基金会等 5 家单位的捐赠所得税税前扣除问题的通知》(财税〔2003〕第 204 号)、《关于向宋庆龄基金会等 6 家单位捐赠所得税政策问题的通知》(财税〔2004〕第 172 号)等规定。这些文件规定向中国红十字会、中华慈善总会、宋庆龄基金会等政府主控的公益机构捐赠,准予在缴纳企业所得税和个人所得税之前全额扣除。

扣除，而向上述事项以外的具有税前扣除资格的公益组织捐赠只能享受比例扣除，向未获得公益捐赠税前扣除资格的公益组织捐赠或者直接向受益人捐赠，则没有任何税收优惠待遇。这就导致捐赠主体捐赠相同金额的财物却享受不同的税收优惠。即使享受相同比例的税前扣除，因个人所得税累进税率不同或者企业所得税率不同，企业年度利润额不同，相同捐赠额享受的税前扣除金额也不同。相比低收入纳税人，慈善捐赠税收优惠更加有利于高收入纳税人。纳税比例3%的纳税人捐赠100元只能获得3元的税收补贴，但是纳税比例45%的纳税人却能够享受45元的税收补贴。这直接导致高收入纳税人获得税收补贴更大。而如果没有达到税收起征点的人，则无法享受任何慈善捐赠税收补贴。

补贴越大，激励越大。补贴越小或者没有补贴，则激励不足或者没有激励。其结果是那些高收入群体能够获得更大的补贴，因而倾向于捐赠，且倾向于捐赠给他们感兴趣的适合他们消费需求的事项，这就可能导致高收入群体消费的慈善物品供给更多，而低收入群体消费的慈善物品供给不足。如果补贴不均或者没有补贴，则其慈善捐赠成本不同，激励捐赠的作用就不同。因为高收入得到的补贴更大，这种获得补贴的不同进一步扩大了慈善捐赠主体之间的能力差距，[1] 从而减损分配正义，缺乏纵向公平。

慈善捐赠税前扣除通过补贴的方式鼓励捐赠，解决慈善需求方面的市场失灵和政府失灵。[2] 然而，如果把慈善捐赠理解为一种消费品，那么因为税收补贴都补贴了高收入群体的消费，而高收入群体的消费品偏向于高层次的消费，比如博物馆、大学或者能够提升他们荣誉地位的慈善物品，导致低收入阶层需要的基本保障或者消费品供给减少。同时，即使这种税前扣除的举措一定程度上解决了高收入群体公共物品方面的市场失灵和政府失灵，也不能代表或者没有证据证明慈善捐赠税收补贴等于或相当于慈善捐赠产生的正外部性。

（四）税收减免操作繁杂，降低激励效果

第一，税收减免程序烦琐。凡是要获得税收优惠减免，接受捐赠的组织必须是具备开具捐赠票据资质的单位，并且向捐赠企业或个人开具捐赠票据，纳税人再向税务机关缴纳审核。一般而言，个人捐赠往往是基于网

---

[1] Thomas Piketty & Gabri Teresa el Zucman, "Wealth and Inheritance in the Long Run", (Apr. 6, 2014), http://gabriel-zucman.eu/files/PikettyZucman2014HID.pdf.

[2] John D. Colombo & Mark A. Hall, *The Charitable Tax Exemption*, Routledge, 1995, p. 113.

络公益筹款时随机捐赠,并非通过向具有税前扣除资格的公益组织捐赠。即使是通过这些组织捐赠,也往往是通过网络直接捐赠,并没有电子票据的开具途径,更不便亲临公益组织领取捐赠票据。即使取得了捐赠票据,一般的大型企事业单位,每月发放劳动报酬往往直接通过税务系统自动扣除个人所得税,并无个人捐赠票据税前扣除审核环节。个人如果要申请税前扣除,必须单独向地方税务局进行。税收减免程序太繁杂,大多数人不知道如何操作,或者即使愿意操作,操作起来也是非常麻烦。第二,捐赠额抵扣期限和周期不清。慈善捐赠税收扣除对企业所得税来说,明确规定了可以向后结转三年,而个人慈善捐赠税前扣除并无向后结转的规定。第三,实物捐赠估价、股权捐赠估价也存在问题。目前虽然规定了实物捐赠可以享受税前扣除的问题,但是其需要捐赠企业提供市场价有关的证明,股权捐赠又要以其成本价计算税前扣除,这些都增加了相应操作的复杂性。

第三节 我国慈善捐赠税收优惠制度的完善

根据我国民政部门统计,截至2020年8月,我国现有90多万家社会组织,登记认定的慈善组织仅有7369家,慈善组织在社会组织中的占比不足1%。与五年前相比,我国每年社会捐赠总额占全国GDP的比例在下降,与发达国家的差距在扩大。在美国国内收入局注册的具备扣除资格的组织,截至2015年年底达到1179055个,[①] 我国慈善组织数量远远低于美国的慈善组织数量。我国慈善捐赠总额占国民生产总值比例偏低,而美国等国家的慈善事业发展远胜于我国。为此,有必要对域外典型国家的慈善捐赠税收优惠制度予以考察,并吸纳其值得我国借鉴的方面。

一 域外慈善捐赠税收激励制度考察与启示

(一) 域外慈善捐赠税收激励制度的考察

域外慈善捐赠税收优惠制度以美国最为典型,美、英、日、德、法等国各有不同的特点。

[①] 于海燕:《我国个人慈善捐赠税收激励机制研究》,《产业创新研究》2019年第10期。

1. 美国

美国慈善捐赠税前扣除的范围较广。美国《国内税收法典》规定，向非营利组织捐赠可以免征联邦所得税，但并非全额扣除，除非符合该法典第501C（3）条要求的公益慈善机构的捐赠可以获得全额免除。① 持股一年（含）以下的，视为普通收益财产，在捐赠时的公允价值与捐赠人获得该股权时价值相比的较小价值进行税前扣除。持股一年以上，则以公允价值计算扣除标准。美国慈善捐赠遵从完整权益原则，捐赠人需要让渡的是财产的完整权益，即占有、使用、收益和处分的权利。同时，美国突破了捐赠无偿的观念，把非货币财产权利的转让价格减去其交易部分的市场价格的多余部分作为捐赠纳税扣除的基数。比如，如果纳税人花300美元向教会购买价值50美元的晚餐券，则250美元可以纳入捐赠扣除。② 美国国内收入局（IRS）还编制了专门指导各类非货币性资产捐赠估值方法的手册（Pub. 561）。

美国慈善捐赠税前扣除比例因受捐组织不同而不同。有的适用50%，有的适用30%，而针对农民和牧场主有关环保领域的不动产捐赠适用的扣除上限为100%。第一，适用30%扣除上限的包括退伍老兵组织、兄弟会、非营利墓地、私人非运营基金。第二，因从事志愿服务而发生的相关费用，美国税法允许列入"慈善捐赠"项目申报扣除，但志愿服务本身的价值不允许享受税前扣除待遇，并通过50%、30%、20%等不同的扣除比例引导捐赠去向。第三，遗产税实行超额累进税率鼓励富人捐赠。有标准扣除和分项扣除的扣除方法供捐赠者选择。对于企业捐赠，税前扣除虽然不超过年收入额的10%，但是可以向后结转5年内有效。遗产捐赠，可以享受100%比例扣除。美国还出台了著名的皮斯条款，规定调整后个人收入如果超过了规定限额，超出规定限额部分的3%将从税前扣除限额中扣减。③ 美国从

---

① 在美国，相同价值的非货币性资产捐赠，因允许升值后的非货币资产以其公允价值进行税前扣除，并免除资本利得税，因而享受财产税和所得税的双重优惠，相对于相同价值的货币资产捐赠，可能获得税收优惠更高。黄凤羽、刘维彬：《个人非货币性资产捐赠的税收政策——美国借鉴与中国实践》，《税务研究》2017年第10期。

② 黄凤羽、刘维彬：《个人非货币性资产捐赠的税收政策——美国借鉴与中国实践》，《税务研究》2017年第10期。

③ Pomerleau K., "The Pease Limitation on Itemized Deductions Is Really a Surtax", 2017, https://taxfoundation.org/pease-limitation-itemized-deductions-really-surtax.

1797 年开征的遗产税,从 1916 年成为固定税,近年来维持在 50%。第四,遗产遗赠于慈善组织时,可以在房产税中予以扣除。① 美国的赠与税采取高额累进的方式。高额赠与税和遗产税是促使美国富人将自己的财产进行慈善捐赠的有效手段。美国从 1909 年开始征收公司所得税,1913 年开始征收个人所得税,所得税占联邦政府收入的一半以上。但是,美国并未征收增值税。

近几年来,慈善众筹奖励模式逐渐成为美国慈善捐赠的重要形式。在这种模式下,捐赠主体捐赠后能够获得接收捐赠主体的奖励,而且这种奖励一般与捐赠项目相关,并根据捐赠额的大小决定奖励的价值。小金额的捐赠获得奖励价值就小,大金额的捐赠获得奖励价值就大。② 明信片、电子邮件或其他形式的承认往往会针对小金额的捐赠。而大金额的奖励往往与慈善捐赠接收主体密切相关,其奖励往往是独一无二的。比如为了奖励大额捐赠,艺术家用独特的艺术作品予以回报,导演为了对大额捐赠进行回报,还可能赋予捐赠主体执行制片人荣誉头衔。③ KickStarter、Angelist、Wefunder 是美国比较有名气的慈善众筹平台。以 KickStarter 为例,尽管该平台主要针对商业运作项目,但往往也是慈善项目筹资平台。Kickstarter 的奖励机会都与捐赠相关。一般而言,Kickstarter 的项目主要是通过小额捐款运作。④ 比如,其中一个项目共计获得 13606 美元的捐赠,这 13606 美元来源于 703 笔捐款,平均每笔款项只有 19.35 美元。⑤ 而众筹项目中有 83% 的项目提供的奖励价值不到 20 美元。统计表明,有奖励的项目有 54% 的成功率,而没有奖励的项目只有 35% 的成功率。因为这个平台的项目大部分发起人都不是具有免税资格的组织,针对这些项目的捐赠不能享受税前扣除。总体来说,Kickstarter 捐赠的平均额

---

① Statement of Frank J., "Sammartino, Assistant Director for Tax Analysis, Options for Changing the Tax Treatment of Charitable Giving", *Senate Committee on Finance*, October 2011, p. 37.

② Nesta, "An Introduction to Crowdfunding", July 2012, http://www.em-a.eu/fileadmin/content.

③ C. Steven Bradford, "Crowdfunding and the Federal Securities Laws", *Columbia Business Law Review*, Vol. 2012, No. 1, 2012, p. 5.

④ Dave Roos, "Tips for Funding a Kickstarter Project, How Stuff Works", Aug. 9, 2015, http://money.howstuffworks.com/kickstarter3.htm.

⑤ Yancey Strickler, "The Price is Right", Kickstarter Blog, Apr. 2, 2010, http://www.kickstarter.com/blog/the-price-is-right.

为 25—50 美元。① 换言之，通过 Kickstarter 向项目的捐赠虽然不能享受税前扣除待遇，但是却能够换取一定的直接奖励。总体而言，美国慈善捐赠众筹模式运行比较乐观，相对于不提供奖励的众筹项目而言，提供奖励回报的项目成功率更高。

2. 英国

英国是最早出台济贫法并对公益慈善进行界定的国家。英国的税收优惠涉及的税种包括所得税、增值税、遗产税、资产收益税、公司税、个人所得税等。② 如果收益用于慈善目的，可以免除资本利得税。英国对于公司慈善捐赠会免除约占 30% 左右的公司所得税。个人捐资分为基础税率纳税人和较高税率纳税人，后者享受的所得税减免比例更高。③ 英国的薪水册捐赠制度是一种具有变通意义的所得税减免制度，通过员工委托雇主单位捐赠给员工选择的公益慈善组织，从而取得合理的所得税扣除。④ 英国同样规定了遗产税，并且如果捐赠人向公益慈善捐赠组织捐赠，没有从中获益，则免征遗产税。

3. 日本

日本企业的慈善捐赠，分两种情况：一种情况是向公益性很强的特殊组织捐赠，这种公益性很强的组织是由大藏大臣指定的组织，享受税前全额扣除政策；另一种情况是对依法设立的旨在提高社会福利的组织，捐助企业享受限额扣除政策。相对而言，日本个人捐赠税收优惠条件比较苛刻。只有捐赠超过 1 万日元并且不超过应纳税 30% 的部分，并用于"指定捐赠"才可以享受税前扣除。⑤ 因此，日本税收优惠以公司捐赠为主，个人捐赠规模很小。在遗产捐赠方面，继承人捐赠其继承的先人财产免征遗产税。日本对于教育事业的税收优惠大于其他公益捐赠，非营利组织用于公益教育事业的可以享受 47% 的减税，其他公益组织则只能享受 18%

---

① Fred Benenson and Yancey Strickler, "Trends in Pricing and Duration", Kickstarter Blog, Sept. 21, 2010, https://www.kickstarter.com/blog/trends-in-pricing-and-duration.

② 张晓婷、杜源：《非营利组织税收减免制度建构的基本导向》，《学术交流》2016 年第 5 期。

③ 王名：《英国非营利组织》，社会科学文献出版社 2009 年版，第 264 页。

④ 里昂·艾里什等：《中国非营利组织适用税法研究（世界银行委托研究报告）》，2004 年，第 83 页。

⑤ 郭健：《社会捐赠及其税收激励研究》，经济科学出版社 2009 年版，第 84—85 页。

的税收减免。

日本的家乡纳税制度是 2006 年提出，2008 年众议院通过的税款受益地转移制度，其主要操作办法是纳税人根据自己喜好向居住地以外的任意地方政府捐款，获得受捐地方政府寄送的捐款凭证，有时还能获得地方特产或其他礼物，在申报个人所得税时，凭借捐款凭证申请免个人所得税和住民税。实践表明，地方政府回馈的地方特产或者礼物越好，越能够吸引这种捐款。据统计，有四成的捐款作为回礼，在地方政府间形成回礼竞争。调查发现，绝大多数的捐款者捐款是为了获得地方政府的特产或礼物，少数是为了家乡发展。甚至出现向宫崎县捐赠10000日元获得当地的A4级牛肉，在获得税款抵免后只需用 2000 日元便可获得市场价为 10560 日元的牛肉，吸引了大量的捐赠。① 因而这种捐款行为日益商业化，演变为半商业行为，趋利效应远远超过乡情效应。根据统计，赠礼成本提升 1%，捐赠额提升 0.63%。

4. 德国

德国的税收减免制度总体上比较严格，以限额扣除为主，并且有阶梯型差异。对于十分有利于社会发展的组织，可以享受 11% 的优惠，对于一般性的公益则只能享受 9% 的税收优惠，并可以分期扣税负，个人为 8 年，企业为 7 年。② 捐赠的企业或个人可以享受到扣除纳税总额的 5% 或者营业总额工资总额的 0.2%。如果受赠组织是公益性较强的组织，捐赠的企业或个人可以在累计扣除所得税总额的 5%。超过额度，企业可以向后结转 7 年，个人可以向后结转 8 年。捐赠人以非获益为目的向某个人捐赠时也可以享受税收扣除政策。③ 德国从 1900 年便开始征收遗产税，对继承遗产的配偶、子女征收 3%—35% 累进税；对继承遗产的孙子、重孙、父母、祖父母征收 6%—50% 累进税；对继承遗产的兄弟、姐妹、离婚配偶、继父母征收 11%—65% 累进税；对继承遗产的其他人征收 20%—80% 累进税。

---

① 常伟、马思雨：《日本家乡纳税制度及其对中国的启示》，《现代日本经济》2018 年第 4 期。

② 张晓婷、杜源：《非营利组织税收减免制度建构的基本导向》，《学术交流》2016 年第 5 期。

③ 郑颖妍、严植翠：《关于我国企业慈善捐赠税收扣除额的思考》，《财税探讨》2019 年第 1 期。

5. 法国

根据法国 2003 年通过的法案，企业向文化事业的捐赠，可以减免相当于捐赠金额 60% 的税金，但减免额不应超过营业额（不含税）的 0.5%。若捐赠超过捐赠主体应纳税收入的 20%，则在五年内分阶段享受税收优惠。个人捐赠可以减免相当于捐赠额 66% 的税金。政府宣布向巴黎圣母院捐赠 1000 欧元以下的个人，最高可以获得高达捐赠金额 75% 的减税。①

法国是唯一一个直系亲属间的遗产税率最高可达 45% 的欧洲国家。法国遗产税的另一特色是，对于非直系亲属继承遗产，所征税率极高。如果死者没有孩子，由侄子、侄女继承，遗产税率可高达 55%。法国采用不可返还的慈善捐赠税收抵扣模式（nonrefundable tax credit）对个人慈善捐赠给予税收优惠。这种模式下，不论捐赠者的税率是低税率还是高税率，所有个体捐赠人都获捐赠总额 66% 的税收抵扣②，即不论该捐赠人本人的税率是多少，只要捐赠 100 美元，都获得 66 美元缴税抵扣。与慈善捐赠税前扣除模式不同的是，这种模式是在根据捐赠人总收入计算出来的应纳税款中直接减少 66% 的慈善捐赠额，即如果捐赠 100 美元，便直接从应纳税款中减少 66 美元，而不是在计算应纳税收入税收基数时扣减一定比例的慈善捐赠额。这种固定比例的慈善捐赠税收抵扣模式保证了同样的慈善捐赠额获得同额捐赠补贴，不因每个捐赠人的边际税率不同而获得不同的补贴。③ 这种税收抵扣模式首先需要慈善组织编制 W-2b 表，④ 纳税人在申报慈善捐赠税收抵扣时，必须同时附一份由慈善机构出具的捐赠收据，从而确认纳税抵扣数额。基于这种做法，在纳税申报中，减少虚假陈述的比例达到了 75%。但是，这种不可返还的慈善捐赠税收抵扣模式对于没有达到纳税起征点的个体是没有任何意义的。如果个体在该年度没有

---

① 佚名：《捐款 1 亿并放弃减税优惠》，欧洲时报网，2019 年 4 月 18 日，http://www.oushinet.com/europe/france/20190418/319124.html，2019 年 7 月 7 日。

② Gabrielle Fack and Camille Landais, "Are Tax Incentives for Charitable Giving Efficient? Evidence from France", *Ae. Econ. J. Econ. Pol'y*, Vol. 2, No. 117, 2010, pp. 117-118.

③ Stuff of Joint Committee on Taxation, *Present and Background Relating to the Federal Tax Treatment of Charitable Contributions*, U.S.：Committee, Print 2013.

④ Garbielle Fack and Camille Landais, "The Effect of Tax Enforcement on Tax elasticities: from Charitable Contributions in France", *Journal of Public Economics*, Vol. 133, January 2016, pp. 23-40.

达到缴纳所得税的起征点,而慈善捐赠抵扣模式又是不可返还的,那么没有达到纳税起征点的捐赠人无法获得任何抵扣,也无法获得税收补贴的益处。故而,没有达到纳税起征点的慈善捐赠群体便无法享受税收抵扣提供的补贴,而被排除在慈善捐赠税收抵扣体制之外,对于低收入捐赠群体而言是不公平的。

(二) 域外慈善捐赠税收优惠制度的启示

域外慈善捐赠税收激励模式不同,有慈善捐赠税前扣除模式,有慈善捐赠税收抵扣模式,有税前按比例扣除,也有全额扣除,不过比较普遍的做法是遗产税反向激励、慈善捐赠差异化税收优惠制度激励、灵活创新的激励制度和非实物资产捐赠的激励等。当然,捐赠激励方面的纵向不公也颇受诟病。此外,不同国家还出现了一些有各国特色的税收优惠制度,比如日本的家乡税制度、德国的直接捐赠享受税收优惠模式、英国的薪水册捐赠制度、美英的众筹奖励模式。

1. 遗产税等财产税的反向激励

一般而言,发达国家的财产税征收占比较大。20 世纪初美国财产税占全国财政收入 40% 以上。2014 年英国财产税占政府收入的 10.8%,美国占 8.4%,日本占 7.45%,法国占 7.3%。域外慈善捐赠税收优惠制度最为共性的一点是遗产税制度。征收遗产税,既能保障国家税收收入,又能缩减代际贫富差距。个人财富的积累是征收遗产税的前提,如果没有个人财富积累,没有遗产,就谈不上遗产税。同时,在征收遗产税的时候,国外比较普遍的做法是征收累进税率,遗产价值越高,税率越高。而慈善捐赠在遗产中又往往是法定的全额扣除项目。于是,纳税人与其使遗产被苛以 50% 以上甚至更高的税率,不如将其进行慈善捐赠。这样不仅将适用高税率的遗产进行慈善捐赠,减少了大量的遗产税;同时又相当于以较小的成本捐赠了较大的金额。如果一个纳税人将其适用税率为 50% 的 100 万美元用于慈善捐赠,并且享受慈善捐赠税前全额扣除,则当事人就减少了 50 万美元的遗产税,相当于花费了 50 万美元的成本,但是捐赠了 100 万美元。如此,既减少了税收,又能够获得捐赠带来的物质利益和精神满足感。因此,遗产税是各国激励慈善捐赠的合理工具。美国个人所得税与遗产税、赠与税并行,形成了完整的征税体系。美国如果没有遗产税,慈善捐赠将减少12%。① 域外国家遗产税等财产税的征收是调节收入分配、反向激励慈善捐赠的有益途径。

2. 差异化的税收优惠制度

虽然我国对不同的领域、行业或者事项采取不同的税前扣除的规定颇受诟病,但事实上世界上不少国家也采取类似的做法。比如美国针对不同受赠主体或者行业适用不同的税前扣除。有的适用50%,有的适用30%,甚至对农民和牧场主对环保领域的不动产捐赠适用扣除上限为100%。在日本,对于公益性很强的组织享受税前全额扣除政策,对于向旨在提高社会福利的组织捐赠,捐助企业享受限额扣除政策。德国也根据公益性强弱采取不同的税收优惠制度。法国个人捐赠可以减免相当于捐赠额66%的税金,但政府宣布向巴黎圣母院捐赠1000欧元以下的个人,最高可以获得高达捐赠金额75%的减税。可见,在不同的国家中,针对不同的受赠领域享受不同的税收优惠制度也是比较普遍的做法。对于不同公益性质的慈善行业或组织捐赠采取不同的税收优惠制度,来激励慈善捐赠,从而促进民众的基本生活保障和服务全民的公益事业,并不只是我国的做法。不同的是:这些国家中税收优惠制度的差异化不是以受赠组织是否是官方组织、官方控制或者官方背景作为区分依据,而是把公益性是否强或者是否保障基本生活作为享受的税收优惠比例不同的条件。尽管我国对于公益性较强的捐赠,比如教育或者保证民众基本生活方面的公益性捐赠考虑享受更大的税收优惠,但对于受赠组织是官方组织、官方控制或者官方背景的捐赠,我国往往也给予了更大的税收优惠,比如向县级以上人民政府及其部门的捐赠可以享受税前全额扣除的待遇。

3. 灵活创新的激励制度

日本的家乡税制度应该视为对偏远地区慈善事业发展的新举措。随着日本城市化和工业化的发展,日本的农村不仅出现了大量的"空巢"现象,同时也导致城乡贫富差距进一步拉大。为了解决城乡差距和贫富差距的问题,日本政府提出了"地方创生战略",力图发展乡村经济。随之而起的是2006年福井县知事西川一诚提出的以捐款抵扣税款的方式来激励进入城市的人口为家乡发展做贡献。② 具体做法就是纳税人向居住地以

---

① 刘北辰:《美国遗产税对我国的启示》,《税收征纳》2013年第2期。
② 常伟、马思雨:《日本家乡纳税制度及其对中国的启示》,《现代日本经济》2018年第4期。

外的地方政府进行捐赠,并选择相应地方的捐款用途,然后受捐地方向捐赠人邮寄相应的捐赠凭证,捐赠人凭借捐款凭证在申报个人所得税时申请抵免相应的所得税,已经缴纳的可以申请退还。比如向北海道上士幌町捐赠 3000 日元,实际上捐赠人能够税收抵免 2800 日元,自己承担的只有 200 日元。① 这种方式实施的结果是通过这种方式达到了类似于税收转移支出的效果,有效地促进了偏远地区的经济发展,加强了城市居民和家乡的联系。虽然该种方式演变得日益商业化,各个地方为了吸引更多的捐赠,除了提供捐赠凭据,还提供越来越多的本地特产,导致地方政府间的过度回礼竞争和捐赠人的趋利效应,但是其在激励捐赠、减少城乡差距、促进偏远地区经发展、增进城市居民和家乡的感情等方面都发挥了积极作用。

法国采用的是慈善捐赠税收抵扣模式,所有达到纳税起征点的个人享受同样比例的税收优惠补贴,在需要缴税的纳税人之间做到了公平。当然这种可返还的慈善捐赠税收抵扣模式仍然没有解决收入低于所得税起征点的个人的慈善捐赠税收补贴问题。为此,为了解决收入低于纳税起征点的个人捐赠税收补贴问题,有人提出了对于收入低于纳税起征点的捐赠人倡导适用可返还的纳税抵扣模式。这种模式的最大优势在于对所有慈善捐赠主体的补贴比例是相同的。比如不论是高所得税比例的纳税人还是低所得税比例的纳税人,不论是收入达到纳税起征点的纳税人还是收入未达到纳税起征点的纳税人,只要捐赠 100 美元,如果税收补贴比例为 66%,则所有人获得税收补贴都是 66 元。不过,因为申报税收扣除的纳税人中本身就有 36% 的人高估了其减免数额,② 如果再增加一个可以返还的税收抵扣流程,纳税人虚报捐赠数额的问题必将更加严重。这将极大地增加财政审核和运行成本。

不论是众筹奖励模式,还是税收前扣除模式或者税收抵扣模式,都属于慈善捐赠激励方式。它们的不同之处在于,众筹奖励不是间接的获得税收优惠补贴,而是直接向捐赠主体提供奖励。从激励对象来看,对于高收入群体而言,主要适用的是税前扣除或者税收抵扣模式,因为这些捐赠主

---

① 冀勇:《"家乡纳税"应对老龄化助力地方经济》,《法制日报》2015 年 8 月 4 日,http://epaper.legaldaily.com.cn/fzrb/content/20150804/Articel10003GN.htm,2015 年 10 月 5 日。

② Alex Turk et al., "Charitable Giving in a Voluntary Compliance Income Tax System: Itemized Deductions Versus Matching Subsidies", *IRS Res. Bull.*, Vol. 51, 2007, p. 53.

体主要获得的是减税补贴。而对于低收入群体尤其是未达到纳税起征点的群体而言，众筹奖励模式往往是更加有效的模式。在众筹奖励模式下，不论是高收入群体还是低收入群体，捐赠主体都能够获得接收主体提供的奖励回报。而在税前扣除模式或税收抵扣模式下，低收入群体无法或很少获得税收优惠好处。同时，对于小额捐赠而言，税收减免获得利益是小额的间接的难以感受的利益，而众筹奖励模式中获得的是一个显而易见的能够感受到的利益。低收入捐赠群体能够从众筹奖励模式中获得一定的好处，而税前扣除模式或税收抵扣模式却无法给低收入捐赠群体提供补贴。此外，众筹奖励项目往往金额小，范围广泛，因此能够激励低收入群体参与，从而比传统的筹款模式更加有效。事实证明，众筹奖励模式确实获得了低收入群体的支持，是有效的创意项目。[1] 对于大多数低收入纳税人而言，如果不采取众筹奖励模式，低收入群体是不会向艺术类慈善组织进行捐赠的。只有高收入群体才向艺术类慈善组织捐赠，但是众筹奖励模式为低收入纳税人向艺术类慈善组织捐赠提供了激励。[2] 同时，对于少数派和低收入群体需要的小金额慈善产品而言，慈善众筹模式无疑是一种可行的途径，既解决了供给不足，一定程度上也解决了慈善产品供给中的结构性失衡问题。

德国的直接捐赠可以享受税收优惠的制度也是一种创新的激励方式。捐赠人对受赠主体的直接捐赠也可以享受税收优惠，甚至受赠主体是个人而不是组织，只要捐赠人以非获益为目的向个体进行捐赠，也可以享受税收扣除待遇。[3]这无疑能够有效激励慈善，促进慈善的多元化发展。

英国的薪水册捐赠制度是个人捐赠中富有特色的制度，雇员选择慈善团体，雇主直接从工资中扣除，并通过薪水册代理机构捐赠，并对雇员工资所得税进行合理扣除。这种做法一方面简化了税收减免的程序，另一方面又能集中力量用于集体成员关心的慈善事业。

4. 备受诟病的纵向不公

根据美国慈善捐赠税前扣除模式和税收征收模式，慈善捐赠税收补贴

---

[1] Michael Goon, "A Social Argument for The Charitable Deduction", *New York University Annual Survey of American Law*, Vol. 70, No. 2, 2014, p. 270.

[2] Teresa Odendahl ed. *Charity Begins at Home*（New York：Basic Books），1990, p. 3.

[3] 郑颖妍、严植翠：《关于我国企业慈善捐赠税收扣除额的思考》，《财税探讨》2019年第1期。

是一种间接补贴。首先,这种补贴模式在标准扣除税收模式或者分项扣除税收模式两类主体之间,税收补贴是不公平的;其次,在选择分享扣除模式的捐赠群体中,因为其边际税率不同,慈善捐赠税收补贴比例不同。不同的慈善捐赠主体之间税收补贴不同,公共慈善产品供给中的市场失灵和政府失灵无法解决。相对于低收入群体而言,能够享受高补贴率的高收入群体往往更愿意捐赠,并且其捐赠往往倾向于高收入群体关注的公共产品,从而导致低收入群体关注或需要公共产品供给不足,进一步导致慈善失灵。因此,在缺乏"纵向公平"和分配正义方面,美国的税收优惠制度颇受诟病。美国个人慈善捐赠税收优惠中分为"标准扣除"和"分项扣除"。分项扣除主要适用于高收入纳税人,标准扣除比较适用于低收入纳税人。仅仅30%的人选择了"分项扣除",其中低收入纳税人比例更低。这些选择了分项扣除的纳税人中,零税率纳税人不足4%,税率为10%的纳税人占16%。[1] "标准扣除"的选择就导致低收入纳税人无法获得慈善捐赠税前扣除的奖励。对于不同的慈善捐赠主体来说,因收入水平的不同,享受的税前扣除的补贴金额不同。[2] 2011年,每捐赠1250美元获得的税收补贴是72美元,但是在税率为39.6%的群体中,却能享受495美元的补贴。[3]

5. 非实物资产捐赠的激励

美国对于非实物捐赠的价值确定有着比较全面细致的规则。慈善捐赠财产的涵盖范围非常广,基本涵盖了全部有形和无形资产,而且捐赠财产的价值确定以捐赠日的公允价值计量。[4] 如果资产发生增值或者贬值,则以公允价值与捐赠人当时获得资产时的成本较小的数额进行扣除,另有规定的除外。针对股权捐赠,以一年为标准,一年以下选择"捐赠人获得股权时的价值"或"捐赠人的公允价值"较小者扣除。持股一年以上则

---

[1] Benjamin H. Harris and Daniel Baneman, "Who Itemizes Deductions?", //www.urban.org/uploadedpdf/1001486-Who-Itemizes-Deductions.pdf.

[2] 李喜燕:《我国慈善捐赠个人所得税激励的局限与克服》,《经济法学评论》2016年第2期。

[3] Stuff of Joint Committee on Taxation, Present and Background Relating to the Federal Tax Treatment of Charitable Contributions, 2013.

[4] 黄凤羽:《个人非货币性资产捐赠的税收政策——美国借鉴与中国实践》,《税务研究》2017年第10期。

以捐赠当日交易平均价或者无成交价的以估价日前和日后最近的两个平均成交价格计算公允价值。对于非现金资产捐赠，必须让渡完整的财产权才能享受税前扣除。同时，美国突破无偿捐赠的观点，采取交易价值以外的部分视为捐赠。比如，如果转移财产金额为 4000 美元，其中 1000 美元为有偿，那么捐赠额为 3000 美元。美国依据公允价值确定捐赠金额，如果股权的历史成本价值是 1000 美元，在持有若干年后其市场交易价已经涨到 4000 美元，则可以享受税前扣除的金额为 4000 美元。这种公允价值的确定标准显然有利于激励慈善捐赠。同时，美国的这种捐赠扣除流程也相对简单规范，只需要在纳税申报时提供捐赠凭证并申请扣除即可，美国这些灵活可操作性的非货币资产捐赠流程和规则有效激励了慈善捐赠。

二 慈善捐赠税收优惠制度的思路转化

我国慈善捐赠税收激励制度，不仅应该体现为正向激励，还应体现为反向激励，不仅要有重点激励，还应有无差别化激励，不仅需要间接激励，还应结合直接激励，不仅体现出规范性的一面，还应体现出便捷性的一面。

（一）正向激励与反向激励的结合

慈善捐赠的正向激励是通过税收优惠的方式鼓励纳税人积极捐赠，慈善捐赠的负向激励就是对纳税人采取惩罚的方式反向逼迫纳税人进行慈善捐赠。税收优惠相当于通过税收补贴的方式对慈善捐赠行为的一种积极肯定和支持，持续激发纳税人的慈善捐赠行为。与这种正向积极慈善捐赠激励举措相反的是反向激励，其中最为常见的就是遗产税和房产税等财产税。遗产税和房产税等税收相当于激励考核中的逆向惩罚。遗产税和财产税的直接作用就是减少个人财产。意味着如果纳税人不捐赠，则会受到遗产税和房产税等一系列税收的惩罚，从而导致纳税人财产或者遗产价值减少。也就是说，即使纳税人不愿意进行慈善捐赠，其个人财产也有相当比例的价值缩水。富人往往希望通过自己的行为避免自己的财产减少，与其遭受高额的遗产税，还不如将财产用于捐赠，享受税收减免的待遇，一方面不会因巨额遗产遭受高额税收，另一方面又可以通过慈善捐赠的方式将这些税收筹划节约的财产用于自己关心和感兴趣的领域。因此，在域外，遗产税和财产税对慈善捐赠的反向激励作用明显。我国税收制度目前只注重对慈善捐赠的正向激励，而没有考虑到通过反向激励的方式逼迫纳税人为了减少纳税而进行慈善捐赠。为此，为了充分地激励慈善捐赠，我国也应借鉴美国等其他国家的做法采取税收正向激励和负向激励相结合的方式，以达到双向激励慈善捐赠的作用。

（二）重点激励与无差别化激励相结合

慈善捐赠不仅具有利他性，还具有非利他性；[①] 为有效激励慈善捐赠，应该正视慈善捐赠中存在的非利他性；为了避免慈善公共物品供应中搭便车行为而导致的公共产品不足，应该让慈善捐赠主体获得一定的收益。慈善捐赠税收优惠是通过给予慈善捐赠主体税收补贴的方式，解决慈善物品供给中的市场失灵和政府失灵。这种税收补贴模式对于激励慈善捐赠具有一定的作用。但是，慈善捐赠税前扣除模式往往因其减损了分配正义和纵向公平而受到非议，又因其导致慈善公共物品供给不足或供给失衡，存在激励低效或无效，影响分配正义而招致批评。为此，慈善捐赠激励应该能够惠及社会所有收入层次的群体。

据统计，我国慈善捐赠指数与世界各国相比还存在很大差距。[②] 我国有着全世界大约20%的人口，而且中低收入层次又在我国人口中占绝大多数。慈善捐赠应该基于对全员性激励的思路，而不仅仅限于针对高收入群体的激励。税收优惠或者相关激励制度应该面向全社会成员，而不应该限于高收入群体。但是，现有的慈善捐赠税收优惠仅仅是针对收入达到了纳税起征点的群体，对于低收入群体没有任何补贴。慈善捐赠税前扣除成为衡量慈善捐赠主体的经济支付能力的方法，但不是激励所有层次收入群体的有效方法。因为我国个人所得税采取的累进税率，税率是由纳税人的收入决定的，不同的收入群体，其税率不同，其结果是实际上享受的税前扣除的金额不同。一个边际税率是45%的捐赠人和一个没有达到纳税起征点的捐赠人，同样是捐赠100元，前者可以享受45元的税收优惠，而后者一分钱的税收优惠补贴都享受不了。税前扣除模式显然不利于激励后者。从公平的角度来说，因为没有任何理由表明高收入群体的捐赠比低收入群体的捐赠更值得赞扬，所以就没有任何理由高收入群体可以享受高额的税收优惠补贴，而低收入群体却没有任何补贴。事实上，相对于低收入

[①] 李喜燕：《非利他性视角下慈善捐赠的立法激励》，《河北大学学报》（哲学与社会科学版）2015年第5期。

[②] 英国慈善救助基金会：《世界捐助指数中国排名为何不佳?》，腾讯网，2015年1月6日，http://view.news.qq.com/original/intouchtoday/n3030.html，2015年3月30日。

群体而言，捐赠同样金额的款项，占其收入的比例更大，对其个人生活影响更大，更应该值得奖励和认可。至少做出同样数额捐赠的主体，不论其收入高低，均应该享受同样的税收优惠利益或者其他利益，不能因其收入高低而享受不同的税收优惠待遇。换言之，如果捐赠100元，享受20元的税收优惠补贴，那么不论边际税率是45%的捐赠主体，还是3%的捐赠主体，或者未达到纳税起征点的主体，其应该享受的税收优惠或补贴都应该是一样的金额。

（三）间接激励与直接激励相结合

慈善捐赠税收优惠制度只对收入超过纳税起征点的群体才有补贴，而对没有达到纳税起征点的群体没有任何补贴，从而也没有任何激励作用。对于达到纳税起征点的群体而言，其边际税率越高，其享受的税收补贴越高。目前，我国的立法对于低于纳税起征点的群体而言没有任何激励作用，对于低边际税率的群体补贴低于高边际税率的群体。要对所有群体进行激励，不应该设立收入门槛的限制。所有的慈善捐赠主体均有资格享受慈善捐赠激励补贴。因此，除了税收优惠这种间接补贴方式，还应该寻求一种直接补贴或者直接激励的方式，使低收入群体也能在慈善捐赠中获得收入，从而实现对所有群体的无差别激励。

当然，直接补贴的说法必然会引发质疑。反对者会认为慈善捐赠是无偿的，有偿回报便违背了慈善捐赠的无偿性特征。为此需要明确直接补贴是否就将慈善捐赠变成了市场交易。市场交易是等额的价值交换，给予捐赠主体不同方式的奖励，不同于等额价值交换，小额奖励与捐赠价值在数额上有很多悬殊，不是等额的价值交换。即使把这种奖励视为是有偿的，那么在奖励对价以外的慈善捐赠额便是无偿捐赠。[①] 当然，为了激励慈善捐赠，给捐赠主体提供不超过一定比例的小额的奖励，可视为对慈善捐赠的直接补贴。这种直接补贴的方式没有收入门槛要求，能够使所有收入层次的群体受益，从而避免了只有达到收入起征点以上的慈善捐赠主体的慈善捐赠才能获得慈善补贴的困境。当然，究竟采取何种直接补贴方式还需要在未来的立法规范中予以科学设定。

（四）规范性与便捷性相结合

法律法规等规范性文件必然具有规范行为的目的和作用，使规范对象

---

① 葛伟军：《公司捐赠的慈善抵扣——美国法的架构及对我国的启示》，《中外法学》2014年第5期。

的行为从没有规范到有规范，从部分规范到全面规范，从无效规范到有效规范。慈善捐赠税收优惠制度也不例外。税收优惠制度一方面希望通过税收优惠激励社会主体积极开展慈善行为，做出慈善捐赠；另一方面也需要将这种税收激励制度运行规范，避免不规范的做法。法律规范既不能使做出慈善的主体不能享受税收优惠，也不能令未做慈善的主体从中牟利。同时，法律规范也应该体现其可操作性和便捷性。

有学者认为法律的可操作性就是将某法律条文适用于具体案件。[①] 法律的不可操作性有不完全性、不协调性和不明确性三种情况。不完全性就是存在着规定的空白，具体表现为法律规范或规范体系的不完备。不协调性就是在某些规定中存在相互矛盾或者不一致的含义。不明确性就是规定模糊不清，存在歧义，没有清晰地表达出来。立法在具有规范性的同时，还应该具有可操作性。因为慈善捐赠行为本身的多样性和灵活性，为使税收优惠激励制度能够有效发挥其激励作用，慈善捐赠税收优惠制度还应该具有便捷性，方便行为人能够实质性地得到税收优惠。所谓便捷，其释义就是快而方便。在当前网络时代中，绝大多数中低收入的慈善捐赠人捐赠金额并不大，如其为了小额的退税而经历繁杂的退税流程，退税过程中支出的成本都可能大于其能够享受的退税金额。因此，慈善捐赠税收激励在具有可操作性的同时，必须要具有便捷性，才能对绝大多数中低收入的慈善捐赠主体发挥慈善捐赠激励作用。

三 慈善捐赠税收优惠制度的完善建议

我国慈善捐赠税收优惠制度应该在借鉴域外制度的基础上，转换税收优惠制度思路，体现为正向激励和反向激励的结合、重点激励和无差别化激励的结合、间接激励和直接激励的结合、规范性和便捷性的结合，丰富税收优惠种类，新增无差别化激励方式、鼓励众筹奖励、强化非货币资产捐赠激励、简化税收激励流程。

（一）丰富税收优惠种类

目前为止，我国税收制度的突出特点是以增值税等间接税为主，直接税占比较小。直接税中个人所得税和企业所得税占比较大，房产税、车船税虽然有，但是总量和比例都很小。财产税相比商品税的优势在于促进社

---

① 王洪：《论法律中的不可操作性》，《比较法研究》1994 年第 1 期。

会财富分配公平、缩小收入差距。财产税作为直接税,其在促进社会财富公平分配、缩小收入差距方面具有商品税无法比拟的优势,最突出的就是税收负担难以转嫁。但是,我国的房产税和车船税占比太低,特别是房产税,并未全面适用,没有真正意义上的开征。统计资料显示,我国2014年居民总资产中房产价值为136.52万亿元,占GDP的212%,而同年美国房地产价值为23亿美元,中国房地产价值占GDP的比重远远高于美国。但是,美国有相当高的个人房产税,而我国房产税占比相当低,绝大多数地方没有实质性开征房产税。此外,我国最为遗憾的就是没有征收遗产税。遗产税作为遗留财产静态调节的税收,一旦开征,将有力地促进慈善捐赠事业。因为用于慈善捐赠的财产是遗产税的法定扣除项目,美国等发达国家的富裕阶层,为了避免征收高额的遗产税,往往将相当比例的财产用于公益慈善事业,从而达到既能避税,又能促进公益事业的目的。比如,2016年美国的遗产税起征点上调到545万美元,超过该数额的部分征税40%。遗产超过该数额的虽然是很小比例的人,但美国人为了避免高额的遗产税,往往选择在生前进行慈善捐赠,从而反向推动公益慈善事业。为此,我国也应该借鉴这些国家,将正向的慈善激励和反向激励结合起来,在适当的时候正式制定遗产税、赠与税专门法律法规,反向激励慈善捐赠,促进我国慈善事业发展。

(二) 探索无差别化激励模式

目前,我国所得税税收优惠的规定,主要适用于个人收入超过纳税起征点的个人和每年均有营利的公司,而且对于个人收入超过纳税起征点的个人,因为阶梯式个人所得税征收比例的原因,同样存在激励比例的不同。比如居民个人小赵2019年取得工资收入80000元、劳务报酬收入50000元。截至2019年12月31日,我国采用的是分项计算个人所得,但是从综合所得收入扣除捐赠金额。如果其他收入100000元、稿酬收入40000元,其综合所得收入为:80000+(50000+100000)×(1-20%)+40000×(1-20%)×70%=222400(元)。如果小赵专项扣除为10000元,专项附加扣除为36000元,全年捐赠20000元。因为小赵捐赠的20000元未超过其应纳税额的30%,所以可以全部从其应纳税所得中扣除。则其应纳税所得额为年度综合所得收入减去专项扣除-专项附加扣除-其他扣除(捐赠额),即年度综合所得224000元-10000元专项扣除-36000元专项附加扣除-20000元捐赠额=158000元。居民小赵对应的应纳税金额超过了 144000 元，其超过 144000 的部分的边际税率为 20%。相当于捐赠额 20000 元中享受了 20% 的税收减免，只用了 16000 元的捐赠成本。但是如果居民小赵的是低收入群体，其综合所得收入减去专项扣除、专项附加扣除及其他合法扣除后，收入未达到纳税起征点，如果其捐赠 20000 元，则无法享受前面所述的 20% 的税收优惠，其捐赠 20000 元，捐赠成本就是 20000 元。可见，现有的慈善捐赠所得税优惠的模式对于中低收入群体没有补贴或者补贴很少，未能体现出其公平性。因为我国薪金所得累进税率为 7 个档次，最低档为 3%，最高档为 45%；个体工商户为 5 个档次，最低档位为 5%，最高档位为 35%。因为不同的捐赠主体其边际税率不同，最终导致不同的捐赠主体其享受的税收优惠完全不同，从而体现为其捐赠成本不同，税收补贴的比例是不同的。因此，我国慈善捐赠税前扣除模式对于不同收入群体而言是不公平的。

对于收入低于所得税起征点的个人而言，他们无法从中获得任何补贴，从而不会产生激励效应。但是，如果允许低收入群体在慈善捐赠中从国家财政获得一定比例的捐赠额返还，那么在对零税率的低收入群体激励的同时，也势必极大地增加财政运行成本。何况，在现有的情况下，申请纳税扣除的人中往往高出实际捐赠额进行税收抵扣或扣减申报，比如美国有 46% 的纳税人在申报纳税扣除时高出实际捐赠额，这相当于国家财政减少了 136 亿美元的收入，如果允许低收入群体申请一定额度的捐赠返还，捐赠数额虚报的问题将更加严重，从而带来更大的财政成本。故此，现对于慈善捐赠税收抵扣模式而言，法国不可返还的税收抵扣是直接从应纳税额中减少税收，而不是返还税收，从而减少了一个交税后退税的流程，减少了运行成本，实践中也更加具有可操作性。

对于收入超过纳税起征点的个体而言，为了解决同样金额的慈善捐赠获得的税收补贴不同的问题，不可返还的慈善捐赠税收抵扣模式应该是相对合理的税收优惠模式。在这种不可返还的慈善捐赠税收抵扣模式下，不论边际税率多少，所有慈善捐赠税收优惠均为慈善捐赠额的固定比例。对于收入超过纳税起征点的个体而言，固定比例税收抵扣的方式给捐赠主体提供的补贴是公平的，不会因为边际税率的不同而享受不同的税收补贴。当然，相对于不可返还的慈善捐赠税收抵扣模式而言，对于收入没有达到纳税起征点的个体而言，可以返还的慈善捐赠税收抵扣模式是最为公平的激励方式。因为在这种模式下，即使个体收入没有达到纳税起征点，也可以通过返还的模式予以税收补贴。不过在这种模式下，又会产生新的成本，目前来说缺乏现实基础和技术基础。相对于可以返还的慈善捐赠税收抵扣模式，不可返还的税收抵扣模式对于中高收入群体而言更加适合。同时，参考借鉴部分国家做法，对于个人慈善捐赠部分，也可以提高个人捐赠扣除比例，超过限额部分允许结转。退一步讲，如果不能实施这种税收抵免模式，那么应该对现有的不同捐赠主体享受不同的税收优惠比例统一标准，以避免产生相同捐赠不同待遇的情形。同时，应该放宽慈善捐赠税收优惠的适用条件，将能够享受税收优惠的捐赠主体扩大到纳税义务人、配偶及其抚养亲属，以家庭方式计征税收。尽管有学者提出要大力鼓励高收入群体慈善捐赠，[①]然而也不应牺牲对中低收入群体的公平激励。对于非货币财产捐赠，可参考和借鉴美国非货币捐赠使用公允价值与历史成本中较小价值进行税前扣除，这样能避免劣质资产驱逐优质资产捐赠。同时，延长捐赠支出在税前扣除的时限或提高扣除比例，放宽公益性捐赠的认定标准，[②]扩大获取税前扣除资格的公益组织认定范围，放宽可以享受税前扣除的捐赠渠道，实施公益性捐赠的分类扣除，从而促进不同类型的慈善捐赠。个人所得税税前扣除应坚持"实质重于形式"的认定原则、允许个人公益性捐赠超过扣除限额的部分向后结转、个人公益性捐赠税前扣除实行分类管理。[③]对不同的收入群体，采取差别化的税前扣除限额，低收入群体可以选择总额限制的方式，最大限度地激励捐资行为。对于公司纳税人而言，如果在非盈利年度，即使可以将以前年度的捐赠额结转到非盈利年度，也没有任何税收优惠的意义，因此应将向后结转三年修改为向后结转三个盈利年度，这样所有的公司才能享受同样比例的税收优惠。对不同规模企业设置不同的扣除模式，设置比例扣除和总额扣除两个方式。

对于没有到达纳税起征点的零税率捐赠人而言，不可返还的税收抵扣模式，是无任何实际意义的。那么，是否可以尝试采取可返还的抵扣模式

---

① 黄凤羽：《个人非货币性资产捐赠的税收政策——美国借鉴与中国实践》，《税务研究》2017年第10期。

② 朝黎明：《对实物捐赠税收政策的解析及改进建议》，《财会月刊》2017年第34期。

③ 赵海益、史玉峰：《我国个人公益性捐赠所得税优惠政策研究》，《税务研究》2017年第10期。

或者其他的模式,使零税率捐赠人也能从慈善捐赠税收优惠制度中获益?比如,如果捐赠100元,对于达到纳税起征点的慈善捐赠人而言,按照不可返还的税收抵扣模式,如果一般的税收优惠比例为20%,即缴税的人从其应缴税款中减少20元的应缴税款,实际享受20元的税收优惠,而对于没有达到纳税起征点的人,是否应该有一种机制,可以使这些没有达到纳税起征点的人员也获得20元的补贴,比如是否可以返还给予20元的直接补贴?如果这样,对于所有纳税主体的补贴才是公平的。当然,实践中如何操作值得研究。

(三) 鼓励众筹奖励

慈善捐赠税前扣除和税收抵扣只是针对月收入超过了纳税起征点个人的一种间接补贴方式,但对于月收入没有达到起征点的个体而言,却无法从中获得任何补贴。同时慈善捐赠税收抵扣模式要经过一系列的程序和手续才能完成抵扣,实践中小额捐赠税收抵扣运行成本高、操作性差,实际意义小。相对而言,慈善众筹奖励模式不仅可以保留个人所得税前扣除模式的优势,而且能够使得不同收入群体的捐赠主体获益,对不同收入群体均具有捐赠激励作用。这种模式下,低收入群体可以获得直接奖励,可以享受众筹直接奖励的价值,从而避免了无法享受税前扣除的弊端。同时,慈善众筹奖励模式能够有效地表达不同收入群体的不同意愿,能够对不同收入群体的不同需求予以满足,一定程度上弥补了慈善捐赠税前扣除模式和税收抵扣模式的缺陷。此外,慈善捐赠众筹奖励模式下,项目类型和奖励额度是可以调节的,可以根据不同的众筹项目提供不同价值的激励补贴,可以一定程度地防范慈善失灵。

当然,慈善众筹奖励模式不一定能够解决所有的"慈善失灵"现象。许多收入群体缺乏网络技术或网络条件,也不懂众筹平台。[1] 因为关注创意类的群体往往都具有网络条件和网络技术,所以慈善众筹模式对于一些慈善创意类项目更加有效。而对于不适合众筹奖励模式的慈善项目,其慈善失灵问题如何解决尚需要进一步研究。

事实上,尽管慈善捐赠众筹奖励模式在我国的发展并不尽如人意,但

---

[1] Edward Wyatt, "Most of U. S. Is Wired, But Millions Aren't Plugged in", *New York Times*, Aug. 18, 2013, http://www.ny-times.com/2013/08/19/technology/a-push-to-connect-millions-who-live-offline-to-the-internet.html.

毕竟已经起步，众筹奖励的总额已经比较可观。① 慈善捐赠众筹发展的潜力还未充分突显。

(四) 简化税收减免流程

民政部救灾救济司前司长曾经专门进行了慈善捐赠减税体验，为了减免50元的税收，历时2个月，历经10道程序。② 如此繁杂的减税程序显然极大地阻碍了慈善捐赠主体进行税收减免，也发挥不了激励慈善捐赠的作用。目前立法虽然规定了实物捐赠可以享受税前扣除，但是捐赠企业需要提供与市场价值有关的证明，股权捐赠又要以其成本价计算税前扣除，这些都增加了相应的操作复杂性。有学者建议将实物捐赠计税依据由公允价值改为历史成本。③ 目前我国关于非货币资产公益捐赠税收优惠具体实施办法不明，可操作性差，而对于随机小额平民慈善，其可操作性更差。为此，应该为慈善捐赠税收优惠流程松绑，提供便捷的税收优惠流程。第一，理顺慈善免税体制、完善慈善捐赠的减免税种类型、统一慈善组织本身税制规范、简化税收减免手续。④ 第二，完善货币捐赠和非货币捐赠的税收优惠具体办法，分类制定各种非货币资产的抵税办法，细化相关制度，明确具体的操作办法，使税收抵扣更有可行性和可操作性。第三，为了方便纳税人和慈善捐赠主体了解并获得慈善捐赠税收减免，应将相关税收优惠规定在统一的平台集中宣传，同时将所有的有关流程进行统一的流程呈现和明确解答。将各项有关慈善捐赠税收优惠减免法规集中于一处，明确使用条件、实施办法，提供公平的税收环境。第四，简化慈善捐赠税收优惠流程。2019年我国新增个人所得税专项附加扣除，并通过网上申报的方式统一进行。我国慈善捐赠税收优惠也可以采取类似的方式，简化减税流程，并由享受慈善捐赠税收优惠资格的组织提供电子捐赠票据，通过电子捐赠票据加网上自行申报的方式实

---

① 李喜燕：《我国慈善捐赠个人所得税激励制度的局限与克服》，《经济法学评论》2015年第2期。

② 佚名：《捐赠与抵税，到底怎么回事？》，新浪网，2006年1月18日，https：//news.sina.com.cn/o/2006-01-18/10088016370s.shtml，2015年11月5日。

③ 黄凤羽：《个人非货币性资产捐赠的税收政策——美国借鉴与中国实践》，《税务研究》2017年第10期。

④ 栗燕杰：《我国慈善税收优惠的现状、问题与因应——以慈善立法为背景》，《国家行政学院学报》2015年第6期。

质性地简化慈善捐赠税收优惠的流程，促进慈善捐赠主体捐赠，推动慈善事业发展。

本章小结

我国现有税收优惠制度体系还存在诸多不足，相关的税收优惠立法规定分散在各个单项税种的法律性文件中。目前法律层面的文件主要有《慈善法》《公益事业捐赠法》《企业所得税法》《个人所得税法》及其相关实施条例。总体而言，影响慈善捐赠主体作出慈善捐赠的有关税收优惠主要涉及四个方面：第一，有关纳税人所得税税收优惠的规范性文件。第二，受赠公益组织的税前扣除资格规范性文件。第三，纳税人所得税税前扣除比例的规范性文件。第四，有关捐赠人所得税以外的其他税种的税收优惠规定，这些税种包括流转税方面的税收优惠规定，主要体现为增值税、消费税；还有一些有关财产行为税方面的规定，主要体现为契税、土地增值税和印花税三个税种。

我国慈善捐赠税收优惠立法发展体现的特点为：所得税是激励慈善捐赠的主要途径，税收优惠幅度和范围日益扩大，受赠组织税收优惠资格逐步简化，保障性、应急性和涉及全民性的事项税收优惠力度大。尽管我国存在慈善捐赠税收优惠的一些立法内容，但是尚存在税收激励种类不全、税收优惠条件苛刻、税收激励缺乏纵向公平、税收减免操作繁杂等不足。

域外慈善捐赠税收激励模式不同，有慈善捐赠税前扣除模式、慈善捐赠税收抵扣模式、税前比例扣除或全额扣除模式等模式。域外比较普遍的做法是遗产税反向激励、慈善捐赠差异化税收优惠制度激励、灵活创新的激励制度和非实物资产捐赠的激励等。当然，域外慈善捐赠激励方面的纵向不公也颇受诟病。此外，不同国家还出现了一些有各国特色的税收优惠制度，比如日本的家乡税制度、德国的直接捐赠享受税收优惠模式、英国的薪水册捐赠制度、美英的众筹奖励模式。

我国慈善捐赠税收激励制度不仅应该包括正向激励，还应包括反向激励；不仅要有重点激励，还应有无差别化激励；不仅需要间接激励，还应结合直接激励；不仅应有规范性，还应有便捷性。我国慈善捐赠税收优惠制度应该在借鉴域外制度的基础上,转换税收优惠制度的思路,体现正向激励和反向激励的结合、重点激励和无差别化激励的结合、间接激励和直接激励的结合、规范性和便捷性的结合,丰富税收优惠种类、新增无差别化激励方式、鼓励众筹奖励、强化非货币资产捐赠激励、简化税收激励流程。

第五章

我国慈善冠名捐赠制度的支持与限制

在慈善捐赠中,慈善捐赠主体除了希望能够获得税收优惠等物质方面的利益外,也希望通过冠名或者公开宣传等方式获得相应的荣誉。研究发现当捐赠者的捐赠信息以能够被他人观察到的方式展现时,捐赠额会显著提高。[1] 罗俊等提出,捐赠数额低的人会因为实名公开捐赠信息而拒绝捐赠,而捐赠额度高的人则会因实名公开捐赠信息而提高捐赠额。[2] 同时,为了获得社会认同,人们往往在得知同类人员的捐赠时予以效仿[3],虽然这表面上是一种为了社会认同而进行的捐赠,但是社会认同本身会影响到个人的声誉,实质上还是基于社会声誉的考虑。有关慈善捐赠主体荣誉地位的追求方面,尽管有提供名誉职位、授予各种荣誉奖励的做法,但实践中最引发人们争议的当属冠名捐赠。冠名捐赠在我国呈现日益扩大趋势。诸如清华"真维斯楼"事件中,冠名捐赠引发了诸多非议,究其原因在于我国的相关立法并不完善。为此,有必要对我国慈善冠名捐赠制度进行检视,以便明确立法不足及完善方向。

第一节 我国慈善冠名捐赠的发展、立法现状及不足

我国慈善冠名捐赠主要是从改革开放以后发展,并逐步成为公益组织

---

[1] Karlan, D. and M. A. McConnell, "Hey Look at Me: The Effect of Giving Circles on Giving", *Journal of Economic Behavior and Organization*, Vol. 201, No. 106, October 2014, pp. 402-412.

[2] 罗俊、陈叶烽、何浩然:《捐赠信息公开对捐赠行为的"筛选"与"提拔"效应——来自慈善捐赠田野实验的证据》,《经济学》(季刊) 2019 年第 4 期。

[3] 李喜燕:《慈善捐赠中非利他性的正当性及其法律边界》,《人大法律评论》2016 年卷第 3 辑。

特别是教育领域一种重要的募捐形式，冠名类型也日益多样化。实践中，冠名捐赠引发了不少争议，现有立法对此争议回应不足。

一　我国慈善冠名捐赠的发展概述

（一）我国慈善冠名捐赠的发展

从古代至近代，我国有关冠名慈善捐赠的记录较少。我国古代慈善以官方力量为主，民间力量仅仅是补充和配合，唐朝宰相宋璟甚至认为政府才有资格进行济贫。宋朝的慈善在规模、设施和内容方面都是我国古代官办慈善最发达的时期。古代的民间慈善机构要么涉嫌政治因素被取缔，要么变成了官绅合办并受官府干涉和管理。民办慈善往往是士绅阶层扶危济困、体现自身贤良的方式。清朝的普济堂算是以政府为主的官民合作，后来也逐渐演变为官办性质。古代慈善缺乏制度化，官办慈善往往是为了体现当权者的"仁政"，各类机构存废频繁，拨付款项往往随意拖延，经费始终是最大问题。古代的慈善，不论是官办还是士绅举办，都有着强烈的道德教化色彩。到了清代，由于中央财政恶化，民办慈善逐步壮大，国际友人也在慈善活动中逐步显现其作用。

中华人民共和国成立之初采取典型的国家福利模式，对所有的慈善机构进行清理整顿，不再存在典型意义上的慈善机构，所有的赈灾养老恤孤工作全部由民政部门负责，更罔论慈善冠名。直到改革开放以后，我国慈善事业迅速发展，慈善冠名捐赠日益涌现。1994年9月北京大学工商管理学院冠名"北京大学光华管理学院"。2000年，苏州大学法学院王健先生之子捐赠资金建设苏州大学法学院，该法学院由此冠名为"苏州大学王健法学院"，成为第一个由海外专项资金捐赠建设的公办法学院。浙江大学法学院在光华教育基金会捐赠1亿元以后经过教育部批准于2007年4月20日正式更名为"浙江大学光华法学院"。2007年香港大学将其医学院冠名为"香港大学李嘉诚医学院"，以此感谢李嘉诚先生对香港大学的10亿元港元捐赠。2007年廖凯原基金会在签订不少于3000万美元的捐赠协议后，上海交大经过教育部审批将其法学院改名为"上海交通大学凯原法学院"。以上五个冠名是基金会冠名、实业家冠名、杰出校友冠名的典型代表。此外，以香港慈善家"逸夫"冠名的公益设施也不胜枚举。邵逸夫先生一生捐赠30亿元，在海内外兴建以"逸夫"冠名的学校、图书馆、教学楼、医院等公益设施。香港慈善家田家炳先生设立的

"田家炳基金会"在全国各地捐赠建设 93 所大学、166 所中学、41 所小学、约 20 所专业学校及幼儿园、约 1800 间乡村学校图书室。①冠名提高了捐赠主体的社会知名度和美誉度，彰显了个人人格价值，并内化为冠名者丰厚的无形资产，而被捐赠方则获得了资金支持，满足自身或受益人的资金需求，双方各有所取。因此，冠名捐赠的热潮日益兴起，以冠名为条件进行募捐的组织机构日益增多。

（二）我国慈善冠名捐赠的类型

通过百度输入"冠名捐赠"，便有 248 万个相关的搜索结果出现，冠名捐赠已然成为企业和个人捐赠的一种重要方式，冠名捐赠类型不一，其主要的冠名类型有：

第一，在公益慈善组织设立专门的冠名基金。2017 年中达联合控股有限公司和浙江雅阁集成吊顶有限公司便与县慈善总会签订冠名捐赠协议书，分别承诺五年各累计捐赠 75 万元和 25 万元。② 次年，该县慈善总会仍开展类似的冠名捐赠活动，并获得捐赠 140 万元。③ 这是慈善组织以设立冠名基金的方式专项救助、帮扶当地困难群体做法。浙江杭州上虞区几年时间内共有 77 家企业参与了慈善冠名基金的认捐，冠名基金增值金总额达到了 3000 万元。④ 浙江金华兴起了一种小额慈善冠名基金的做法，个人及家庭资源向市慈善总会捐赠 3000 元以上、小型企业及团体捐赠 1 万元以上的，签署《小额慈善冠名基金项目协议》并在协议规定的期限内捐赠全部资金，即可成立一个自行命名的小额冠名慈善基金。⑤ 苏

---

① 佚名：《香港慈善家田家炳留给我们三百多所学校，邯郸有一所!》，今日邯郸网，2018 年 7 月 11 日，https：//baijiahao. baidu. com/s？id = 1605685991829028390&wfr = spider&for = pc，2019 年 3 月 8 日。

② 陶玮、顾燕锋：《百步两家企业慈善冠名捐赠 100 万元》，《嘉欣日报》2017 年 11 月 29 日，http：//zjnews. zjol. com. cn/zjnews/jxnews/201711/t20171129_5851607. shtml，2018 年 3 月 8 日。

③ 吴佳琴、汤奎良：《百步举行 2018 年度慈善冠名捐赠仪式》，《嘉兴日报》（海盐版）2018 年 11 月 29 日，http：//www. haiyan. gov. cn/art/2018/11/29/art_1512815_26137192. html，2019 年 3 月 8 日。

④ 龚洁节：《我区举行慈善冠名企业代表捐赠仪式》，浙江新闻客户端，2018 年 1 月 17 日，https：//zj. zjol. com. cn/news/851829. html，2019 年 3 月 8 日。

⑤ 章馨予：《慈善"人人可为"，我市成立首个小额冠名基金，个人捐赠 3000 元以上即可拥有冠名权》，金华新闻网，2019 年 4 月 1 日，http：//www. jhnews. com. cn/2019/0401/839224. shtml，2020 年 3 月 8 日。

州以助老为老为目的设立的"爱龄慈善助老冠名基金",旨在帮助半失能、失能、失智老人和苦难老人家庭过上更有尊严的生活。2009 年南京市慈善总会在全国首推可设立个人冠名的慈善基金,起捐点为 1 万元。该市基金设立 5 年内便吸引了 500 多名市民参与,善款总额达到 998 万元。①

第二,在学校座椅、建筑物等上面设置专门的纪念座位碑。比如,中国科学技术大会捐赠平台发布了 60 周年校庆东区大礼堂和西区大礼堂室内座椅捐赠募捐,每把 5000 元人民币起捐,一旦捐赠,学校将镌刻有认捐者信息的纪念碑镶嵌于座椅上以示永久纪念。认捐座椅的校友一次性捐赠后无须再另行支付其他维护费用,座椅上的铭牌长期保留,不因维修、损坏、更换等原因撤销,校友可随时返校查看。截至 2019 年 8 月 1 日,两个活动中心室内座椅成功冠名 103 个,剩余可冠名座椅东区有 1737 个,西区大礼堂有 519 个。再比如复旦大学"史带楼"里,有"友邦堂""中国移动通信教室""艾默生高级管理人员教育中心""飞利浦照明教室""花旗集团—复旦国际管理教育/研究中心"等。

第三,组织机构类冠名。当捐赠额超过一定数额,捐赠主体往往能够享受冠名待遇。比如上文中提到的北京大学光华管理学院、苏州大学王健法学院、浙江大学光华法学院、香港大学李嘉诚医学院均是直接对捐赠主体给予冠名。

第四,教席、职位、奖(助)学金类冠名。比如有些企业捐资提供冠名教授席位。香港大学便有"明德教授席",只要捐款人捐资不少于 2000 万港币以上,可以成立一个以教授命名的基金。基于这样的做法,该大学已获捐赠和将获捐赠的金额总和达到数亿港元。② 如果从冠名种类来看,有的是自然人的冠名,比如苏州大学王健法学院,遍及全国的逸夫楼,有的是以法人或其他组织进行冠名,比如浙江大学光华管理学院。

(三)我国慈善冠名捐赠的非议

最受关注和非议的当属清华大学"真维斯楼"事件。2011 年 5 月 23 日,清华大学第四教学楼一夜之间增加了"真维斯楼"铭牌,一时间

---

① 苏楠:《慈善冠名基金,如何"名利"双收》,《洛阳日报》2015 年 9 月 30 日,http://lyrb.lyd.com.cn/html2/2015-09/30/content_40621.htm,2020 年 3 月 8 日。

② 赵奕:《2005 年香港最佳大学校长徐立之:为钱奔忙》,《第一财经日报》2006 年 11 月 28 日,https://finance.sina.com.cn/g/20061128/03013113893.shtml,2021 年 3 月 8 日。

众多清华大学师生和网民表示不能接受,清华大学内外炸开了锅。5月26日铭牌被清华大学悄然摘下。有文章称,与其批评教学楼冠名本身,还不如来研究一下,为什么学生和社会舆论对于将服装品牌用于冠名教学楼,会产生如此大的反感?[1] 更有文章表示支持这种做法,认为现代大学为何不能"卖身",即使"卖身"也不能说明其"大学精神"的陨落。大学学院或建筑物冠名,与大学精神并无直接关系。大学冠名是有益的,因冠名所得到的经费能够补充大学办学经费,能帮助大学摆脱依赖国家财政拨款的情况,同时也缓解国家财政的压力,不仅有助于支持大学学术独立,还有助于大学精神的弘扬。国外譬如牛津大学赛义德商学院、麻省理工学院斯隆商学院等不少类似例子,都是以捐赠者大名命名的,但是这些大学的学术地位是有目共睹的,[2] 并不因为其冠名捐赠而削弱。另一个备受争议的冠名捐赠事件是李嘉诚医学院冠名事件,李嘉诚先生及李嘉诚基金会承诺向香港大学捐款10亿港元,香港大学医学院冠名为李嘉诚医学院,该冠名引发了该校医学院校友的反对。不论是"真维斯楼"事件,还是香港大学李嘉诚医学院冠名事件,备受争议的原因在于相当比例的人把冠名捐赠看作商业行为,而非慈善公益项目。[3] 大学商业化是指"大学利用其教学、科研以及其他校园活动营利的现象"[4]。虽然捐赠主体因捐赠而获得冠名,这个冠名是有价值的,相当于通过冠名支付给捐赠者一定的对价,但冠名捐赠与完全的商业行为本身相去甚远。不过,不得不承认的是慈善捐赠行为包含利他主义动机,同时,这种行为中还夹杂除了利他以外的利己或其他更复杂的成分。[5] 那么为什么很多冠名捐赠并未引发争议,而"真维斯楼"冠名事件和香港大学李嘉诚医学院冠名事件却带来

---

[1] 王兴栋:《再谈清华可不可以有'真维斯楼'》,新闻报道网,2011年5月20日,http://news.bandao.cn/news_html/201105/20110527/news_20110527_1334319.shtml,2013年2月28日。

[2] 佚名:《"真维斯"铭牌被摘,真问题还在那里》,凤凰网,2011年5月27日,http://news.bandao.cn/news_html/201105/20110527/news_20110527_1334287.shtml,2013年2月28日。

[3] 张会杰、徐钧:《如何评价大学"捐赠—冠名"的筹资——基于清华"真维斯楼"舆论话题的评析》,《现代大学教育》2012年第1期。

[4] 张会杰、徐钧:《如何评价大学"捐赠—冠名"的筹资——基于清华"真维斯楼"舆论话题的评析》,《现代大学教育》2012年第1期。

[5] Steinberg, R., "Voluntary Donations and Public Expenditures in a Federalist System", *The American Economic Review*, Vol. 1987, pp. 24–36.

巨大的非议，尤其是"真维斯楼"冠名，最终在强大的舆论压力之下取消了冠名。面对这样的非议，虽然有关部门也出来澄清事实，但是并未从制度层面给出答案。

二 我国慈善冠名捐赠的立法现状与不足

鉴于冠名捐赠备受争议，为了使冠名捐赠更好地促进慈善事业，应有明确的立法解决现有的争议和未来可能发生的问题。尽管当前我国相关立法对冠名捐赠有所涉及，但是还存在诸多不足。

(一) 我国慈善冠名捐赠的立法现状

1. 全国性规范

有关冠名捐赠的立法，最早是1997年国家教委颁布的关于冠名权的相关规定，该规定明确原则上不允许冠名，不过并未完全禁止冠名，特殊情况可报经上级部门批准。而在2004年国务院就取消了这项行政许可权，教育部门不再具有审批冠名的权力。我国1999年实施的《公益事业捐赠法》第14条[①]对捐赠人捐赠的公益事业工程项目的冠名给予了肯定，不过要经过县级以上人民政府批准。《公益事业捐赠法》第8条是国家对于自然人、法人和其他组织对公益事业捐赠的奖励性规定，提出事先征求捐赠人意见方可进行公开表彰。2001年体改办、教育部对学校冠名予以限制。[②]《国务院关于第三批取消和调整行政审批项目的决定》（2004年5月19日国发〔2004〕16号自公布之日起施行）取消了国外及港澳台地区捐赠文物保护项目的冠名审批。2008年9月19日实施的《国务院关于印发汶川地震灾后恢复重建总体规划的通知》（国发〔2008〕31号，已失效）要求"对在恢复重建中做出重大贡献的国内外机构或个人，通过颁发荣誉证书、冠名给予鼓励"。2009年4月21日《民政部关于基金会等社会组织不得提供公益捐

---

① 《公益事业捐赠法》第14条规定，捐赠人对于捐赠的公益事业工程项目可以留名纪念；捐赠人单独捐赠的工程项目或者主要由捐赠人出资兴建的工程项目，可以由捐赠人提出工程项目的名称，报县级以上人民政府批准。

② 2001年11月1日实施的体改办、教育部发布的《关于北京大学、清华大学规范校办企业管理体制试点指导意见》第16条规定，学校要依法严格管理校名冠名权。除学校资产经营公司外，今后其他校办企业原则上不得冠用校名，确有需要者，需经学校审核批准。对现有冠用校名的企业，学校应抓紧组织清理，不宜继续冠用校名的，要限期更名，并向工商行政管理机关申请变更登记；擅自冠用或变相冠用学校名的社会企业，应促其迅速纠正。学校清理社会企业擅用校名有困难的，可报请教育部会同国务院有关部门和地方人民政府进行处理。

赠回扣有关问题的通知》规定，基金会接受的公益捐赠必须依照有关法律法规的规定用于公益目的，不得在接受的公益捐赠中提取回扣返还捐赠人或帮助筹集捐赠的个人或组织。《民政部关于印发〈关于规范基金会行为的若干规定（试行）〉的通知》（民发〔2012〕124号）规定基金会接受捐赠应当确保公益性附加对捐赠人构成利益回报条件的赠与和不符合公益性目的的赠与，不应确认为公益捐赠，不得开具捐赠票据。同时，根据立法规定，受赠方可以根据约定，在捐赠财产使用中提出该捐赠项目或基金是某捐赠方支持，这是合法冠名。但是，冠名捐赠不得进行利益输送，捐赠单位和个人不得要求受赠组织在官网上展示捐赠方的产品，借此提高捐赠方知名度，树立品牌公益形象，宣传和推广捐赠方的产品。①

2014年11月19日实施的《国务院办公厅关于进一步动员社会各方面力量参与扶贫开发的意见》（国办发〔2014〕58号）第13条提出，对贡献突出的企业、社会组织和各界人士，在尊重其意愿的前提下可给予项目冠名等激励措施。《中国慈善事业发展指导纲要（2011—2015年）》提出"稳步推进冠名基金等定向捐助方式发展"。我国2016年9月实施的《慈善法》第90条②对慈善冠名予以肯定，表明我国慈善立法对慈善项目冠名以允许冠名、自由冠名为原则，经批准和禁止冠名为例外。但是，需要明确的是慈善捐赠不得约定受赠主体向捐赠方提供利益回报。

2016年12月29日实施的《国务院关于鼓励社会力量兴办教育促进民办教育健康发展的若干意见》（国发〔2016〕81号）规定，捐资建设校舍及开展表彰资助等活动的冠名依法尊重捐赠人意愿。2017年2月3日实施的《教育部、国家体育总局关于推进学校体育场馆向社会开放的实施意见》（教体艺〔2017〕1号）提出鼓励社会力量积极参与体育场馆开放。支持社会力量通过投资、冠名、合伙制、捐赠等形式参与学校体育场馆建设和开放工作。

2. 地方性规范

地方有关慈善冠名捐赠的文件大部分以地方慈善总会的名义颁布，地

---

① 佚名：《公益言论｜慈善捐赠红线之约定利益回报与冠名捐赠》，腾讯新闻网，2018年6月25日，https://new.qq.com/omn/20180625/20180625A19HGF00，2021年3月8日。

② 《慈善法》第90条规定，经受益人同意，捐赠人对其捐赠的慈善项目可以冠名纪念，法律法规规定需要批准的，从其规定。

方政府或其民政部门颁布的比较少。2019年7月渠县民政局发布的《渠县慈善冠名基金管理暂行办法（试行）》主要用于助老、助孤、助学、助医、助困、助残、赈灾等慈善救助项目或公益性慈善工程。该规定明确凡热心于慈善事业、自愿向本会捐赠规定数额以上的自然人（个人或家庭）、法人或其他组织等，均可协议建立"基金"。自然人（个人或家庭）捐赠1000元以上的、法人或其他组织一次捐赠1万元以上的，均可设立慈善冠名基金，并且增加了对捐赠人优先资助的条款，规定"对设立'慈善冠名基金'的捐赠人，在其个人（家庭成员）、单位员工发生特殊困难时，给予优先资助"。

各地地方慈善总会、慈善协会、基金会等层面有关慈善冠名捐赠的规范性文件比较多。这些规范性文件有的是高校基金会发布，比如《中国传媒大学捐赠冠名管理办法》，有的是慈善组织发布，比如《洛阳市慈善总会慈善冠名基金实施管理办法》《苏州市慈善总会（基金会）慈善冠名基金管理办法》《兰州市慈善总会冠名慈善基金管理办法》《北京市朝阳区慈善协会冠名慈善捐助金管理办法（试行）》等。其主要内容体现在以下几个方面。

第一，捐赠形式。冠名基金募集形式有的是一次性捐赠、分次捐赠两种形式，有的是一次性捐赠、留本付息、分年付本三种形式。另外，北京朝阳区慈善协会2014年便出台了《北京市朝阳区慈善协会冠名慈善捐助金管理办法（试行）》，[①] 体现为四种捐款形式：一次性捐赠、分期捐赠、存续捐赠和留本捐息。根据各个地方或者募捐组织的规定，捐赠形式以是否捐赠本金进行区分，有的是同时捐赠本金和增值，有的是只捐赠本金的增值部分，本金部分不捐赠。

第二，冠名名称规范。大部分冠名均包括此类称呼，比如：××慈善总会××（单位或个人称谓）慈善基金，或者××慈善总会××（单位或个人称谓）××（项目名称）基金。[②] 有的则比较细致，比如湖北经济学院规定冠名一般由湖北经济学院（或湖北经济学院×××学院）、捐赠者个人或

[①] 《区慈善协会冠名捐助金管理退出新办法》，北京市政府网，2014年6月10日，https：//wenku.baidu.com/view/d8d1d1e8680203d8ce2f2492.html，2016年3月9日。

[②] 《薛城区慈善总会冠名慈善基金管理办法（试行）（草案）》，薛城政府网，http：//www.xuecheng.gov.cn/artcontent.jsp? artid=32474，2020年12月9日。

团体名及捐赠项目类别三部分组成。①

第三，捐赠基金使用范围。捐赠基金的使用范围因制定主体不同而不同。慈善组织制定的管理办法大部分以老、孤、学、医、困、残、灾等基本生活保障作为基金主要使用范围，并增加其他公益事业用途等兜底性条款。比如《兰州市慈善总会冠名慈善基金管理办法（试行）》的捐赠资金主要用于救灾、扶贫、济困、助老、助残、助孤、助医、助学及其他社会公益事业。《苏州市慈善总会（基金会）慈善冠名基金管理办法（试行）》②规定，捐赠方拥有不定向或者定向的基金冠名权。《东台市红十字会冠名基金募集使用管理办法》要求捐赠目的主要用于助医、助学、助困、助残、助老、助孤、赈灾等项目。对于高校基金会来说，使用范围则是与高校经费的使用途径相关，比如建筑物、校园设施、教学与科研机构、奖（助）学金、教育科研基金、创新创业、校园文化建设等方面。

第四，有关冠名期限的规定。各单位冠名捐赠管理办法中关于冠名期限的规定并不普遍，只有个别组织的管理办法中涉及冠名期限。比如湖北经济学院规定，建筑类、风景类项目冠名期限根据捐赠金额占据冠名对象建造、修缮总成本的比例测算，在发生拆除、改建等重大事项时通知捐助人，并提出适当的补偿方案。对建筑类、风景类以外的冠名期限与项目存续或执行时间一致。因捐赠人受到司法处理，学校有权取消冠名且不予补偿。

第五，有关冠名范围的规定。最为常见的是高等学校和慈善协会等组织。比如有的大学将冠名对象分为：建筑物类、校园空间类、纪念讲座类、教学与科研机构类、奖（助）学金类、教育科研基金类、创新创业类、校园文化建设基金类、留本基金类。③《中国传媒大学捐赠冠名管理办法》规定，可以冠名的物体包括中国传媒大学所有产权的建筑

---

① 《湖北经济学院捐赠冠名管理办法（试行）》，湖北经济学院网，2018年5月18日，http://jjh.hbue.edu.cn/7c/5a/c5550a162906/page.htm，2019年3月9日。

② 《苏州市慈善总会（基金会）慈善冠名基金管理办法（试行）》，苏州市政府门户网，2017年3月16日，http://www.suzhou.gov.cn/zwfw/sbmz_13173/shgy_13227/201611/t20161110_803522.shtml，2018年3月9日。

③ 《海南大学接受社会捐赠管理暂行办法》，海南大学官网，2015年5月25日，https://www.hainanu.edu.cn/STM/zhibao/SHTML_liebiao.asp@bbsid=5645.shtml，2016年3月9日。

（包括教学、行政办公、科研、实验、体育场馆、会堂、演播馆、学生活动中心、学生宿舍、食堂、教工宿舍、其他生活福利用房等建筑）及建筑物内空间、校园道路、草坪、树木、雕塑等校园景观、设备、设施等。① 也有的大学分为建筑物类、景观类、工作室、实验室或研究院类、人才岗位类、师生讲学类、专项基金类、学生社团和校园文化活动类以及其他。② 而慈善组织规定的冠名对象一般是组织内部的基金或者专项项目。

第六，冠名捐赠的最低限额。有的并未提出冠名捐赠最低金额要求，比如《湖北经济学院捐赠冠名管理办法（试行）》；有的明确规定最低冠名金额，然而这个最低冠名金额因各个组织的不同而不同；有的要求享受冠名的最低捐赠金额比较低，目前查到的个人（家庭）捐赠冠名金额最小的只有100元③，也有的为500元④、1000元⑤；有的地方要求的冠名

---

① 《中国传媒大学捐赠冠名管理办法》，中国传媒大学门户网，2016年4月5日，http：//cucef. cuc. edu. cn/info/1064/1027. htm，2019年3月9日。

② 《湖北经济学院捐赠冠名管理办法（试行）》，湖北经济学院网，2018年5月18日，http：//jjh. hbue. edu. cn/7c/5a/c5550a162906/page. htm，2019年3月9日。

③ 石家庄市慈善总会在《小额冠名慈善基金管理办法》提出小额冠名慈善基金认可捐赠起点为：个人（家庭）100元，小型企业和各类社会组织1000元。个人（家庭）捐赠100—500元，小型企业、各类社会组织捐赠1000—5000元，须一次性捐赠注入。石家庄市慈善总会《小额冠名慈善基金管理办法》，百度文库，2013年10月31日，https：//www.baidu.com/s？wd=，2016年9月10日。

④ 《东台市红十字会冠名基金募集使用管理办法》规定，凡向东台市红十字个人每年捐赠500元以上，一般企事业单位或组织每年捐赠1000元以上，规模口径每年捐赠10000元以上可以设立冠名基金。《东台市红十字会冠名基金募集使用管理办法》，百度文库，2011年3月11日，https：//wenku. baidu. com/view/6928a97d31b765ce05081438. html，2016年3月9日。

⑤ 《南通市小额慈善冠名基金管理办法（试行）》规定个人及家庭自愿向市慈善总会捐赠1000元，就可以拥有一个自己命名的慈善基金。参见《南通市小额慈善冠名基金管理办法（试行）》，南通广播电视台网，https：//baijiahao. baidu. com/s？id = 1610753080947669393&wfr=spider&for=pc，2019年3月9日。《洛阳市慈善总会慈善冠名基金实施管理办法》要求慈善冠名基金起捐最低额度为公民或家庭每年1000元，捐赠基金需一次性注入。鼓励多捐。如个人或家庭每年捐赠10000元（含）以上，可在期限内分批注入，注入的年限一般不超过3年，且第一笔"基金"不低于认捐基金总额的30%。参见《〈洛阳市慈善总会慈善冠名基金实施管理办法（试行）〉》，2015年2月13日，https：//www. henan. gov. cn/559716. html，2016年3月9日。

捐赠金额略高，为1万元①、2万元②、3万元③。对于企业冠名的最小捐赠金额要求则是1000元④、1万元⑤、10万元⑥、20万元⑦。

---

① 《吉林省慈善冠名基金实施办法》，2012年5月7日，http：//mzt.jl.gov.cn/xxgk_2643/zcwj/csjz/，2018年3月9日；《苏州市慈善总会（基金会）慈善冠名基金管理办法（试行）》规定，设立个人或家庭慈善冠名基金的最低额度为1万元，可以一次或者分批到位，但是分批到位的期限一般不超过5年。《苏州市慈善总会（基金会）慈善冠名基金管理办法（试行）》，江苏人民政府网，2017年3月16日，http：//www.suzhou.gov.cn/zwfw/sbmz_13173/shgy_13227/201611/t20161110_803522.shtml，2018年3月9日。《洛阳市慈善总会慈善冠名基金实施管理办法》要求慈善冠名基金起捐最低额度为单位或团体每年10000元，捐赠基金需一次性注入。鼓励多捐。如单位或团体认捐100000元（含）以上，可在期限内分批注入，注入的年限一般不超过三年，且第一笔"基金"不低于认捐基金总额的30%。《〈洛阳市慈善总会慈善冠名基金实施管理办法（试行）〉下月施行》，河南省政府门户网，2015年2月13日，https：//www.henan.gov.cn559716.html，2016年10月9日。

② 《合肥市慈善冠名基金管理办法（试行）》提出的冠名最低捐赠金额相对较高，如果发起人是个人的话，最低要捐赠2万元。对捐赠50万元以上的个人，该协会将按照章程授予相关荣誉称号。《合肥市慈善冠名基金管理办法（试行）》，2014年8月21日，http：//365jia.cn/news/2014-08-21/370F97B99EECAD67.html，2016年10月5日。

③ 《兰州市慈善总会冠名慈善基金管理办法（试行）》个人冠名基金的最低额度为3万元人民币。《兰州市慈善总会冠名慈善基金管理办法（试行）》，兰州市民政局网，2016年9月1日，http：//mzj.lanzhou.gov.cn/art/2016/9/1/art_2479_102218.html，2017年3月9日。

④ 石家庄《小额冠名慈善基金管理办法》提出小额冠名慈善基金认可捐赠起点为：个人（家庭）100元，小型企业和各类社会组织1000元。但是，个人（家庭）捐赠100—500元，小型企业、各类社会组织捐赠1000—5000元，须一次性捐赠注入。石家庄《小额冠名慈善基金管理办法》，河北网，2013年10月18日，http：//hebei.sina.com.cn/news/sjz/2013-10-18/072373134_3.html，2016年3月9日。《东台市红十字会冠名基金募集使用管理办法》规定，一般企事业单位或组织每年捐赠1000元以上，规模口径每年捐赠10000元以上可以设立冠名基金。《东台市红十字会冠名基金募集使用管理办法》，百度文库，2011年11月3日，https：//wenku.baidu.com/view/6928a97d31b765ce0508 1438.html，2016年3月9日。

⑤ 《南通市慈善总会小额慈善冠名基金管理办法（试行）》，规定小企业及团体捐赠1万元，就可以拥有一个自己命名的慈善基金。《南通市慈善总会小额慈善冠名基金管理办法（试行）》，江海明珠网讯，2018年9月5日，https：//baijiahao.baidu.com/s?id=1610753080947669393&wfr=spider&for=pc，2019年8月9日。

⑥ 《合肥市慈善冠名基金管理办法（试行）》提出的冠名最低捐赠金额相对较高，如果由企业冠名的话，最低要捐赠10万元。对捐赠200万元以上的企业该协会将按照章程授予相关荣誉称号。《合肥市慈善冠名基金管理办法（试行）》，2014年8月21日，http：//365jia.cn/news/2014-08-21/370F97B99EECAD67.html，2016年10月5日。《兰州市慈善总会冠名慈善基金管理办法（试行）》规定单位冠名基金最低额度为10万人民币，多捐不限。《兰州市慈善总会冠名慈善基金管理办法（试行）》，兰州市民政局网，2016年9月1日，http：//mzj.lanzhou.gov.cn/art/2016/9/1/art_2479_102218.html，2017年3月9日。

⑦ 《苏州市慈善总会（基金会）慈善冠名基金管理办法（试行）》规定，设立企业或机构慈善冠名基金最低额度为20万元，可以一次或者分批到位，但是分批到位的期限一般不超过5年。《苏州市慈善总会（基金会）慈善冠名基金管理办法（试行）》，江苏人民政府网，2017年3月16日，http：//www.suzhou.gov.cn/zwfw/sbmz_13173/shgy_13227/201611/t20161110_803522.shtml，2018年3月9日。

第七，有关冠名捐赠的激励。为了激励慈善捐赠，多数有关慈善捐赠的规范性文件有以下激励举措：颁发《捐赠证书》，开具"公益事业捐赠统一票据"，通过新闻媒体进行宣传报道，获得会员[①]、荣誉称号[②]，成为荣誉理事、荣誉理事单位、荣誉常务理事或者荣誉常务理事单位，有的甚至还有荣誉副会长等称号。[③] 有的办法还给予捐助人紧急困难情形下的优先救助权限。高校基金会除了冠名以外还有载入捐赠名录、造册存入档案馆、开辟纪念展区等其他方式。比如《海南大学接受社会捐赠管理暂行办法》对捐赠者的纪念和奖励方式有：冠名、载入《海南大学接受社会捐赠名录》、每年统一造册存入学校档案馆、开辟纪念展区以及由教育基金会秘书处与捐赠者协商、经学校审定的其他方式等。

第八，冠名捐赠违约责任或者终止的规定。有的慈善组织或者高校基金会还对不能按约捐赠的情形约定了违约责任。比如苏州慈善总会的文件规定如果不能按时注入资金导致基金不能正常运转的，将其余额转入日常性捐赠。[④] 冠名基金实施期满后，若捐赠方不再注入资金，视为该冠名基

[①] 山东省慈善总会明确对做出突出贡献的单位和个人可申请成为省慈善总会会员，履行会员的权利和义务。《山东省慈善总会慈善专项基金管理办法》，http：//www.trytodo.org.cn/News-Show/1189/42.html，2020年12月31日。

[②] 《洛阳市慈善总会慈善冠名基金实施管理办法（试行）》规定凡以个人（家庭）名义建立"基金"1万元以上10万元（含）以下者，本会将授予"花城慈善之星"荣誉称号，并成为本会的荣誉会员。《洛阳市慈善总会慈善冠名基金实施管理办法（试行）》，http：//www.lyc-szh.cn/fgnews/2015/0228/303.html，2020年12月31日。

[③] 《苏州市慈善总会（基金会）慈善冠名基金管理办法（试行）》规定的奖励包括捐赠证书，并推荐参评相关奖项评选，依法开具捐赠收据，享受税收减免优惠待遇，通过新闻媒体进行宣传，授予荣誉副会长、荣誉常务理事、荣誉理事。《苏州市慈善总会（基金会）慈善冠名基金管理办法（试行）》，江苏人民政府网，2017年3月16日，http：//www.suzhou.gov.cn/zwfw/sbmz_13173/shgy_13227/201611/t20161110_803522.shtml，2018年3月9日。《兰州市慈善总会冠名慈善基金管理办法（试行）》中的奖励办法同样是向捐赠方颁发捐赠证书，优先推荐参与慈善评选表彰活动，并推荐在市慈善总会理事会担任相应领导职务。对有重大贡献的，可报请授予兰州市乃至省或国家级公益慈善类荣誉称号。在尊重捐赠方的意愿和个人隐私权的前提下，通过相关媒体进行宣传报道。《兰州市慈善总会冠名慈善基金管理办法（试行）》，兰州市民政局网，2016年9月1日，http：//mzj.lanzhou.gov.cn/art/2016/9/1/art_2479_102218.html，2017年3月9日。

[④] 《苏州市慈善总会（基金会）慈善冠名基金管理办法（试行）》，江苏人民政府网，2017年3月16日，http：//www.suzhou.gov.cn/zwfw/sbmz_13173/shgy_13227/201611/t20161110_803522.shtml，2018年3月9日。

金自动撤销。① 也有的规定如果捐赠方被追究刑事责任,则冠名自动取消,且不承担违约责任。比如《湖北经济学院捐赠冠名管理办法(试行)》规定"对所有冠名项目,在捐赠协议生效之后,因捐赠人触犯刑法或从事其他违法活动而受到司法处理的,学校有权取消其冠名权而不予以任何补偿"②。有的文件规定"救助项目确定后,本会将根据项目所需资金情况,负责从基金中安排支付。基金使用完毕,建立者如继续捐赠,则该基金延续;如终止捐赠,该基金自动取消"③。

第九,有关非货币资产价值确定方面的规定。《海南大学接受社会捐赠管理暂行办法》对捐赠实物财产提供票据和实物财产价值评估方面进行了规定,经过相应的程序,实物财产捐赠可以获得捐赠票据。这种规定是对非货币捐赠金额比较明确的确定方法。

此外,有的慈善组织还有关于冠名程序和监督管理的规定。④

(二) 我国慈善冠名捐赠的立法不足

虽然我国《公益事业捐赠法》第 14 条和《慈善法》第 90 条都从原则上肯定了冠名捐赠,但是并没有下位法或者实施条例对这一原则作出详细、具体的规定,难以适应当今社会发展的需求。《公益事业捐赠法》第 14 条对冠名权适用范围的规定相对狭窄,是否包括对已经存在的建筑物进行修理维护的捐赠冠名权等其他类型的捐赠冠名权还值得商榷。冠名是否永久、能够享受冠名所需捐赠数额的多少或捐赠规模的大

---

① 《兰州市慈善总会冠名慈善基金管理办法(试行)》,兰州市民政局网,2016 年 9 月 1 日,http://mzj.lanzhou.gov.cn/art/2016/9/1/art_2479_102218.html,2017 年 3 月 9 日。

② 《湖北经济学院捐赠冠名管理办法(试行)》,湖北经济学院网,2018 年 5 月 18 日,http://jjh.hbue.edu.cn/7c/5a/c5550a162906/page.htm,2019 年 3 月 9 日。

③ 《洛阳市慈善总会慈善冠名基金实施管理办法(试行)》,河南省人民政府门户网,2015 年 2 月 13 日,http://www.lycszh.cn/fgnews/2015/0228/303.html,2016 年 3 月 9 日。

④ 《湖北经济学院捐赠冠名管理办法》规定的冠名程序包括捐赠者提交申请(含捐赠者基本信息、捐赠项目基本信息、捐赠冠名方案),基金会秘书初审,基金会理事会审议,学校决定,在学校范围内公告,并举办冠名捐赠仪式。《湖北经济学院捐赠冠名管理办法(试行)》,湖北经济学院网,2018 年 5 月 18 日,http://jjh.hbue.edu.cn/7c/5a/c5550a162906/page.htm,2019 年 3 月 9 日。《海南大学接受社会捐赠管理暂行办法》对冠名标志的设置与管理单位和流程进行规定,同时还对基金管理与监督方面提出了要求。《海南大学接受社会捐赠管理暂行办法》,海南大学官网,2015 年 5 月 25 日,https://www.hainanu.edu.cn/STM/zhibao/SHTML_liebiao.asp@bbsid=5645.shtml,2016 年 3 月 9 日。

小也没有具体明确的规定。①《慈善法》中慈善项目所指是哪些也未明确。尽管个别地方政府部门制定了地方性规章，但仅仅是适用于个别地区，不具有普遍适用性。而各个地方慈善总会或者高校基金会的规章显然只能约束组织体自身和有意对其捐赠的个人或者组织。

总体而言，我国国家层面并没有出台详细的冠名捐赠的指导性规定，对于慈善冠名捐赠的适用类别、捐赠形式、冠名名称规范、冠名期限、适用条件、冠名程序、冠名捐赠的最低限额、冠名适用范围、冠名基金的使用范围、冠名取消、冠名终止、冠名捐赠的违约责任、冠名的多重激励、非货币捐赠价值的确定、冠名对价的确定、禁止性情形等均未予以明确规定。无论是实体上，还是程序上，现有立法均缺乏可操作性。

第二节 慈善冠名捐赠的性质分析

欲对慈善冠名捐赠进行立法完善，首先应该明确慈善冠名捐赠的行为性质，如此，方可有的放矢地完善立法。

一 慈善冠名捐赠的公益性与私益性

事实上，一个法律行为的权利（权力）义务（职责）关系，可能体现在不同的部门法行为中，是不同部门法规范的权利（权力）义务（职责）的综合，而不仅仅专属于某一部门法。② 慈善冠名捐赠行为是兼具公益性质和私益性质的行为，冠名捐赠具有满足慈善目的和私益目的的双重属性。从冠名角度而言，该行为是具有私益性质的法律行为；从慈善捐赠的角度而言，则是具有公益性质的法律行为。

（一）慈善冠名捐赠的私益性

行为经济学研究表明，"公开宣传极利于促进慈善捐赠，而匿名却导致

---

① 李喜燕：《美国慈善冠名捐赠纠纷解决机制及其启示》，《西南民族大学学报》（社会科学版）2020年第2期。

② 参见刘少军《经济法行为性质论》，《天津师范大学学报》（社会科学版）2009年第1期。

捐赠下滑"。① 公开宣传有利于提高慈善捐赠主体的知名度,通过提高知名度进而增加其市场交易机会,美国慈善冠名捐赠的日益普及充分说明了捐赠主体对私益的追求。② 古人认为完全匿名的捐赠是值得倡导的美德。③ 在20世纪90年代中期以前,捐赠一般是相对秘密的,美国相当多的捐赠者满足于战略宣传或同行宣传,只要能得到其他捐赠者的注意,便已知足。大额捐赠人的主要愿望是在慈善机构获得一个职位,这可以使他们与其他大额捐赠人会面、交流,获得商业机会或者其他实际好处。因此,他们完全没有或者很少有兴趣将他们的名字刻在捐赠的建筑物上。尽管如此,也有一些例外。1639年,约翰·哈佛在向马萨诸塞州波士顿市一所新学校捐赠了400册图书和779英镑的时候要求冠名。④ 约翰·洛克菲勒(John d. Rockefeller)、伊莱·莉莉(Eli Lilly)、安德鲁·卡内基(Andrew Carnegie)和其他行业巨头常常通过慈善信托的方式开展慈善活动。⑤ 20世纪90年代中期,美国的慈善冠名数量开始戏剧性地上升。⑥ 教育机构通过赋予校园、演讲厅、图书馆、教室、会议室、奖学金基金和教授席位的冠名权激励捐赠。其他组织,包括医院、交响乐团、剧院、博物馆、公立学校,甚至国家公园等机构的冠名捐赠也日益兴起。越来越多的机构开始采用慈善冠名捐赠的方式募集善款。冠名交易在规模、创新性、数额等方面飞速发展。从1784年第一家法律学校冠名开始,到1984年,有4所法律学校冠名,而在那以后的20年,有12所法律学校冠名。⑦ 2007年,美国非营利组织的冠名捐赠超过40亿美元。最大的10项冠名捐赠达到了

---

① Brian Broughman and Robert Cooter, "Charity and Information: Correcting the Failure of a Disjunctive Social Norm", *University of Michigan Journal of Law Reform*, Vol. 43, No. 4, 2010, pp. 871-904.

② 李喜燕:《美国慈善冠名捐赠纠纷解决机制及其启示》,《西南民族大学学报》(社会科学版)2020年第2期。

③ William A. Drennan, "Charitable Naming Rights Transactions: Gifts or Contracts?", *Michigan State Law Review*, Vol. 2016, No. 5, 2016, pp. 1267-1356.

④ William P. Barrett, "Cash Strapped Charities Put Donors'Names on Just About Everything", *Forbes*, Sept. 21, 2009.

⑤ William H. Byrnes, IV, "The Private Foundation's Topsy Turvy Road in the American Political Process", *Hous. Bus. &TAX Law Journal*, Vol. 4, No. 496, 2005, pp. 531-532.

⑥ Terry Burton ed., *Naming Rights: Legacy Gifts & Corporate Money*, Hoboken: John Wiley & Sons, 2008, p. 49.

⑦ Robert M. Jarvis, " A Brief History of Law School Names", *Journal of Legal Education*, Vol. 56, No. 3, 2006, pp. 388-410.

15亿美元。另外的16项冠名捐赠总额为5.95亿美元。① 因此，2007年最大的26笔冠名捐赠总数达到了20亿美元。匿名捐赠已非常稀少。2007年，当威斯康星州麦德森大学为其商务学校募集了850万美元而没有授予冠名权的时候，成了一个极大的新闻，② 被称为"空前的"③。2008年，超过5万个冠名捐赠的机会在非营利机构网站公布，并且这种趋势有愈演愈烈之势。④ 冠名慈善财产的类型迅速扩大，捐赠人的名字随处可见。对于可以冠名的有形的项目和有限的空间，"冠名机会仅限于想象"⑤。

21世纪以来，冠名捐赠适用范围日益广泛，也许"不到1%的慈善捐赠是匿名的"⑥，且商业色彩和政治色彩也日益突出。在慈善机构的许可下，冠名市场专业人士继续发挥无限想象力，不断拓展冠名类别。⑦ 建筑物、中庭、电梯、办公室、楼梯等主要物理场所和空间，从剧院的绿色房间到法学院的卫生间，⑧ 冠名市场几乎囊括了所有有形的慈善财产。奖学金基金和冠名教授席位"比夏天的草更常见"，同时，捐赠人也为各种各样的职位和角色进行捐赠，从临床研究主任到大学球队的后卫和四分卫等无所不在。⑨伴随着数字化时代和社会媒体的发展，许多慈善机构在网站

---

① Terry Burton ed., *Naming Rights: Legacy Gifts & Corporate Money*, Hoboken: John Wiley & Sons, 2008, pp. 50-51.

② Charles Isherwood, "The Graffiti of the Philanthropic Class", *New York Times*, Vol. 2 December 2007, p. 26.

③ Terry Burton ed., *Naming Rights: Legacy Gifts & Corporate Money*, Hoboken: John Wiley & Sons, 2008, p. 49.

④ Terry Burton ed., *Naming Rights: Legacy Gifts & Corporate Mone*, Hoboken: John Wiley & Sons, 2008, p. 114.

⑤ David Elbert, "This City Brought to You By Whoever Buys Rights", *Des Moines Reg.*, June 11, 2006, p. 128.

⑥ Sarah Murray, "Shush Funds: Anonymous Giving Exposed", Nov. 1, 2014, http://observer.com/2014/11/shush-funds-anonymity.

⑦ Terry Burton ed., *Naming Rights: Legacy Gifts & Corporate Money*, Hoboken: John Wiley & Sons, 2008, p. 49.

⑧ Sarah Murray, "Institutional Naming Rights Gaining Favour Among Wealthy Donors", *Financial Times*, Sept. 18, 2014, https://www.ft.com/content/5cld62e0-3834-11e4-a687-00l44feabdcO [https://perma.cc/7BG7-NJP8].

⑨ Drew Lindsay, "How the Billion-Dollar College Football Industry Acts Like a Charity", *Chronicle Philanthropy*, Sept. 24, 2015, https://www.philanthropy.com/article/How-the-Billion-Dollar-College/233203, https://perma.cc/7TXD-R3ZK.

上如同展示商品目录般地发布冠名捐赠募集广告和金额。① 福特汉姆法学院2017年年初在其网站上发布249个冠名机会为其新学校公开募集，② 1000美元可以冠名家具和柜子，2500万美元可以冠名整栋建筑。

与此同时，企业和其他商业实体逐渐认识到冠名捐赠给捐赠方带来的有形和无形益处，也正日益进军慈善冠名市场。最初，大学的建筑物并不推崇被企业冠名。③ 比如，华盛顿大学公开提出其"设施和空间冠名政策"，鼓励企业捐赠，但把冠名权赋予"对企业成功具有重要意义的个人或家庭"④。一位评论员提出，冠名公司的做法可能会玷污受人尊敬的机构声誉。⑤ 2007年，一名研究人员写道："非营利部门已经开始看到企业对购买非营利组织冠名权的浪潮。"⑥ 同时，公司也开始获得主要大学的学术建筑冠名权。位于密苏里州圣路易斯市的华盛顿大学的法学院，冠名为安海斯百威大厅，AT&T公司获得了德克萨斯州大学执行教育和会议中心的冠名权。⑦

当今，冠名捐赠也开始成为政治角逐的手段。2016年一位州长候选人在竞选时，向一所州立大学捐赠，并对该校的计算机科学学院冠名，以试图影响选民。有的政治家提议禁止公立大学给竞选州长的候选人冠名。⑧ 一名工会官员给校董会写了一封信，说大学系统不应该允许自己"被用作政治利益的卒子"，并说："现在政治家们在大学里买头衔，在选

---

① Drew Lindsay, "Your Name Here", *Chronicle Philanthropy*, June 2015, p. 20.

② Fordham U., "New Law School Building", Jan. 2, 2017, http://law.fordham.edu/1461.htm.

③ Terry Burton ed., *Naming Rights: Legacy Gifts & Corporate Money*, Hoboken: John Wiley & Sons, 2008, p. 141.

④ Terry Burton ed., *Naming Rights: Legacy Gifts & Corporate Money*, Hoboken: John Wiley & Sons, 2008, p. 141.

⑤ Mike Tanier, "When Colleges Dedicate Courts, Squabbles Often Follow", *New York Times*, Mar. 17, 2012, http://www.nytimes.com/2012/03/18/sports/ncaabasketball/when-colleges-dedicate-courts-squabbles-often-follow.html.

⑥ Terry Burton ed., *Naming Rights: Legacy Gifts & Corporate Money*, Hoboken: John Wiley & Sons, 2008, p. 141.

⑦ Terry Burton ed., *Naming Rights: Legacy Gifts & Corporate Money*, Hoboken: John Wiley & Sons, 2008, p. 141.

⑧ Gail Schontzler, "Students Criticize School Naming; MSU's Cruzado Willing to Talk", *Bozeman Daily Chron.*, May 25, 2016.

举中争取媒体的支持,没有比这更不合适的事情了。"① 即便如此,该候选人仍在 2016 年 6 月大选中获胜。② 有人认为这或许会成为慈善冠名市场的另一个趋势。③

毫无疑问,冠名捐赠不仅有利于提高捐赠主体的荣誉地位,还增加捐赠主体的经济效益,从而具有私益性的一面。

(二) 私益性隶属于公益性

冠名捐赠行为不会影响慈善捐赠的公益性,慈善冠名捐赠中的私益性应该隶属于其公益性。首先,捐赠冠名不仅不影响其慈善公益属性,而且还有利于慈善事业发展。即使冠名具有一定的价值,并使私主体的名称或名字与慈善组织相联系,从而被视为购买了公共产品相关的身份,但是这不会改变仍然存在无偿捐赠的部分,不影响其慈善事业的根本性质。捐赠资金流向慈善组织,提供了公共利益,冠名捐赠应该受到尊重。④ 捐赠人的名字刻在建设大楼上不会改变教育、艺术或者其他事业的慈善本性,但当把捐赠人名字从建筑物上拆除的时候可能导致捐赠减少。允许慈善捐赠冠名,慈善家可能捐赠更多的资金,也可能激励富有的慈善家们建立自己的慈善信托,而不是捐赠给一个正在运作的公益组织或其他慈善信托,这进一步鼓励了冠名捐赠,并推动慈善事业多元化。同时,冠名捐赠具有示范性,冠名捐赠的设定能够促使其他人效仿,从而促进慈善捐赠事业发展。慈善冠名是世界各国的普遍做法,而我国慈善事业还正处在发展阶段,对冠名捐赠更应宽容激励,并非严格约束,方能进一步促进第三次分配领域的欣欣向荣。其次,慈善冠名捐赠中的私益目的隶属于其公益目的,冠名捐赠的私益属性应该隶属于其公益属性。⑤ 当慈善冠名捐赠的公益目的与捐赠人的私益目的发生冲突的时候,私益目的应该隶属于公益目的。比如当捐赠人出现污点的时候,不应该继续得到标榜;当捐赠人的个人要求与慈善捐赠的公益目的相矛盾的时候,

---

① Corin Cates-Camey and Eric Whitney, "Montana Dems Cry Foul Over 'Gianforte School of Computing' at MSU", Montreal Public Radio, May 17, 2016, http://mtpr.org/post/montanadems-cry-foul-over-gianforte-school-computing-msu, https://perma.cc/5NJW-52CU.

② Phil Drake, "Governor's Race", *Great Falls Trib.*, June 8, 2016.

③ William A., and Drennan. "Charitable Naming Rights Transactions: Gifts or Contracts?", *Michigan State Law Review*, Vol. 2016, No. 5, 2016, pp. 1267-1279.

④ See "In re Mayer's Estate", *Cal Rptr.*, Vol 47, 1965, pp. 44-46.

⑤ 李喜燕:《慈善捐赠中非利他性的正当性及其法律边界》,《人大法律评论》2016 年卷第 3 辑。

私益目的应该服从于公益目的。冠名不能授予污点捐赠人,也不能违背道德风俗。由此,在满足慈善捐赠私益目的隶属于公益目的的条件后,冠名捐赠并不影响慈善的本质属性;相反,通过冠名提升捐赠组织或个人的形象,对于推动慈善事业具有积极意义。

二 慈善冠名捐赠的有偿性与无偿性

冠名捐赠中所冠之名是有价值的,因而冠名捐赠具有有偿性,同时捐赠的价值超过冠名的价值,冠名捐赠也有无偿性。

(一) 慈善冠名捐赠的有偿性

随着社会慈善事业发展,越来越多的学者开始认识到慈善冠名捐赠具有有偿性,认为冠名捐赠属于"准交易"行为,即冠名的市场价值部分属于交易,超出市场价值部分则为无偿捐赠。在英美法中,与有偿相对应的术语是"对价"。对价是指双务合同中双方主体利益的互换或者价值的交换。[①] 对价的意思是"合同一方得到某种利益、利润、权利或好处,或是他方当事人克制自己不行使某项权利或者遭受某项损失或承担某项损失"[②]。英美法系中的对价,其实质便是有偿交易。双务合同的本质是合同双方互负义务,具有对价有偿的关系。凡为购买一项有价值的物品涉及付款的交易往往被推定为所付款项是购买的价格。但是,有偿不一定是等价,不管双方互换的利益是否是等价关系,均应视为有偿。这种有偿性可以是作为,也可以是不作为,可以是直接的支出,也可以是遭受的损害。有偿性包括三个要素:第一,合同一方获得利益或价值;第二,合同相对方遭受了损害或付出了代价;第三,这种利益和损害之间有因果关系。

冠名捐赠具备有偿性的要素:第一,捐赠者通过捐赠获得了宣传的机会,有利于荣誉地位的提升和交易机会的增加,因此具有了价值。第二,冠名也是对慈善机构的一种损害,给受赠机构带来了不利情况,受赠机构付出了代价。不利情况主要表现为以下方面:一是因为冠名本身不属于受赠机构的法定义务,让受赠机构就捐赠项目或工程给予冠名便意味着令受赠机构承担了不该由受赠机构承担的事情,而且丧失了通过以冠名为条件

---

① 傅鼎生:《义务的对价:双务合同之本质》,《法学》2003年第12期。

② 吴在勤:《论英美合同中的对价》,《法学评论》1992年第3期。

请求其他人捐赠的机会，因而对于受赠机构是不利的。① 二是受赠机构因为给捐赠者冠名需要购买、雕刻和安装牌匾或肖像，发布有关新闻公告等类似事宜而产生成本。尽管这些物质支出相对于捐赠数额而言不具有对价的充分性，但是对价的部分是否充分并不是合同要考虑的问题，即使交换的经济价值小也可以构成交易对价。② 三是受赠机构接受冠名捐赠后不能按照其机构的目的自由使用捐赠财产而需要按照捐赠人要求将捐赠财产用于特定目的的义务。这对于受赠机构而言显然也是不利的。第三，慈善冠名是给捐赠人带来价值和对受赠机构带来损害的原因。因为冠名捐赠使受赠慈善机构遭受不利或损害，却给捐赠人带来名誉地位提升或者市场交易机会增加等利益，如果捐赠人把冠名作为受赠机构获得捐赠的义务，意味着冠名便是捐赠人获得利益和受赠机构遭受损害的原因。③ 由此可见，冠名捐赠具有合同的对价有偿性。

有学者认为区分有偿对价的合同和有条件赠与的关键因素是承诺人是否获得了足够的利益。④ 事实上二者的区别不仅仅在于利益的大小，更在于纠纷处理方式和效果的不同。相对于把冠名捐赠视为有条件的赠与，把冠名捐赠中冠名价值视为有偿合同更加合理，法院运用有偿合同原理处理冠名捐赠问题和制定补救措施时更具有灵活性，捐赠者和慈善机构的风险可能更小，且可能取得更合理的预期结果。当法院将冠名安排作为有条件的捐赠而不是有偿合同的时候，捐赠者和慈善机构只能获得要么全部肯定要么全部否定的补救办法。一旦在冠名过程中出现冠名被取消的情况，便视为捐赠条件没有达到，则需要将捐赠财物返回给捐赠人。⑤ 如果冠名被取消便视为条件不成就而退还捐赠财物的做法必将导致捐赠财产归属在开始时处于不确定状态。换言之，如果捐赠人作出有条件的捐赠，而慈善机构未能满足条件，则慈善机构必须退还赠与人捐赠的财物，而不考虑捐赠人得到的宣传服务和捐赠后发生的任何其他事件。持这种观点的人在判决

---

① Neb. Wesleyan Univ. v. Estate of Couch (In re Estate of Couch), 103 N. W. 2d 274, Neb. 1960, pp. 276-277.

② Restatement (Second) of Contracts § 79 cmt. C.

③ Joseph M. Perillo & John D. Calamari, ed., *Calamar And Perillo On Contracts*, 6th 2009, p. 151.

④ See *also* Carlisle v. T&R Excavating, Inc., 704 N. E. 2d 39, 45 (Ohio Ct. App. 1997).

⑤ 38A C. J. S. Gifts § 38.

中也确实如此操作。① 如果将冠名捐赠作为对价有偿的合同来处理，当双方当事人不能完全履行冠名捐赠合同的时候，法院在确定损害赔偿和补救措施方面会有很大的灵活性。一般来说，在违反有偿合同义务的情况下，受害方往往有权获得合同的预期利益。据推测，在确定捐赠人在多大程度上获得这笔交易的好处时，法院可能考虑因为捐赠人已经在过去的时间里得到了公众的关注，从而减少对捐赠人的补偿。

从未来影响来看，如果否认冠名捐赠的有偿性，对于慈善事业可持续发展不利。从短期来看，慈善机构通过合同出售冠名权或者承诺给捐赠人进行其他宣传，对捐赠者和慈善机构来说是双赢的。捐赠者和捐赠者的家人因他们的财富和慷慨而受到公众的赞扬，这可以给他们带来更多的财富，而受赠慈善机构和筹款部门则因实现了他们的目标并使建筑（或其翻新）成为可能而受到赞扬。② 然而，从长期来看，这些安排对相关的慈善机构和整个社会都构成了潜在的问题，具有负的外部性。这些问题体现在两个方面。首先，谈判和解决纠纷的复杂性。捐赠人往往希望永久享有冠名宣传权利，并抵制约束性条款，从而在解决由此产生的纠纷时更为复杂。③ 其次，筹款方面的困难。那些无法提供冠名权的机构在筹集资金方面将会遇到困难，所接受的捐赠财物匮乏，从而导致某些公共产品提供丰富，而另外的公共产品匮乏。

（二）慈善冠名捐赠的无偿性

慈善捐赠本身是慈善行为，而慈善行为本质是无偿的，不允许要求回报，否则不属于慈善行为。慈善冠名捐赠不同于市场交易行为，也不同于商业赞助行为。我国的立法与实践都将慈善冠名捐赠视为无偿的行为，未考虑冠名给捐赠人带来的好处。实践中，有不少慈善组织在网站募捐中明确提出捐赠达到一定金额可以设立冠名基金，并且提供捐赠发票。这种做法也未考虑冠名给捐赠人带来的回报。即使在慈善事业发达的美国，国税局也认为冠名捐赠对捐赠者没有好处或者好处是微小的而忽略不计，因此

---

① 李喜燕：《美国慈善冠名捐赠纠纷解决机制及其启示》，《法商研究》2018年第3期。

② Douglas A. Kahn & Jeffrey H. Kahn, "'Gifts, Gafts, and Gefts'—the Income Tax Definition and Treatment of Private and Charitable 'Gifts' and a Principled Policy Justification for the Exclusion of Gifts from Income", *Noterdame Law Review*, Vol. 652, No. 2, 2003, pp. 459-463.

③ Adam Scott Goldberg, "When Charitable Gift Agreements Go Bad: Why a Morals Clause Should Be Contained in Every Charitable Gift Agreement", *Fla. B. J.*, Vol. 89, No. 48, December 2015, pp. 48-50.

慈善冠名捐赠人可以像匿名的捐赠者一样享受所得税减免待遇。著名的流浪汉案例被认为是把慈善捐赠当作有条件赠与的典型案例。慈善家要求流浪汉走到街角，去领取一件大衣，让流浪汉走到街角去领取免费衣服的要求不构成有偿合同中的足够利益，因而被认为是有条件的赠与。据此说，当慈善冠名宣传只是向捐赠人提供名义上的利益，不具备足够的对价交换，不能视为有偿合同。即使慈善冠名捐赠具有有偿性，但这种有偿性仅仅限于其冠名价值的部分，超出冠名价值的部分，捐赠是无偿的。

至于冠名价值如何确定，存在多种说法，也没有客观的认定标准和既往的操作模式。有人提出，为了便于操作，应该通过统一比例方法来确定冠名权对价，即以冠名捐赠的固定比例来确定冠名权对价，并排除对价部分税收优惠待遇；也有人认为应该寻求市场价值的公平认定方法，确定冠名的市场价值，并排除冠名价值部分的税收优惠待遇。虽然公平的市场价值确定方法可能最接近公平，[①]但如果这种方法需要投入过多的行政成本，则又不符合有效性原则。也有学者认为能够享受冠名待遇的捐赠额至少应该是所捐赠项目或建筑工程成本的50%，[②]而商业赞助中的冠名通常只需要支付所冠名项目的10%—20%的费用。[③]如此比较便可推出，冠名捐赠的金额往往高于体育场馆等商业赞助商冠名支出的费用，如果说商业赞助冠名是一种市场行为，那么慈善冠名捐赠中相当于商业赞助对价的部分便是有偿的部分，超出商业赞助冠名市场价值部分便是无偿捐赠的部分。这就意味着冠名建筑或项目10%—20%的部分便属于冠名的市场价值部分，这部分市场价值不能享受税收优惠，超过这个市场价值的部分则允许享受税收优惠。因此，通过与广告赞助商相应的价值比较来确定冠名的市场价值似乎是一种最为客观和科学的评价标准。

三 慈善冠名捐赠的合同性与非合同性

慈善冠名捐赠具有合同性与非合同性的特点，合同性就是要求相关各方按

[①] Steve R. Johnson, "An IRS Duty of Consistency: The Failure of Common Law Making and a Proposed Legislative Solution", *Tennessee Law Review*, Vol. 77, No. 3, March 2010, pp. 563-622.

[②] Terry Burton ed., "Naming Rights: Legacy Gifts & Corporate Money", Hoboken: John Wiley & Sons 2008, p. 142.

[③] William A. Drennan, "Where Generosity and Pride Abide: Charitable Naming Rights", *University of Cincinnati Law Review*, Vol. 80, No. 1, Fall 2011, pp. 45-96.

照合同约定履行承诺，非合同性体现为责任承担方面与合同的处理结果不同。

(一) 慈善冠名捐赠的合同性

慈善冠名捐赠属于广义的赠与合同，具有合同的性质。捐赠人要求捐赠，属于要约，受赠组织接受捐赠属于承诺。我国比较普遍地认为赠与合同属于双边单务合同，慈善冠名纠纷发生最多的美国法院也将慈善冠名捐赠视为合同，不过在究竟是双边还是单边合同方面有所不同。美国法院认为如果要约人允许其允诺被承诺，并且接受要约的人承诺履行该允诺，则双边合同产生。相比之下，当要约人（offeror）允许通过实际履行承诺时，且受要约人（offeree）通过实际履行而承诺，就出现了单边合同。① 在阿勒格尼学院（Allegheny College）与玛丽·耶茨·约翰斯顿（Mary Yates Johnston）一案②中，约翰斯顿写信给阿勒格尼学院承诺将其遗产中5000美元用于捐赠，并于身故后30天履行，并且该笔捐赠冠名为玛丽·耶茨·约翰斯顿基金，用于教育学生。约翰斯顿在生前支付了1000美元，学院把这笔捐赠款用作奖学金。八个月后，约翰斯顿通知学院，否认了这个承诺。在她身故30天后，阿勒格尼学院起诉要求从其遗产中执行尚未捐赠的4000美元。卡多佐法官认为该慈善冠名安排是一项双边合同。一旦慈善机构接受了一笔捐款，捐赠人就应该履行承诺，支付剩余的款项。类似的案例还体现在伍德米尔学院诉斯坦伯格（Woodmere Academy v. Steinberg）一案③中。斯坦伯格签署了向伍德米尔学院捐赠37.5万美元的承诺，作为交换，学校以捐赠者配偶的名字命名了图书馆，学校向捐赠者提出"我们无条件地保证图书馆继续这样命名，只要它是学校的一部分……"在捐出17.55万美元后，斯坦伯格不再捐赠。学校对斯坦伯格提起诉讼，要求强制执行这一承诺。法院表示，学校"做了捐赠者所期望的一切，包括……为捐赠者的配偶冠名"，该承诺是可执行的。在保罗&艾琳博格尼基金会诉圣博纳文大学（Paul & Irene Bogoni Foundation v. St. Bonaventure University）一案④中，圣博纳文大学与保罗&艾琳博格尼基金会签署了一份捐赠文件，同意捐赠150万美元用于保罗

---

① 李喜燕：《美国慈善冠名捐赠纠纷解决机制及其启示》，《法商研究》2018年第3期。

② Allegheny Coll. v. Nat'l Chautauqua Cty Bank, 159 N. E. N. Y. 1927, pp. 173-174.

③ Woodmere Acad. v. Steinberg, 385 N. Y. S. 2d, N. Y. App. Div. 1976, p. 549.

④ Paul & Irene Bogoni Found. v. St. Bonaventure Univ., No. 102095/08, N. Y. Sup. Ct. Oct. 6, 2009.

& 艾琳·博格尼图书馆附楼建设。随后，博格尼又承诺再捐 50 万美元，但实际上总计只捐出 110 万美元，这所大学提出诉讼，要求博格尼基金会支付承诺捐赠的剩余 90 万美元。法院按照合同的原理，支持大学的主张。

当慈善冠名捐赠合同签订以后，受赠机构未依约定履行冠名，法院则判决受赠机构按照约定履行冠名义务。在达纳韦诉维肯堡第一长老会教堂（Dunaway v. First Presbyterian Church of Wickenburg）案[1]中，冠名的对象是捐赠人和受赠人之外的第三人。捐赠人承诺在教堂主日学校附楼建设中捐赠 1 万美元，并约定教堂要悬挂一块纪念牧师和波林夫人的匾额。除了捐赠人参加教堂的活动外，捐赠人与牧师及其夫人并无任何关系。当教堂的管理者询问捐赠者能否将该笔捐赠款项用于不同的用途时，捐赠者拒绝并起诉要求教堂归还捐款。亚利桑那州最高法院认为，礼物已经传递到受赠人的手中，从接受捐赠时，便产生了一个有价值考量的双边合同。因此，受赠机构要么遵守条件，要么返还捐赠的股份和利息。[2] 法院认为，教会对该捐赠的接受是一种同意捐赠人目的的默认承诺，因此该承诺产生了一份有对价支持的双边合同。法院判决，除非教堂在一个合理的时间内按照要求使用该笔捐赠，否则教堂必须向捐赠人返还股票和所有股息。根据美国法院在这些案件中所采取的方法，捐赠被认定为双边合同或单边合同，似乎没有多大区别，依据双边合同说法，一旦慈善机构接受了一笔捐赠，捐赠人就得支付剩余款项，且慈善机构在收到全部捐赠款项后必须冠名。而根据单边合同说法，一旦慈善机构基于保证产生责任，捐赠人就得支付保证捐赠的剩余款项，慈善机构接到所有捐赠后必须冠名。

根据合同法的原理，如果捐赠人捐赠时并未提出冠名的要求，则受赠机构没有义务进行冠名。茱莉亚·可茨诉安妮彭尼莫里亚尔医院（Courts v. Annie Penn Memorial Hospital, Inc.）案[3]是捐赠人完成捐赠以后提出冠名的案例。茱莉亚·可茨将额外的收入投资在股票中并捐赠给安妮彭尼莫里亚尔医院，以纪念其祖父。她把积累了 60 多年的股票在股票证书上背书后直接邮寄给医院院长，并没有在股票邮寄的信件中附上要求医院认可其祖

---

[1] 442 P. 2d 93, Ariz. 1968, p. 94.

[2] 442 P. 2d 93, p. 96 (Ariz. 1968).

[3] See Bruce R. Hopkins, The Tax Law of Charitable Giving 146 (3d ed. 2005); Joels Newman and Dorothy A. Brown, Federal Income Taxation 600 (6th ed. 2016).

父的条件。医院院长在收到后立即接受了股票捐赠。尽管可茨随后对医院院长和其他代表说，她以"纪念或尊重她的家庭"方式捐赠，但医院最终决定不同意该要求。于是她起诉了医院。法院认为对该冠名要求无法补救。上诉法院提出，即使捐赠者打算获得冠名权，但在捐赠时没有提出冠名的意愿，且捐赠是在没有欺诈、胁迫等不当影响和类似情况下产生的。"一旦医院接受了股票证书，捐赠就完成了，'事后'的条件不能得到法律的承认……"并且如果允许在捐赠之后附加条件，会使受赠人置于不确定的位置。①

（二）慈善冠名捐赠的非合同性

慈善冠名捐赠的非合同性就是在慈善冠名捐赠协议履行过程中，因某些特殊情况，受赠组织不再按照合同约定履行冠名捐赠约定的义务，也不需要承担违约责任。慈善捐赠中也可能发生情势变更②。在慈善冠名捐赠中可能发生的情势变更主要包括三类情况：第一类是冠名建筑因自然原因损毁或不得不翻修③而难以实施冠名。④这类情况显然属于合同中的情势变更，理应允许取消冠名，或者采取其他变通性做法，比如通过其他相应的方式来纪念捐赠人。第二类是由于社会变迁和政治形势的变化，所冠之名

---

① Restatement (Second) of Contracts § 33 (Am. Law Inst. 1981).

② 合同性情势变更是指合同依法有效成立后，全面履行前，因不可归责于当事人的原因，使合同赖以成立的基础或环境发生当事人预料不到的重大变化，若继续维持合同的原有效力则显失公平，受不利影响的一方当事人有权请求法院或仲裁机构变更或解除合同的法律制度。参见李扬《论商标授权确权行政案件中情势变更原则的不可适用性》，《法商研究》2016年第5期。

③ 如埃弗里·费雪家庭（The Avery Fisher Family）与林肯中心冠名捐赠案（the Lincoln Center）。1973年，林肯中心翻修它的爱乐大厅时接受了价值1050万美元的捐赠，并授予捐赠人埃弗里·费雪（Avery Fisher）永久冠名权。2002年，当林肯中心再次需要整修大厅，冠名将被取消的时候，费雪家族扬言通过法律诉讼阻止林肯中心冠名给其他人。Elaine Dutka,"Avery Fisher Now, But Will It Stick", *L. A. Times*, June 5, 2002, at F2. 麦卡锡（McCarthy）诉圣玛丽医疗中心（St. Mary's Medical Center）一案也是此类情况。圣玛丽医疗中心想要拆掉对已故捐赠人予以纪念的教堂，捐赠人的继承人起诉到法院。St. Mary's Med. Ctr., Inc. v. McCarthy, 829 N. E. 2d 1068, pp. 1071-1077 (Ind. Ct. App. 2005).

④ Robin Pogrebin, "Lincoln Center to Rename Avery FisherHall", *New York Times*, Nov. 14, 2014, http://www.nytimes.com/2014/11/14/arts/music/lincoln-centerto-rename-avery-fisher-hall.html?_r-0.

具有了种族歧视和压迫的色彩引发道德非议而不便继续冠名。[1] 就第二类而言,虽然不属于自然情况,但也是各国均会遇到的情况。慈善捐赠相关做法一般与当代的立法保持一致。比如,立法已经明确禁止种族歧视,那么具有种族歧视色彩的冠名便属于因情势变更而可以不再继续冠名的情况。第三类是所冠之名因为捐赠人的不良行为甚至违法犯罪行为[2]而成为

---

[1] 这种取消冠名最为典型的当属美国南部联盟女儿联合会(United Daughters of the Confederacy)诉范德比尔特大学(Vanderbilt University)案。南部联盟女儿联合会想要捐建一所大学或大学宿舍,给范德比尔特大学的前身教师学院提出了捐赠条件,历经 20 年,签订了三份捐赠协议。协议约定,南部联盟女儿联合会共计捐赠 5 万美元。因建造大楼需要 15 万美元,如果国家复兴管理局的政府机构愿意提供另外的 10 万美元,教师学院同意建造宿舍,并在宿舍楼写上"联盟纪念",但若不能从国家复兴管理局中获得额外资金,合同无效。后来,国家复兴管理局未提供 10 万美元,由教师学院支付了 10 万美元,并建成了宿舍。即便如此,宿舍楼正面的屋顶上仍然刻上了"联盟纪念堂"(Confederate Memorial Hall)的字样。1987 年和 1988 年,"范德比尔特大学花了大约 250 万美元翻新和升级联盟纪念堂",南部联盟女儿联合会没有对翻修进行任何捐赠。后来因有人提出该冠名是对奴隶制的纪念或者对黑人的歧视,学校对是否保留"联盟纪念堂"进行了讨论,其后在该宿舍楼门口安装了一块铭牌,解释了取名的渊源,但在当时并没有改变该宿舍的名称。2002 年,新校长认为,"联盟"一词将会因存在种族歧视和压迫的象征受到非议,宿舍的名字将改为"纪念大厅"(Memorial Hall),同时在大学的地图、网站和通信的变化予以体现。南部联盟女儿联合会分支机构以范德比尔特大学违反合同为由提起诉讼。Tenn. Div. of the United Daughters of the Confederacy v. Vanderbilt Univ., 174 S. W. 3d 98, Tenn. Ct. App. 2005, pp. 104-106.

[2] 有名的案例是泰科前首席执行官丹尼斯·科兹洛夫斯基和森敦霍尔大学(former Tyco CEO Dennis Kozlowski and Seton Hall University)一案。丹尼斯·科兹洛夫斯基是一名成功的高管,后来他被判犯有重大盗窃罪和其他罪行,法官判处多年的监禁。此时,媒体发布了一些关于科兹洛夫斯基挥霍习惯的故事,比如花 1.6 万美元买了一个狗形状的雨伞架,6000 美元的浴帘挂在他位于曼哈顿的 1800 万美元公寓的浴室里。科兹洛夫斯基也为他的妻子和他们的朋友在意大利撒丁岛上的完全裸体冰雕和生日派对赞助了 200 万美元。尽管科兹洛夫斯基非常慷慨,冠名捐赠了森敦霍尔大学商学院大厅 300 万美元,但因为捐赠人具有犯罪和奢侈的情况,大学便通过谈判取消了对于尼斯科兹洛夫斯基的冠名。See Anthony Bianco, William Symonds & Nanette Byrnes, "The Rise and Fall of Dennis Kozlowski", Bus. Week, 2002, Dec. 23. 斯托克诉奥格斯堡学院(Stock v. Augsburg College)一案也属于"坏男孩"案例,奥格斯堡学院因修建一幢新建筑,联系了埃尔罗伊·斯托克,并建议他捐钱建造通讯部侧楼,并给他冠名。院长的一封信证实,斯托克捐赠了 50 万美元,并获得了学院通讯部侧楼的冠名权。1988 年 2 月,"关于斯托克进行种族主义活动的不利宣传开始蔓延,学院的校长和董事会投票否决了冠名,但决定保留斯托克的捐款"。1989 年,经过与斯托克协商,学院在通讯部入口处的一块牌匾上表明斯托克是主要捐赠者。此后斯托克又继续对学院进行了 100—2000 美元不等的捐赠。1999 年,斯托克就通讯部侧楼冠名一事与学院的领导沟通。学院院长拒绝了其要求,并要求他别再给学校捐赠。斯托克立即起诉学院违反合同。Stock v. Augsburg Coll., No. C1-01-1673, 2002 WL 555944, Minn. Ct. App. Apr. 16,

负面宣传，这种捐赠人出现令人耻辱或非议的事情（"坏男孩"①）后，受赠机构往往试图取消对捐赠人的冠名。

美国法院在面临这些情况时，除了个别法官采取了比较灵活的做法②外，大部分无视情势变更的情形，比较僵化地坚持合同的约定，判决受赠机构履行捐赠，甚至判决受赠慈善机构给予巨额赔偿。原因在于美国司法机构仅仅基于私法的角度处理问题，而无视慈善冠名捐赠的公益属性，也无视冠名捐赠中发生的情势变更，也未能充分考量冠名的对价性，对于已逝的冠名价值考虑不一致，缺乏特定情况下慈善冠名的取消机制，对于捐赠人的诉求采取完全支持或驳回的非此即彼的机械态度。

事实上，这类情况的出现的原因并非不可归责于当事人，但是鉴于慈善事业的公益属性，冠名宣传的名字理应具有正面色彩且无道德非议。由于捐赠主体自身的原因导致冠名宣传成为负面宣传的，也应视为慈善冠名捐赠中的情势变更，可以请求法院或仲裁机构变更或者解除合同。换言之，出现以上情况，冠名条款便可以变通执行或者不再执行。

第三节　我国慈善冠名捐赠的制度完善

慈善冠名捐赠是兼其公益性与私益性、有偿性与无偿性、合同性与非合同性的法律行为，慈善冠名捐赠中的私益性、有偿性具有非利他性特

（接上页）2002, at *1. L. REV. 415, 2006, pp. 420-421.

① Ohn K. Eason, "Private Motive and Perpetual Conditions in CharitableNaming Gifts: When Good Names Go Bad", *U. C. Davis Law Review*, Vol. 38, No. 2, 2005, p. 385.

② 麦卡锡（McCarthy）诉圣玛丽医疗中心（St. Mary's Medical Center）案，虽然与南部联盟女儿联合会（United Daughters of the Confederacy）诉范德比尔特大学（Vanderbilt University）案（参见 Tenn. Div. of the United Daughters of the Confederacy v. Vanderbilt Univ., 174 S. W. 3d 98, Tenn. Ct. App. 2005, pp. 104-106）的适用依据相同，但是其裁决结果却完全不同。该案中，圣玛丽医疗中心想要拆掉对已故捐赠人予以纪念的教堂，捐赠人起诉到法院，法院认为受赠机构应该满足冠名的条件。但是，在如何认定实质性遵守冠名条件时上诉法院采用了灵活的标准。初审法院认为，医院应该一直维持该建筑物冠名，直到再经过50年或者75年该建筑物自己垮塌。但上诉法院认为，由于医院已经持续维护教堂50年，实质性地履行了冠名义务，认为捐赠人已经获得了冠名的好处，而没有任何损害。因此，当医院把对捐赠人冠名的纪念碑拆掉的时候，该家庭没有得到任何补偿。St. Mary's Med. Ctr., Inc. v. McCarthy, 829 N. E. 2d 1068, pp. 1071-1077（Ind. Ct. App. 2005）.

性，但是慈善冠名捐赠的非利他性应该附属于其中的公益性、无偿性。而针对某一个特定工程或项目的某一个时间点慈善冠名捐赠显然具有合同性质，并存在一定的排他性。但是，这种非利他性慈善冠名不应该排除其他主体对其他工程项目或者其他主体对已经冠名的工程或项目未来的冠名权限。慈善冠名捐赠的制度完善应在遵循我国现有立法的基础上，根据冠名捐赠的特有性质，对慈善冠名捐赠制度予以完善，以促进慈善事业的发展。

一 我国慈善冠名捐赠立法完善的应有理路

为了推动我国慈善冠名捐赠事业健康可持续发展，需要在认识到慈善冠名捐赠的公益性与私益性、有偿性与无偿性、合同性与非合同性的基础上，明确我国慈善冠名捐赠立法完善路径，从而提出我国慈善立法完善的建议。

（一）冠名有偿部分不应享受税收优惠

税收补贴理论和合理赋税理论均主张公共产品才能享受税收优惠，私人消费或者私人产品则不具有税收优惠的正当性。公益捐赠税收优惠的正当性在于其具有公共产品属性，然而慈善捐赠中冠名对价的部分因为其具有了私人消费的特性，不应该享有税收优惠。

1. 冠名利益和税收优惠双重享受的不公平性

关于慈善捐赠给予税收优惠的一个基本理论是补贴理论。补贴理论认为慈善捐赠税收优惠是对个人利他性慈善捐赠行为的一种奖励，相对于那些不捐赠的人而言，捐赠使捐赠人财富减少因而纳税能力降低。由此，基于横向公平的考虑，慈善捐赠主体有享受慈善捐赠扣除的权利。1988年马克·格根提出，这些慈善捐赠税收优惠是帮助购买公共产品或者慈善组织提供的服务。如果有人通过慈善捐赠提供公共服务，那么有些人就可以不需要支付任何费用便可以享受公共服务。因此，通过税收优惠降低捐赠人的捐赠成本便是慈善捐赠税收优惠的理论支撑。基于此，大多数税法学者认为慈善捐赠税收优惠是对慈善捐赠主体的补贴。然而，对于这个应该得到补贴的原因，学界意见不一。最古老的经济补贴理论认为非营利组织提供对社会"有益"的福利。例如，他们通过对贫困的救济而减少了政府的负担。比较容易被接受的理由是补贴理论。根据补贴理论，对慈善机构的资助可以帮助他们提供公共产品，否则这些产品就会生产不足。在市场中,搭便车等问题导致市场失灵。在政府层面,中间选民的特定偏好,也可能导致生产不足。慈善税收补贴与支持公共产品的人之间存在一种隐性交易,每一种产品的支持者都同意为他支持的公共产品通过补贴的方式提供部分资金。通过这种方式,慈善税收补贴允许那些在最初的立法程序中没有体现出兴趣的纳税人将一部分原本流向国家税收的资金转向他们喜欢的公共产品。

然而,就慈善冠名捐赠而言,如果冠名捐赠对价部分也能够享受税收优惠,那么冠名捐赠人不仅降低了捐赠成本,而且享受了冠名的利益,而其他慈善捐赠主体则无法享受冠名带来的有形或无形利益,这对纳税人是不公平的。再者,由于冠名对象的局限性,慈善冠名捐赠税收优惠往往激励的不一定是最需要慈善捐赠的领域、受益群体最大的领域,或者是最有益于社会的公共产品,而是便于冠名的领域或者是捐赠人感兴趣的领域。因为冠名捐赠人往往是高收入群体,并获得了较高的税收补贴,意味着由所有纳税人分担的这些税收补贴补贴给了这些高收入群体,这从某种意义上也是不公平的。

2. 个人消费享受税收优惠的不合理性

合理赋税理论认为,纳税是基由个人消费支出和纳税人财产净值增加之和构成。而慈善捐赠部分不受纳税人控制,捐赠所产生的利益却由社会共享。基于这种理论,慈善捐赠不是个人消费,其不仅没有增加纳税人的资产净值,反而导致捐赠人用于消费的资金减少。如果把这个部分含在税基里面是不公平的,所以慈善捐赠部分不应该包括在所得税税基中,应该在计算应税收入时予以扣减。① 当然,也有学者认为,慈善捐赠也应该被视为个人消费。一个人自愿捐款给慈善组织,就像一个人决定花钱买酒或买一件新毛衣一样。同时,捐赠人在这个过程中还得到了许多有形或者无形的好处,例如捐赠的"温暖的光辉"、看到自己支持事业发展的满足感、获得的声望和认可。② 即使一般的慈善捐赠不算作个人消费,但是慈善冠名捐赠显然具有满足个人荣誉地位需求的消费成分。学理上不能把这种满足个人荣誉地位需求的部分视为满足公共利益或者提供公共产品,冠

---

① 杨利华:《美国慈善捐赠税收扣除制度的考察与思考》,《北方法学》2016年第3期。

② See M. Todd Henderson & Anup Malani, "Corporate Philanthropy and the Market for Altruism", *Colum L. Rev*, Vol. 109, No. 3, 2009, pp. 571–583; Brian Galle, "Social Enterprise: Who Needs It?", *B. C. Law Review*, Vol. 54, No. 5, 2013, pp. 2025–2029.

名捐赠带来的利益部分不应该再享受税收优惠。因此，慈善捐赠主体在冠名捐赠中获得的对价部分，不应享受税收优惠，其享受税收优惠的范围应该限于其无偿捐赠的部分。

从公益角度来说，对慈善捐赠行为给予税收优惠，"既符合经济学原理上的成本收益理论，也符合法学原理中的税收公平理论，还契合了社会学中的第三次财富分配理论"①。对慈善捐赠享有税收优惠既具有理论上的正当性，也是各个国家的通行做法。但是，需要明确的是，从应然意义而言，税收优惠享受的对象仅仅是无偿捐赠的部分，即捐赠人向慈善组织的支付超过捐赠人所收到对价价值的部分，要求捐赠人主观上有向慈善组织作出捐赠的意图。②换言之，慈善捐赠主体享受税收优惠的范围应该只限于其无偿捐赠的部分，对于其在慈善冠名捐赠中获得的冠名价值部分的对价，不应享受税收优惠。美国《国内税收法典》虽然规定冠名市场价值部分不应该享受税收优惠，③但实际操作中，美国慈善冠名捐赠部分的市场价值仍然享受了税收优惠，这部分冠名市场价值应视为慈善捐赠的公益成本，但是这种公益成本在美国司法中却完全被忽略。美国法院充分尊重慈善捐赠中冠名的自主性，把慈善冠名捐赠看作私法行为，仅仅认识到冠名捐赠的合同属性或者捐赠性质，没有认识到冠名捐赠中存在的公益属性和公益成本，未考虑冠名带来的私益应该属于捐赠对价，不应该享受税收优惠。这对于全体纳税人而言显然是不公平的。

（二）冠名价值不仅体现为结果性也体现为过程性

在认识到冠名具有价值的时候，还必须明确冠名的价值不仅仅体现结果性（冠名的结果），还体现为过程性（从冠名开始之时，冠名的价值便开始体现）。换言之，对于捐赠人而言，冠名的主要目的在于通过一定的形式对所冠之名进行宣传。因此，从冠名开始之时起，这种冠名的宣传价值便开始体现。冠名的时间越长，这种价值体现越大。如果冠名已经经过

---

① 陈卫林：《公益性捐赠税收优惠理论立基的多维检视》，《河北法学》2016年第8期。
② 葛伟军：《公司捐赠的慈善抵扣——美国法的架构及对我国的启示》，《中外法学》2014年第10期。
③ 美国《国内税收法典》规定，捐赠人向经许可的受赠人作出的一项支付，如果以货物或服务作为对价的，那么不构成第170条项下的捐赠，除非捐赠人意图作出该支付的数额超过了货物或服务的公允价值，并且（实际）支付的数额超过了货物或服务的公允价值。转引自葛伟军《公司捐赠的慈善抵扣美国法的架构及对我国的启示》，《中外法学》2014年第5期。

了几年、十几年或者几十年，冠名的价值已经在这几年、十几年或者几十年中发挥了其相当的价值，继续冠名所对应的市场价值部分因已经过的时间而逐步消减。美国冠名捐赠案中，法院认识到冠名是有价值的，冠名是受赠机构必须要履行的捐赠条件或者对价义务，但是美国大多数法院仅仅认识到冠名的结果性价值，而未认识到冠名持续中过程性价值体现，在裁决中出现了要么完全支持，要么完全不支持的相反判决。

事实上，在我国立法中无条件的捐赠和有条件的捐赠均视为合同。美国法院依据的捐赠法相当于我国的无条件赠与合同；美国法院把冠名捐赠作为捐赠的条件，一旦没有冠名，就视为没有履行冠名的条件。受赠机构返还捐赠人捐赠款物甚至加上根据消费者物价指数的变化产生的额外数额，这种做法类似于我国的附解除条件的合同。把冠名作为合同有效的条件，不能冠名的时候捐赠人可以申请撤销合同，返还捐赠款物。只是与美国立法中分为双边合同与单边合同不同，我国立法根据不同的划分标准区分为单务合同或双务合同、有偿合同或者无偿合同，适用我国合同法的法律规则。但无论美国语境下的附条件的赠与，还是中国语境下的捐赠合同，均不否认"冠名是有价值的"[①]，冠名捐赠与无条件的捐赠不同，前者应该属于双务有偿的合同。在慈善冠名捐赠中，捐赠人对受赠慈善机构的义务是捐赠义务。而受赠机构的义务包括两个方面：第一，将捐赠财产用于捐赠人指定的目的；第二，为捐赠人或者指定第三人冠名。如此一来，受赠机构便丧失了向其他捐赠主体冠名的机会和权利；这是受赠机构向捐赠人（或其指定的第三人）直接承担的对价义务。这种义务可能不是等价的，但其性质是属于对价有偿义务。对价不是等价，这里的对价既是作为的方式（即冠名、用于捐赠人指定的用途），又是不作为的方式（即不给其他的捐赠人冠名）。

关于冠名是作为合同有效的条件还是双务合同中的对价来看待的问题。冠名本身是一个持续性状态，如果把冠名作为捐赠的有效条件，一旦中途出现取消冠名的情况，便视为没有达到捐赠条件，而返还捐赠财物，无视已经经过的冠名阶段，从而出现要么完全不支持捐赠人要求（如圣玛丽医疗中心案），要么视为条件不成就将捐赠财物完全返还给捐赠人（范德比尔特大学案）情况。完全地视为条件成就或不成就的处理方式难

---

① Wolford v. Powers, Ind. 1882, 85, p. 309.

免过于僵化，缺乏一种阶段性的考量。况且如果将永久性冠名作为条件，任何时候出现取消冠名的情况，均视为捐赠条件没有成就的话，就使捐赠本身处于不确定状态。由此分析，将慈善冠名捐赠看作双务有偿合同更为合理。

（三）依主观意愿和客观情况确定无偿捐赠或个人消费

慈善冠名捐赠中，部分捐赠属于有偿交换，部分捐赠属于无偿捐赠。从法理上来说，"上帝的归上帝，凯撒的归凯撒"。无偿捐赠给公益事业的部分，属于公共产品，理应享受税收减免；而冠名或者宣传获益的部分，因其具有私人消费的性质，不属于公共产品，不应该享受税收减免。不过，在区分是否是公共产品时应该依据主观意愿和客观情况综合考量。在有偿的认定中需要捐赠人具有冠名需求的真实意思表示。真实意思表示意味着需要考量主观意愿。而有偿的本义要求具有互换的利益，这又是一个客观的表现。从捐赠人主观意愿和捐赠金额超出宣传价值的客观实际两个方面认定慈善捐赠额，公益捐赠的部分因为不属于私人消费，不应该被纳入税基，而宣传获益的部分应该视为是个人消费而受到税法的约束。如果捐赠人主观上并没有无偿捐赠的意愿，而是通过支出购买个人宣传，则不应视为慈善捐赠；如果捐赠人为个人的情况下，应该视为消费支出，纳入税基；如果捐赠人是法人或其他实体，则应该作为相应的企业广告支出成本。当然，在如何认定冠名的市场价值方面，如何证明捐赠人的主观目的，如何认定冠名的客观对价方面也存在一定的难度。在认定冠名有偿部分时，还应进行利益区分，结合受赠机构的性质和利益回馈客观后果两个方面。如果这种利益回馈是组织自身根据其功能提供的一种附随利益，则捐赠人可以就其捐赠部分享受税收优惠，但是如果利益回馈并非组织本身附随的，而是对捐赠人本身一种特别交易的考虑，那么其所得到的利益部分不应该享受税收优惠，这种说法既考虑了客观的附随性效果，又特别考虑了利益来源的性质，符合法律的公平原则。

现实中应结合冠名提出的主体和主观目的，根据不同情况予以区别对待。一般而言，捐赠冠名大概有以下几种情况：第一种情况是捐赠以后受赠机构主动冠名；第二种情况是无论是否做出捐赠，公益事业组织都要将某种建筑或项目冠名某位名人或大家的名字；第三种情况是捐赠人在捐赠前便希望或者主动要求给予冠名。前两种情况下，因为不是捐赠人本人要求对自己进行宣传，因此难以将其认定为有条件的捐赠或者具有有偿对价的合同。但是，在第三种情况下，如果捐赠人捐赠时以冠名为条件或者提出冠名的要求，则这种冠名捐赠不应属于无条件捐赠或者无偿捐赠。换言之，如果受赠机构主动冠名，希望利用捐赠人的名人价值，提高慈善机构自身地位或者知名度，从而有利于受赠机构自身，那么此时的冠名并非捐赠人的主观目的，可以视为无偿的捐赠。例如，如果一所学校正在建设体育场馆，该校前教练承诺捐出一大笔钱支持建设，学校将新建场馆冠以教练名字。如果不是因为教练进行捐赠而冠名，即便是教练不捐赠，学校也将为了能够利用教练的名人效应，而向教练提出了冠名要求，① 那么这种情况下的冠名不应该视为对慈善机构的损害，也就不能把冠名视为捐赠的对价。② 但是，如果捐赠人主动要求冠名，则显然有自利目的，则不能视为出于完全利他目的的无偿捐赠，即如果是教练主动要求冠名或者以冠名为条件进行捐赠，则显然更加看重冠名带来的价值。这种情况下的冠名不是无偿的，而是"有价值的"③。如果不论捐赠人是否进行捐赠，受赠的慈善组织均要将某个组织、项目或者建筑物予以冠名，则这种冠名便不具有偿交换的性质，不能把这种情况下的冠名纳入有偿交换的范围。比如在教堂的募捐筐里捐了5000美元，就可以作为慈善捐赠税收扣除的范围，如果支付5000美元用来购买教堂里牧师的二手车，显然就不能作为扣除额。④ 但是，有些情况下是混合交易行为。比如在筹款晚宴中支付了100美元，如果晚宴本身的市场价为20美元，则多余的80美元可以作为慈善捐赠税收优惠的部分。如果捐赠后获得冠名纪念，则冠名宣传相应的市场价值部分不能纳入慈善捐赠扣除的范围。

  虽然早有冠名捐赠对价部分不应享受税收优惠的论证和提议，⑤ 但是在实施中却难以进行。即使是慈善事业发达的美国，税务局在操作中也未能将慈善冠名捐赠对价部分从慈善捐赠税收抵扣中排除出去。然而无论从学理上还是从美国的税法规定来看，只要是享受了市场对价的部分就不是

---

  ① In re Carson's Estate, 37 A. 2d, pp. 488, 489-490 (Pa. 1944).

  ② Samue Williston and Richard A. Lord, *A Treatise on The Law of Contracts*, Lawyers Cooperative Pub. 1990. Samuel Williston & Richard A. Lord, *A Treatise on the law of Contracts* § 37：40, at 280-83 nn. pp. 1-9.

  ③ Wolford v. Powers, Ind. 1882, 85, p. 309.

  ④ Rev. Rul. pp. 67-246, 1967-2 C. B. 104.

  ⑤ 李喜燕：《美国慈善冠名捐赠纠纷解决机制及其启示》，《法商研究》2018年第3期。

无偿捐赠,就不应该享受税收优惠。在捐赠人获得对价的利益范围内,是有偿购买而不是无偿赠与。如果把冠名捐赠视为无偿捐赠,从短期来看,受赠机构会通过出售冠名权的方式获得捐赠,捐赠人则通过捐赠享受了税收优惠和公开宣传,对于捐赠者和慈善机构来说是双赢的。捐赠人因慷慨而受到赞扬和宣传,并反过来给他们带来更多的财富,而受赠慈善机构或公益组织因实现了它们的募款目标新建或翻新了建筑,也因此可能受到赞扬。① 然而,长远来看,这种做法将对相关的慈善组织和整个社会都带来潜在的问题。第一,捐赠人希望能够永久享有冠名宣传权利可能会与受赠机构产生矛盾。② 第二,某些不能提供冠名权的慈善机构或组织在筹集资金方面将遇到困难,比如一些物资方面需要的问题因不能给予冠名而无法解决。因此,从长远来看,税收优惠只应该针对无偿捐赠的部分。如此一来,或许还可以鼓励捐赠人更多地进行匿名捐赠,鼓励捐赠人不仅仅限于能够冠名捐赠的领域,而是全方位地开展慈善公益事业。

二 完善我国慈善冠名捐赠制度的具体建议

鉴于上文分析,我国应该明确冠名捐赠的适用规范,并构建慈善冠名捐赠取消制度,确立冠名部分的价值规则,限制冠名捐赠税收优惠。

(一) 明确冠名捐赠的适用规范

一系列冠名案件透视出慈善冠名捐赠适用方面的问题,在肯定冠名捐赠、赋予冠名权的同时还应该设定明确的适用类别、期限、条件和冠名程序。首先,明确慈善冠名捐赠的适用类别。慈善冠名捐赠的发展历史表明,冠名捐赠可以适用于建筑物冠名、基金冠名以及活动冠名。其次,设定冠名的期限。冠名的期限不应是永久的。③ 慈善捐赠是具有公益与私益双重目的的行为,满足捐赠人私益目的与社会公益目的之间应该达致平衡。通过冠名捐赠,捐赠者获得了社会地位和自我满足感,甚至还获得了税收上的利益,但是随着时间的推移,捐赠人的这些收益逐步下降,设定

---

① Douglas A. Kahn & Jeffrey H. Kahn, "'Gifts, Gafts, and Gefts'—the Income Tax Definition and Treatment of Private and Charitable 'Gifts' and a Principled Policy Justification for the Exclusion of Gifts from Income", *Notredame Law Review*, Vol. 78, No. 515, 2003, p. 441.

② Adam Scott Goldberg, "When Charitable Gift Agreements Go Bad: Why a Morals Clause Should Be Contained in Every Charitable Gift Agreement", *Fla. B. J.*, December. 2015, pp. 48, 50.

③ 参见 17 U. S. C. § § 301-05, 2006.

一定的冠名时间限制，捐赠人的利益损失并不显著。时间认识论认为慈善捐赠产生的温暖的光辉在发生变化。① 此外，罗伯·阿特金森（Rob Atkinson）提出："随着时间的推移，冠名义务的道德性也会下降。"从某种程度上看，慈善或其他捐赠者控制未来价值的可能性会下降到消失的边缘。对于那些已故捐赠人而言，他们已经在其生前享受到了慈善冠名捐赠带来的许多好处。在捐赠人去世以后，捐赠的益处应该转移到受赠机构和受捐赠财物支持的更大社会群体。当然，设定一定的时间限制也有助于法院在案件审理过程中避免利益评估的难题。再次，慈善冠名捐赠应该规定具体的适用条件。享受冠名权的慈善捐赠必须要达到相当的数额，比如属于所冠名捐赠的建筑、项目、基金或信托的唯一捐赠人、主要捐赠人或者达到比如50%以上数额的才能够有权享受冠名。同时，对捐赠人也应该有相应的要求。比如大学内设施的冠名捐赠，应有严格考量，毕竟大学是传承优秀文化、培养人才的场所。因此，接受冠名捐赠不仅要看捐赠人是否成就突出、是否有道德非议，还要看捐赠人的名望、声誉和身份，比如英国剑桥大学就曾经断然拒绝烟草公司的捐赠，牛津大学也曾经拒绝沙特亿万富翁赛义德的巨资捐赠，理由是有着古老传统的牛津大学应该远离"铜臭味"。最后，应该明确慈善冠名捐赠的适用程序。如果冠名捐赠完全属于私主体之间的民事合同，则只要符合合同法及相关立法规定的程序便可订立合同。但是，慈善冠名捐赠不完全等同于民事合同，还具有公益属性。接受冠名捐赠意味着用能够代表社会公共利益的组织设施的名称换取捐赠人的慈善捐赠。就受赠机构内部而言，应该通过受赠机构内部规定的相应民主程序及其公示程序。而就外部而言，则需要经过受赠机构的上级主管机关批准，这样，一方面可以让冠名捐赠更加有序规范，另一方面也可以避免或减少冠名带来的非议和负面影响。

除了冠名捐赠以外，对于慈善捐赠荣誉表彰方面，可以建立不同层次的表彰制度。慈善捐赠的荣誉激励不仅仅只有冠名一种方式，对所有慈善捐赠主体均应该根据其捐赠类别及金额大小给予不同的名誉激励，以满足慈善捐赠主体的特别需求，比如一封感谢的邮件或信件、载入捐赠名册、提供捐赠证明或者捐赠证书等方式。最近几年在国外发展迅猛的慈善众筹

---

① 伴随着慈善捐赠而产生的温暖的光辉，随着时间的推移逐渐消失，捐赠环境和机会也不可避免地会发生变化。John K. Eason, "Motive, Duty, and the Management of Restricted Charitable Gifts", *Wake Forest Law Review*, Vol. 45, No. 1, 2010, pp. 123-178.

也属于慈善事业中一种新的慈善方式，该方式下有的通过感谢信、捐赠证书回馈捐赠人，有的则通过一定的物质方式回馈捐赠人。对于这种新兴的慈善众筹的方式，立法应予以回应。当然，对于慈善捐赠主体通过媒体公开捐赠而实际未捐赠到位的情况，则可以在立法中进一步强化受赠组织的权利，严格限制捐赠人特定情况下的撤销权。

（二）构建慈善冠名捐赠取消制度

鉴于冠名捐赠以后可能出现情势变更的情形，构建慈善冠名捐赠取消制度也是必不可少的。

首先，设立冠名取消制度。建议设立慈善捐赠冠名适用期限制度，[①] 视情况对于不同冠名类型适用不同期限。在冠名慈善捐赠中，慈善公益目的作为主要条款，冠名作为次要条款，冠名需要根据不同情况予以改变。对于建筑物而言，根据其自然存在规律，一般需要20年或30年翻新，如果原来的捐赠人不再继续捐赠，又有新的慈善捐赠人捐赠维修基金，慈善机构需要选择是否对新的捐赠主体进行冠名，还会涉及是否对原有的冠名主体取消冠名。因此，建筑物冠名应该设定一个建筑物存在周期，比如不超过50年的期限。当然，也可能会短于这个期限，因有些情况下，可能因情势变化导致建筑物拆除，此时建筑物冠名就不再是建筑物的存续期限，而应该对这些情况进行预先约定，比如特定情况下冠名被取消。如果建筑物的捐赠主体能够提供必要的维修建设费用，则应该允许捐赠主体的冠名期限直到建筑物无法存续。究竟多久时间合适，需要捐赠主体和受赠组织洽谈，比如一些学校的公益募捐中明确提出了冠名期限为5年。[②] 在捐赠主体能够持续提供给建筑物维修建设费用，又无其他情势变更导致建筑物拆除的，则应该允许该建筑冠名一直存续。当然，慈善捐赠主体和受赠主体也可以约定，当建筑物无法继续存续的时候，或捐赠主体不能继续提供维修费用而导致该建筑物原有冠名无法存续时，相关主体可以约定通过壁挂、雕像或建筑物历史说明等形式满足捐赠主体的相关留名的意愿。如果美国林肯中心案中设定了一个固定的冠名期限，便不会出

[①] See Lindsay Warren Bowen, Jr., "Givings and the Next Copyright Deferment", *Fordham Law Review*, Vol. 77, No. 2, November 2008, pp. 809-850.

[②] 南京大学商学院在其官网的公益募集公告中明确提出冠名的期限为5年。

现需要返还捐赠款项的情况。① 如果设立了一定的冠名期限，范德比尔特大学也不会因为当初获得的 5 万美元捐款却返还给对方 120 万美元。②对于公益项目而言，如果一个公益项目能够持续存续并开展工作，可以参照冠名基金，一直存续下去。如果公益项目为一次性开展的，则其项目结束便结束冠名。当然，冠名捐赠取消的另一个极端情况是公益慈善经营者借口不能实施、不可实现等使捐赠人冠名意愿落空。③冠名捐赠还可能产生纠纷，此时应该按照合同法或信托法的规定，赋予捐赠主体或者受赠主体相应的诉讼权利，以便通过法院判定是否继续冠名。而就基金冠名而言，比如 *** 奖学金、*** 基金只要能够一直维持，且不存在不合法、不切实际、不可能实现或浪费的情况，就不需要限制其存在的期限。如果"基金使用方面的特定慈善意愿或者限制变得不合法、不切实际、不可能实现或者浪费，在慈善机构的申请下，法院可以对基金目的或者基金使用方面的限制予以修改"④。比如用于资助参军学生的基金，因高校不再派遣参军学生，则基金目的不能实现，但该种情况并不影响基金名称本身，此时需要解决的是基金目的而不是冠名本身。另一种可能的情况是某个冠名基金因不再拥有可以分配的基金，则视为自动终止，并办理相应的退出手续。

其次，建立"污点"捐赠人的冠名取消制度。对于冠名捐赠的另一个焦点是"坏男孩"条款，即当捐赠人自身出现"污点"时如何处理？上文案例中的丹尼斯·科兹洛夫斯基和斯托克便是典型案例。在我国也曾有类似的案例，最为出名的便是"宋山木事件"。笔者曾提出根据冠名捐赠者"污点"的原因进行处理。⑤ 但是，鉴于具有公益属性的受赠机构，特别是学校这类的教育机构而言，"污点"冠名的存在并不利于教育机构基于其职责的正面宣传。因此，随着笔者对该问题的进一步研究，觉得有

---

① 李喜燕：《美国慈善冠名捐赠纠纷解决机制及其启示》，《西南民族大学学报》（社会科学版）2020 年第 2 期。

② 李喜燕：《美国慈善冠名捐赠纠纷解决机制及其启示》，《西南民族大学学报》（社会科学版）2020 年第 2 期。

③ In re Plummer Mem'l Loan Trust Fund, N. W. 2d, Vol. 661, 2003, pp. 307, 312–313.

④ 李喜燕：《慈善信托近似原则在美国立法中的发展及其启示》，《比较法研究》2016 年第 3 期。

⑤ 当时认为，一是冠名捐赠的财产是正当取得的财产，则不因冠名者的声誉而发生改变，二是冠名捐赠的财产是非法所得则需要根据相关法律进行处理。参见李喜燕《慈善捐赠人权利研究》，法律出版社 2013 年版，第 144—145 页。

必要修正以前的观点。既然慈善冠名捐赠具有公益的属性，冠名自然应该宣扬一种有社会示范意义的正面形象。因此，立法应该明确冠名捐赠不适用于"污点"捐赠人，同时相关规定或者主管机构应该提供冠名格式化条款，明确"污点"捐赠人的冠名取消内容，如此便可避免"污点"冠名捐赠人出现以后，受赠机构取消冠名受到限制。

最后，设立其他情势变更的冠名取消制度。一般情况下，冠名条款本身与慈善目的的追求是无关的，慈善捐赠的公益目的应该看作慈善捐赠的主要条款永久存在，而冠名条款作为次要条款可以因情况而改变，特别是那些因情况变化而不适当地限制捐赠财产使用方法的条款。如果变化的情况使其阻碍或者不适当地影响一般慈善目的完成时，则要考虑这样的条款是否具有合理性。因此，捐赠冠名条款可以被归入在次要条款中，当冠名限制变得"不合法、不切实际、不可能实现或者浪费"时，不应该完全抛弃冠名，也不能不顾及慈善公益目的，而应设立相应的替代方法来取代冠名，比如建筑物冠名可以以网站说明、雕像或者壁挂、相关材料的历史性描述等方式来突出捐赠人的历史性贡献。当然，这种情势变更情况下冠名的取消，一是可以通过相关公益捐赠立法规定，二是可以通过慈善捐赠的条文予以明确约定。为了简化冠名捐赠流程，降低冠名捐赠的协议成本，建议通过统一的冠名捐赠范例性条文予以解决。实践中可能存在慈善募集的机会主义，随意借口情势变化而取消冠名，凡是因情势变更取消冠名发生争议的，赋予捐赠人依据合同法约定通过法院诉讼的方式解决纠纷的权利。在纠纷中，应由受赠慈善机构承担举证的义务，证明慈善环境发生变化且无法继续冠名，并提供有说服力的证据支持，最终由法院做出判决。

(三) 确立冠名部分的价值规则

从应然意义而言，冠名对价的部分不应该享受税收优惠，但如何计算对价部分似乎是个难题。实践中只有明确对价的价值，确定冠名的市场价值部分并从捐赠总额中扣除，才能计算出慈善捐赠主体应该享受的税收优惠基数。通过冠名，捐赠人获得的好处不仅包括潜在的经济利益（影响力的改善、财富的增加、社会关系的扩大和其他商业伙伴的合作），还包括情感的好处（比如提高自尊，产生"温暖的光辉"）。[1] 关于如何计算

---

[1] Eric A. Posner, "Altruism, Status, and Trust in the Law of Gifts and Gratuitous Promises", *Wisconsin Law Review*, Vol. 1997, No. 3, 1997, pp. 567-610.

冠名捐赠中冠名的对价部分，尚缺乏统一的意见，也没有客观的认定标准和既往的操作模式。有人提出，为了便于操作，应通过统一比例的方法来确定冠名权对价，即以冠名捐赠的固定比例来确定冠名权的对价，并排除对价部分的税收优惠待遇；也有人认为应该寻求市场价值的公平认定方法，确定冠名的市场价值，并排除该冠名价值部分的税收优惠待遇。虽然公平的市场价值确定方法可能最接近公平，[1] 但如果这种方法需要投入过多的行政成本，则不符合有效性原则。也有学者认为能够享受冠名待遇的捐赠额至少应该是所捐赠项目或建筑工程成本的 50% 以上，[2] 而商业赞助中的冠名通常只需要支付所冠名项目 10%—20% 的费用。[3] 如此比较便可推出，冠名捐赠的金额往往高于体育场馆等商业赞助商冠名支出的费用，如果说商业赞助冠名是一种市场行为，那么慈善冠名捐赠中相当于商业赞助对价的部分便是有偿的部分，超出商业赞助冠名市场价值部分便是无偿捐赠的部分。这就意味着冠名建筑或项目费用 10%—20% 的部分便属于冠名的市场价值部分，这部分市场价值不能享受税收优惠，超过这个市场价值的部分则允许享受税收优惠。因此，通过与广告赞助商相应的价格比较来确定冠名的市场价值，似乎是一种最为客观和科学的评价标准。

当然，如何对冠名的市场价值予以核算并从捐赠额中予以扣除，目前尚不具有可行性。美国立法虽然有规定，但是并未实践。我国慈善事业发展不足，在导向上应该更加鼓励冠名捐赠，而不应该过多限制冠名捐赠，在计算慈善捐赠额的时候，暂时不应该将其冠名的市场价值部分扣除。但是，仍需要从法理上明确慈善冠名具有市场价值这个事实，并在适当的时候从慈善捐赠总额中予以扣除。慈善冠名是世界各国的普遍做法，我国慈善事业正处于发展阶段，对冠名捐赠更应宽容激励，方能进一步促进慈善事业的欣欣向荣。

---

[1] See Steve R. Johnson, "An IRS Duty of Consistency: The Failure of Common Law Making and a Proposed Legislative Solution", *Tennessee Law Review*, Vol. 77, No. 3, 2010, pp. 563-622.

[2] Terry Burton ed., *Naming Rights: Legacy Gifts and Corporate Money N*, John Wiley & Sons, 2008, p. 142.

[3] William A. Drennan, "Where Generosity and Pride Abide: Charitable Naming Rights", *University of Cincinnati Law Review*, Vol. 80, No. 1, 2011, p. 96.

本章小结

我国古代慈善一直以官方救济为主,民间慈善发展不足。改革开放以后,我国慈善事业迅速发展,慈善冠名捐赠日益涌现。我国冠名捐赠主要体现为在公益慈善组织的冠名基金,学校座椅、建筑物等设置冠名纪念碑,组织机构类冠名,教席、职位、奖助学金类冠名等形式。但是,清华"真维斯楼"事件、香港大学李嘉诚医学院冠名事件也表明了冠名受到了激烈的非议。通过对我国有关冠名捐赠的相关立法检视发现,虽然我国《公益事业捐赠法》第14条和《慈善法》第90条都从原则上肯定了冠名捐赠,但是并没有下位法或者实施条例对这一原则赋予可操作性的规定,难以适应当今社会的发展需求。

慈善冠名捐赠是兼具公益性和私益性的行为,但是其私益性必须隶属于公益性;慈善冠名兼具有偿性和无偿性的特点,有偿性是冠名的市场价值部分,超过冠名价值的部分具有无偿性的特点;慈善冠名捐赠具有合同性与非合同性,合同性是指缔约双方受合同的约束,非合同性是指因某些特殊情况,受赠组织不再按照合同约定履行冠名捐赠约定的义务,也不需要承担违约责任。

实践中应该根据捐赠人的主观意愿和客观情况确定冠名捐赠是无偿捐赠的客观结果还是个人主观追求而区别对待。慈善冠名价值不仅体现为结果性也体现为过程性,慈善冠名属于个人消费的部分,享受税收优惠具有不合理性,冠名捐赠不能享受冠名对价和税收优惠双重利益。

为此,有关我国慈善冠名捐赠制度完善应该从以下方面进行:第一,明确冠名捐赠的适用规范,包括明确慈善冠名捐赠的适用类别,设定冠名的期限,规定冠名捐赠具体的适用条件,并明确慈善冠名捐赠的适用程序。第二,应该构建慈善冠名捐赠取消制度。应遵循冠名对象的自然规律设立冠名取消制度,并建立"污点"捐赠人的冠名取消制度和其他情势变更的冠名取消制度。第三,确立冠名部分的价值规则。虽然确定冠名市场价值尚缺乏具体操作规则,但是依据商业赞助冠名的价格来确定冠名的价值应该是一种比较公平的做法。冠名的市场价值部分不能享受税收优惠,超过这个市场价值的部分则允许享受税收优惠。

鉴于慈善冠名是世界各国的普遍做法，我国慈善事业还正处于发展阶段，即使慈善冠名捐赠有一些负外部性效应，当前我国对冠名捐赠更应宽容激励，而非严格约束，方能进一步促进慈善事业的欣欣向荣。基于激励慈善捐赠的需要，当前我国立法还不能立即将慈善冠名捐赠中的对价部分排除在税收优惠的范围以外，但是这并不意味着慈善冠名捐赠就没有对价性。当慈善冠名捐赠成为慈善家或者企业的一种普遍行为以后，慈善冠名捐赠的负外部性必将日益显现，到时冠名捐赠对价部分则不应再继续享受税收优惠。

第六章

慈善捐赠特定偏好的制度支持与限制

　　现有的慈善捐赠意愿如何落实常常成为大众密切关注的问题。2020年年初我国武汉爆发新冠肺炎疫情，2020年1月28日山东省委省政府向武汉市捐赠了20多种价值200多万元的寿光蔬菜，武汉市收到蔬菜后组织三大超市低价销售，扣除相关费用后，款项上交至武汉市红十字会，用于疫情防治。而武汉市红十字会却回应没有收到寿光蔬菜，也没有参与分配售卖，更无任何与此相关的现金形式的捐赠。该事件一时之间在网络沸腾，引发了种种质疑，大众不解为何捐赠物资交由商家销售，甚至还有热心市民拨打市长热线电话质疑。后武汉市商务局回应，因红十字会主要接受物资捐赠，故该批物资最终决定捐赠给慈善总会，而正式官网又表示将集中上缴市财政，列为防疫资金下拨。① 相关回应说，这些蔬菜低价销售后的资金再由慈善总会用于疫情防控。该事件引发的问题焦点在于：捐赠接受组织是否必须按照捐赠人意愿或者热心市民所述的方法去处理捐赠蔬菜？

　　种种现象表明，慈善捐赠主体参与慈善捐赠或慈善活动并非不加任何选择，由于慈善捐赠主体各自的认识不同、经历不同、资源和优势不同、目的不同、关注焦点不同，往往有着特定的慈善捐赠偏好，会有选择地开展慈善活动。然而，慈善捐赠主体的特定目的有时可能不符合慈善特质，有时可能出现无法实现或者不具有可操作性的情况，那么在这些情况下慈善捐赠主体的特定偏好目的，是否应该完全地予以支持，显然是一个值得思考的问题。

---

　　① 最终的官方回应又称山东的蔬菜捐赠是山东和武汉之间的政府间合作。"寿光蔬菜捐赠事件"以"捐赠"作为序曲，而以"政府间合作"为尾声。

第一节 我国慈善捐赠主体特定偏好概述及立法不足

一 慈善捐赠特定偏好概述

(一) 特定偏好的概念

从字面意义上说，偏好是个体的心理倾向，依附于个体而存在。特定偏好不是对所有情况的同样追求，而是对某一特别目标的爱好和追求。偏好有名词和动词两种词性，当作为名词的时候，是指对相关事务的特定偏好情况的状态；而作为动词，则是个体对某个事物的选择。偏好不仅表现为对一系列事物的排列优先性，还表现为优先性的强度。

偏好一词是不少学科研究的概念，不同的学科对其内涵的理解不同。在经济学中消费者的偏好与行为属于微观经济学的研究内容。公共选择理论认为个体是自利的、理性的、追求效用最大化的人；[1] 社会选择理论提出每个社会成员会按照自己的满意程度将不同的社会状态给出一种排序。[2] 心理学家提出社会偏好是个人对社会关系的态度和选择，它体现在道德领域即为个人的道德偏好，它既是带上了理性印痕的情感，也是基于情感的理智。[3] 特定偏好源于遗传因素和社会环境因素，从这个意义上说，特定偏好是对一系列事物的排列顺序。社会学的观点逐渐趋向于统一，并将有关分配的社会性偏好分为基于结果的分配性偏好和基于动机的互惠偏好。[4] 基于结果的分配性偏好体现为追求平等和帮助他人，而基于动机的互惠偏好关注的是行为动机。纯粹利他的慈善捐赠被视为是分配性

---

[1] [美] 布坎南：《自由、市场和国家》，平新乔、莫扶民译，北京经济学院出版社1988年版，第233页。

[2] [美] 肯尼斯·阿罗：《社会选择与个人价值》，丁建峰译注，上海人民出版社2010年版，第18页。

[3] 龚天平：《社会偏好的伦理学分析与批判》，《北京大学学报》（哲学社会科学版）2018年第3期。

[4] Croson. R. Konow. J. , "Social Preferences and Moral Biases", *Journal of Economic Behavior and Organization*, Vol. 69, No. 3, 2009, pp. 201-212; Charness G. and Kuhn P. , "Lab labor: What Can Labor Learn Economists Learn from the Lab?", *Handbook of Laboreconomics*, Vol. 4, No. A, 2011, pp. 229-330. 转引自刘明《经济实验对社会偏好识别的研究述评》，《经济学家》2012年第8期。

偏好,不纯粹利他的慈善捐赠其背后受到的是互惠动机的影响。作为社会中的个体,其自利偏好和社会偏好之间产生互动,形成了微观层面上的个体的复杂行为。① 综上,从语义学层面,慈善捐赠中的特定偏好属于对某一目标的爱好和追求,从经济学层面上体现为效用最大化的追求,从心理学层面则体现为捐赠主体对某一特定情境的情感寄托和追求。本书语境下,慈善捐赠中的特定偏好是慈善捐赠主体基于自身的认识和感受对于某一或某些特定慈善捐赠目的的追求。

(二)特定偏好的特点

无论偏好的动机如何,特定偏好一般有具体性、稳定性和动态性等特点。

第一,具体性。偏好作为个体的倾向性,必然指向具体的对象。慈善捐赠特定偏好的范围就是人类认识的属于公益慈善事业的范围,包括我国《慈善法》所规制和涵盖的属于公益慈善事项的范围。如果没有具体的对象,特定偏好就无法确认和实施。比如,有的捐赠主体致力于发展农村义务教育,有的捐赠主体致力于儿童先天性心脏病的治疗,有的捐赠主体致力于失能老人的护理,等等。不同的慈善捐赠主体其特定偏好倾向是不同的,但是都体现出具体的目标追求。

第二,稳定性。偏好是个体认知、情感等心理倾向和行为倾向的体现。个体依据个人的经历、境界、周围的环境,根据个体的满足感、价值观等内心尺度做出对特定事物偏好的决定。价值观是个体在成长、学习和社会经历中逐步形成的,对个体认知事物和辨别是非具有导向性作用。因为价值观具有稳定性和持久性,不会轻易因为接受不同的观点而改变自己的偏好,虽然在过程中可能还充满了非议或者否定的意见及声音,但是个体的价值观是相对稳定的。

第三,动态性。作为个体认知、情感和行为组合的个体偏好,可能会随着与外界事物的接触、联系以及个体不同阶段和不同情况下的特殊经历而改变。童年喜欢甜食的小孩长大后可能会拒绝糖果而去选择喝葡萄酒;亲人因某种疾病而身故的捐赠主体可能从原来关注的福利事业转移到这种疾病治疗方面的慈善公益行为。偏好也因从众心理、募捐广告、捐赠价格

---

① 周业安:《论偏好的微观结构》,《南方经济》2015年第4期。

等变化而改变。① 社会认同也能够改变个体的社会偏好,继而影响其经济决策。② 因此,偏好也具有动态性。

(三) 特定偏好的类型

没有证据显示所有的慈善捐赠都有特定的偏好,有的慈善捐赠主体并未显示其慈善捐赠的特定偏好,但是不能否认,慈善捐赠主体往往会选择捐赠给这个区域而不是选择捐赠给那个区域,选择这个行业而不是选择那个行业,选择这个组织而不选择那个组织,选择此类项目而不选择彼类项目,等等。这必然是根据其捐赠意愿进行的选择,而这种选择事实上就是特定偏好的选择。根据不同的分类标准,特定偏好的类型有所不同。

1. 亲缘利他偏好、互惠利他偏好和纯粹利他偏好

本书语境下的特定偏好首先是属于利他行为,只有利他行为才属于慈善捐赠的范畴。广义上说,利他行为分为亲缘利他、互惠利他、纯粹利他以及强互惠利他。③ 亲缘利他是指生物个体为有血缘的亲属做出牺牲,互惠利他是为了回报而提供帮助,纯粹利他是不存在任何回报追求的利他行为,强互惠利他是个体耗费个体成本惩罚破坏群体合作规范的利他行为。作为慈善捐赠行为,特定偏好体现为一种社会福利的积极作为,而不应该表现为惩罚性行为,即慈善捐赠特定偏好一般不会表现为强互惠利他的形式,但慈善捐赠特定偏好可以体现为亲缘利他、互惠利他和纯粹利他三种利他偏好。不同的是,特定偏好的利他行为中,亲缘性含义不再是传统的具有血缘关系的亲人,而是扩大到除了血缘关系以外的熟人。比如京东老板刘强东向自己村里面的 60 岁以上的老人每人赠送 1 万元现金红包④就是典型的亲缘性的赠与行为。⑤ 在互惠利他方面,一些慈善捐赠主体就自己生活区域的公共设施改善进行捐赠,在利他的同时,也给自己的生活提供了便利与服务。而纯粹利他性偏好就是不追求任何回报的利他行为。在

---

① 方建国:《动机、偏好与市场道德研究述评》,《福州大学学报》2013 年第 2 期。
② 周业安:《论偏好的微观结构》,《南方经济》2015 年第 4 期。
③ 胡石清:《从利他性到社会理性——利他主义经济学研究的一个综合观点》,《财经问题研究》2009 年第 6 期。
④ 徐明泽:《刘强东和奶茶妹妹在老家发红包 60 岁以上每人 1 万》,新华报业网,2015 年 2 月 17 日,https://tech.sina.com.cn/i/2015-02-17/doc-iavxeafs1202431.shtml,2021 年 3 月 8 日。
⑤ 从我国立法看,只有针对不特定的主体的赠与行为才视为慈善捐赠,因此从这个意义上说,刘强东给自己村里老人的赠与行为并不属于规范意义上的慈善捐赠,而仅仅属于赠与。

与慈善捐赠主体不相关的区域或国家发生灾难以后的匿名捐赠，可能属于这种纯粹利他的捐赠，这种情况下的偏好就是为了他人福祉进行的纯粹利他性质的捐赠。需要注意的是如果慈善捐赠主体对于不相关的区域或组织进行捐赠，却通过特定的方式予以公开宣传，则可能具有获得荣誉地位的追求的目的，不应该属于纯粹利他偏好的范畴。

2. 境遇性偏好与非境遇性偏好

在慈善捐赠中，根据是否经历、目睹或者见证类似的情况，捐赠主体的捐赠分为境遇性偏好与非境遇性偏好。

境遇性偏好就是慈善捐赠主体自己曾经亲身经历或者目睹、见证自己的亲友、熟人类似的磨难、痛苦而对某一公益项目进行的捐赠。通过调查可知，基于此种偏好的慈善捐赠主体更愿意直接提供捐赠，同时更愿意向自己熟悉的人提供帮助。比如李亚鹏与王菲为出生就有唇腭裂的女儿做完手术后，为了避免其他普通家庭遭遇类似的痛苦，创办了"嫣然天使基金"。美国著名的案例——史密瑟斯诉罗斯福医院案中，史密瑟斯曾经是一个酒鬼，经过酗酒康复治疗后，投入1000万美元在纽约罗斯福医院建立了一个酗酒康复治疗中心。① 2015年12月，脸书（Facebook）创始人兼首席执行官马克·扎克伯格和妻子普莉希拉·陈的第一个孩子出生，为了"激发人类潜能，推动下一代儿童的机会平等"，发表重大声明，打算将所持脸书股份的99%捐出去。② 通过本书第三章的调查分析也可得知，慈善捐赠主体更加容易向亲戚、熟人或者朋友给予捐赠。一般而言，因为捐赠主体有着切实的体验或者见证了这种需要，因而这种特定偏好的强度更大，慈善捐赠主体对此有着更加强烈的坚持。

非境遇性偏好是与境遇性偏好相对的概念，就是慈善捐赠主体为对某一公益项目进行捐赠不是源于曾经经历、目睹或见证的磨难、痛苦，而是源于广泛意义上的慈善公益之心，对政府、公益组织的倡导或对募捐的响应而进行的捐赠。这种非境遇性偏好因缺乏强烈的个人感受，其偏好的强度相对较弱。比如慈善捐赠主体对基金会、慈善协会或者社会团体倡导的捐赠项目的特定偏好倾向较弱，重点关心的是善款能否真正地用于公益慈

---

① Iris J. Goodwin, "Donor Standing to Enforce Charitable Gifts: Civil Society vs. Donor Empowerment", *Vand. L. Rev*, Vol. 58, No. 4, 2005, pp. 1093, 1163.

② 小易：《外媒：升格为人父母他们将捐出99%脸书股票用于慈善》，威易网，2015年12日，http://www.weste.net/2015/12-02/107287.html，2020年12月21日。

善事业，而对善款是否用在诸如儿童教育项目、养老慈善项目或者其他特定项目的关心相对较弱。

3. 个性化偏好与从众型偏好

慈善捐赠主体特定偏好又可以分为个性化偏好与从众型偏好。个性化偏好就是捐赠个体基于自身的经历感受而对某些特定事项关注的偏好。个性化偏好的捐赠意愿相对较强，对于受赠人和受益人的限制较为严格。美国史密瑟斯诉罗斯福医院案就是这种个性化偏好的典型代表。该案中，史密瑟斯不仅给罗斯福医院捐赠款项建立酗酒治疗中心，而且打算在该项目的运行中扮演一个重要角色。史密瑟斯要求项目实施的详细计划和员工职位等事宜需要他的批准，确保他在工程项目推进中发挥重要作用。[①] 从众型偏好就是捐赠主体受到周边群体、社会舆论、传染病或地震等突发事件或者公益募捐等情况的影响而进行的捐赠。比如对某区域经历台风、地震或者传染病暴发以后的公开募捐进行的捐赠。从众型的捐赠主体的偏好强度相对较弱，对于受赠人的限制相对宽松。

总体而言，亲缘利他偏好、互惠利他偏好、境遇性偏好、个性化偏好的个人特定捐赠意愿相对较强，特定偏好强度较大，而纯粹利他偏好、非境遇性偏好和从众型偏好其个人特定捐赠意愿相对较弱，特定偏好强度较小。

二 我国慈善捐赠特定偏好的相关立法不足

无论哪一种特定偏好，均属于捐赠主体的特定捐赠意愿，对于慈善捐赠主体特定偏好的立法支持事实上体现为保障捐赠主体捐赠意愿实现的立法。目前我国立法有关支持捐赠意愿的立法主要有《公益事业捐赠法》《慈善法》《信托法》《基金会管理条例》，内容主要包括以下三个方面。

第一，关于按照捐赠主体意愿使用捐赠财产的规定。《公益事业捐赠法》第18条[②]明确受赠人应按照捐赠协议使用捐赠财产。《基金会管理条

---

① Iris J. Goodwin, "Donor Standing to Enforce Charitable Gifts: Civil Society vs. Donor Empowerment", *Vanderbilt Law Review*, Vol. 58, No. 4, May 2005, pp. 1093, 1163.

② 《公益事业捐赠法》第18条规定，受赠人与捐赠主体订立了捐赠协议的，应当按照协议约定的用途使用捐赠财产，不得擅自改变捐赠财产的用途。如果确需改变用途的，应当征得捐赠主体的同意。

例》第 27 条①要求基金会按照捐赠协议约定使用捐赠基金。《慈善法》第 42 条②赋予了捐赠主体对捐赠财产管理使用方面知情权的保障性规定。《慈善法》第 44 条③、第 47 条④、第 48 条⑤、第 49 条⑥明确了慈善信托受托人应该按照委托人意愿行事及其违背委托的后果,从信托角度保障捐赠主体意愿。

第二,关于特定情形下不能按照捐赠协议或者捐赠安排使用财产的相关规定。《信托法》第 69 条⑦对特定情形下变更慈善信托条款进行了规定,《信托法》第 72 条⑧规定了特定情形下适用近似目的或者将信托财产用于与原公益目的相近似目的的组织使用的相关情形,《慈善法》第 18 条第 2 款⑨明确了慈善组织清算后的剩余财产使用方面的规定,《慈善法》

---

① 《基金会管理条例》第 27 条规定,基金会的财产及其他收入受法律保护,任何单位和个人不得私分、侵占、挪用。基金会应当根据章程规定的宗旨和公益活动的业务范围使用其财产;捐赠协议明确了具体使用方式的捐赠,根据捐赠协议的约定使用。接受捐赠的物资无法用于符合其宗旨的用途时,基金会可以依法拍卖或者变卖,所得收入用于捐赠目的。

② 《慈善法》第 42 条规定,捐赠主体有权查询、复制其捐赠财产管理使用的有关资料,慈善组织应当及时主动向捐赠主体反馈有关情况。

③ 《慈善法》第 44 条规定,本法所称慈善信托属于公益信托,是指委托人基于慈善目的,依法将其财产委托给受托人,由受托人按照委托人意愿以受托人名义进行管理和处分,开展慈善活动的行为。

④ 《慈善法》第 47 条规定,慈善信托的受托人违反信托义务或者难以履行职责的,委托人可以变更受托人。变更后的受托人应当自变更之日起七日内,将变更情况报原备案的民政部门重新备案。

⑤ 《慈善法》第 48 条规定,慈善信托的受托人管理和处分信托财产,应当按照信托目的,恪尽职守,履行诚信、谨慎管理的义务。

⑥ 《慈善法》第 49 条规定,慈善信托的委托人根据需要,可以确定信托监察人。信托监察人对受托人的行为进行监督,依法维护委托人和受益人的权益。信托监察人发现受托人违反信托义务或者难以履行职责的,应当向委托人报告,并有权以自己的名义向人民法院提起诉讼。

⑦ 《信托法》第 69 条规定,慈善信托成立后,发生设立信托时不能预见的情形,公益事业管理机构可以根据信托目的,变更信托文件中的有关条款。

⑧ 《信托法》第 72 条规定,慈善信托终止,没有信托财产权利归属人或者信托财产权利归属人是不特定的社会公众的,经公益事业管理机构批准,受托人应当将信托财产用于与原公益目的相近似的目的,或者将信托财产转移给具有近似目的的公益组织或者其他慈善信托。

⑨ 《慈善法》第 18 条第 2 款规定,慈善组织清算后的剩余财产,应当按照慈善组织章程的规定转给宗旨相同或者相近的慈善组织;章程未规定的,由民政部门主持转给宗旨相同或者相近的慈善组织,并向社会公告。

第 55 条①规定慈善组织如果要变更捐赠协议约定，需要征得捐赠主体同意；《慈善法》第 57 条②对项目终止后捐赠剩余财产进行了规定。《基金会管理条例》第 27 条规定了捐赠物资无法用于基金会宗旨的用途时的情况处理。

第三，关于慈善组织的约束以及当慈善组织不能按照约定使用捐赠财产的责任方面的规定。《慈善法》第 42 条第 2 款③规定慈善组织违反约定，捐赠主体有要求其改正、向民政部门投诉、举报或者向人民法院提起诉讼等权利；第 52 条④是对慈善组织使用捐赠财产的约束和禁止性规定。

即便如此，我国有关慈善捐赠主体特定偏好追求方面的制度支持尚存在如下不足。

(一) 现有立法内容割裂且不周延

首先，现有立法规定相互割裂。《信托法》规定信托成立后，发生不能预见的情况，可以由公益事业管理机构变更有关信托条款。但"不能预见"包括哪些情况，并未指明是否包括可能出现目的不合法、不切实际、不可能实现或者浪费等情况，实践中可能导致不确定或者扩大化解释。《公益事业捐赠法》把受赠人局限于依法成立的公益性社会团体和公益性非营利的事业单位，而没有包括公益性非企业单位，没有将公益信托性质的捐赠纳入其中，也没有涵盖正在转化或者即将转化为非营利机构的事业单位，在适用范围方面不能统领所有的慈善捐赠类型。《公益事业捐赠法》第 18 条规定，受赠人确需改变捐赠财产的约定用途的，需要经过捐赠人同意。《基金会管理条例》第 27 条仅仅对于物资不能按照基金会宗旨使用进行了规定，其适用范围既没有包括其他慈善财产，也没有对慈

---

① 《慈善法》第 55 条规定，慈善组织开展慈善活动，应当依照法律法规和章程的规定，按照募捐方案或者捐赠协议使用捐赠财产。慈善组织确需变更募捐方案规定的捐赠财产用途的，应当报民政部门备案；确需变更捐赠协议约定的捐赠财产用途的，应当征得捐赠主体同意。

② 《慈善法》第 57 条规定，慈善项目终止后捐赠财产有剩余的，按照募捐方案或者捐赠协议处理；募捐方案未规定或者捐赠协议未约定的，慈善组织应当将剩余财产用于目的相同或者相近的其他慈善项目，并向社会公开。

③ 《慈善法》第 42 条第 2 款规定，慈善组织违反捐赠协议约定的用途，滥用捐赠财产的，捐赠主体有权要求其改正；拒不改正的，捐赠主体可以向民政部门投诉、举报或者向人民法院提起诉讼。

④ 《慈善法》第 52 条规定，慈善组织的财产应当根据章程和捐赠协议的规定全部用于慈善目的，不得在发起人、捐赠主体以及慈善组织成员中分配。

善财产不能按照捐赠人意愿使用的其他情况处理作出规定。现有法律法规多数都是针对慈善事业的某一方面或某些方面的规定，不能涵盖慈善事业的全部内容。如：《基金会管理条例》仅适用于基金会这种特定的类型，对于公益信托、慈善医院、慈善学校等其他慈善组织不适用。而《信托法》仅适用于公益信托。在对捐赠财产不能按照捐赠人的原有意愿使用时，《信托法》《基金会管理条例》和《公益事业捐赠法》的适用程序、适用主体、适用条件各有不同，立法的融合度不高。就《慈善法》而言，其进步之处在于其基本涵盖了《信托法》和《基金会管理条例》中近似原则的相关内容，对基金会慈善财产的适用不仅仅局限于物资，而是适用于捐赠财产，与现有立法的适用范围相比更为广泛，但《慈善法》关于慈善信托财产、慈善组织剩余财产以及慈善项目终止后的剩余财产适用近似原则的条件与程序的规定不统一，融合性仍然不强。

其次，我国立法对于慈善财产未来可能发生的各种情况规定不周延。美国虽然是普通法系国家，但是其慈善立法中对于近似原则的适用范围广泛，其近似原则不仅适用于慈善信托，而且适用于由非营利法人持有的慈善捐赠基金及其他财产。同时，美国在行政管理方面，把行政背离原则作为近似原则的辅助性原则予以适用，[①] 实质上扩大了近似原则的适用范围。而就我国的情况而言，现有立法虽然在一定范围内对慈善信托财产、基金会持有的财产和慈善项目终止后剩余捐赠财产作出了类似于近似原则的规定，但现有立法并未将慈善信托和基金运行中发生的所有情况都包括在内。我国《信托法》对于类似近似原则的适用规定存在两个方面问题。[②] 虽然《信托法》第 69 条的规定在一定意义上可以视为与美国行政背离原则类似，但是该规定存在具体适用条件和适用范围指向不明确，决定主体有失公正中立等问题。《信托法》规定慈善信托成立后发生设立时不能预见的情形，适用近似原则。究竟"不能预见"包括哪些情况，是否包括可能出现目的不合法、不切实际、不可能实现或者浪费等情况，并未指明，实践中可能导致不确定、缩小化或扩大化解释。《基金会管理条

---

① 李喜燕：《美国慈善信托近似原则的立法发展及其启示》，《比较法研究》2016 年第 3 期。

② 我国《信托法》规定的近似原则的适用包括：一是在信托成立后，出现了不能预见的情况；二是在慈善信托终止，没有信托财产权利归属人或者信托财产权利归属人是不特定的社会公众的情况。

例》关于近似原则的规定仅仅体现在物资方面，规定了捐赠物资在经过拍卖变卖后适用于捐赠目的，但未对慈善财产不能按照捐赠人意愿使用时的处理作出规定，同时也没有将这种类似于近似原则的规定适用于物资以外的其他慈善财产。《公益事业管理法》规定确需改变捐赠协议约定的捐赠用途的，需要经过捐赠主体同意，但是未对无法获得捐赠主体同意时的处理做出规定。《慈善法》除了第43条"确需改变捐赠协议约定事项"这个条文可能包含有关管理条款方面的内容外，仍缺少类似行政管理方面的偏离捐赠人意愿的有关规定。该条延续了《公益事业捐赠法》关于确需改变捐赠财产约定用途需要经过捐赠人同意的规定，但对因捐赠人去世、不能、不方便或者无法确认身份而不能取得其同意时的处理仍未予规定。《慈善法》第57条对于"募捐方案未规定或者捐赠协议未约定的"，慈善组织可以适用近似原则进行处理并向社会公示。而对于募捐方案有规定或者捐赠协议有约定，但是无法实施的情况未做规定。《慈善法》草案曾经对慈善信托清算后的剩余财产的处理作出了规定，如果出现信托文件未规定而委托人又死亡或丧失民事行为能力的情况，则可适用近似原则；但对于委托人在世但无法联系，或者虽然能够联系到委托人却未能取得其同意，而原有的信托条款又无法实施等可能的情况，草案并未规定，适用范围仍显得不够周延。而在《慈善法》正式发行时，有关慈善信托剩余财产的清算处理方面的规定全部被删除。此外，现有立法对于慈善财产的管理经营方面出现不能按照捐赠人意愿实施的情况都未做规定。《慈善法》现有的有关近似原则的规定适用于慈善组织终止以后和慈善项目终止后的捐赠剩余财产。但是，这种终止如何理解，包括哪些情况也并未明确，是否包括项目已经按照计划完成和未能按照计划完成而终止的情况？慈善项目终止应该分为项目按照预计计划完成和项目未能按照预定计划完成，立法对此并未细分。如果不区分原因，凡是项目未完成或无法完成的剩余捐赠财产均由慈善组织决定适用，可能在实际操作中对捐赠人意愿的体现不够充分。同时，慈善法有关近似原则的规定并未对非营利性社会团体和民办非企业单位等其他慈善组织持有的财产作出规定。当然，在慈善财产管理方面，也未见到类似的规定。

最后，现有立法并未提出近似原则。近似原则是从英美法系引入的概念，其基本含义是当慈善信托目的"非法、不可能、不切实际或者浪费"等情形时，重新分配慈善信托财产时将考虑"尽可能地接近"委托人的原始意愿。① 近似原则明确了特定情形下捐赠主体原始意愿无法实现时的慈善捐赠财产的处理办法。根据美国现行立法，当符合立法规定的特定条件时，不论是慈善组织获得的直接捐赠，还是慈善信托财产，均可以根据相关立法适用近似原则或行政背离原则，从而对无法按照原始意愿处理的慈善财产作出相关处理。从表面上看，适用近似原则，就不能按照捐赠人原始意愿使用捐赠财产，从实质上来说，严格的近似原则适用规范本身体现了对捐赠人原始慈善意愿的尊重。② 目前，我国只是在部分条文表述中体现了近似原则的精神，但并未提出这个概念。③ 我国是大陆法系国家，理应就慈善捐赠无法实现原始意愿的情况，从总体上明确近似原则精神，但在《慈善法》总则中并未体现这样的规定。

（二）慈善捐赠主体意愿的保障不足

《基金会管理条例》规定当接受捐赠的物资无法用于符合其宗旨的用途时，由基金会依法拍卖或变卖。《信托法》中近似原则的适用是由公益

---

① 到《信托法重述（三）》时，不再要求尽可能地接近，而是提出新目的应"合理的接近原始目的"（reasonably approximates the designated purpose）。这种"合理地接近"标准在文本方面与"尽可能地接近"不同。从文本上说，不需要最接近，而是"有理由相似或者接近委托人指定的目的"。《机构基金统一管理法案》（Uniform Management of Institutional Funds Act）(1972)及《机构基金统一审慎管理法案》（The Uniform Prudent Management of Institutional Funds Act）(2006)两部立法表明慈善信托近似原则在基金立法中予以拓展；而《信托法重述（二）》对信托财产管理方面的规则行政背离原则内容的发展表明了近似原则的某些原理在行政背离原则中的延伸。《信托法重述（三）》提出，对近似原则的适用要求为新目的应"合理地接近原始目的"（reasonably approximates the designated purpose）。这种"合理地接近"标准在文本方面与"尽可能地接近"不同。从文本上说，不需要最接近，而是"有理由相似或者接近委托人指定的目的"。李喜燕：《慈善信托近似原则在美国立法中的发展及其启示》，《法商研究》2016年第3期。

② 韦祎：《论基金会法人财产运用中的"近似原则"及其适用》，《法商研究》2009年第3期。

③ 目前体现近似原则立法精神的主要有《信托法》第69条、第72条，《公益事业捐赠法》第18条，《基金会管理条例》第27条，《慈善法》第18条、第42条、第57条。其中，《信托法》规定了信托成立后发生设立信托时不能预见情形的处理或者信托终止后信托财产的处理，《公益事业捐赠法》规定了确需改变捐赠协议约定的用途的情况的处理，《基金会管理条例》规定了接收物资无法用于符合宗旨用途的做法，《慈善法》规定了慈善项目终止后剩余捐赠财产的处理。这些条款内容一定程度地体现了近似原则的某些精神，但均未明确提出近似原则术语。而在《慈善法》中，与近似原则内容相关的法条主要有三个条文。其进步在于《慈善法》一定程度上对慈善捐赠设置了类似于近似原则的内容，但是却并未在总则中明确提出近似原则或行政背离原则概念。

事业管理机构决定或批准,但是并未明确哪个部门是公益事业管理机构,且仅仅通过公益事业管理机构来监督和保障实现慈善信托中委托人的目的也不能最大限度地实现捐赠人的意愿。按照我国《基金会管理条例》① 规定,从成本角度来说,由基金会拍卖或变卖,成本比较低,但是这种慈善组织决定,是否有第三方机构、捐赠人或者其他机构参与未明确规定,实践中要么不具有可操作性,要么无法充分保障捐赠人的捐赠意愿。而在《慈善法》中,虽然赋予捐赠主体向法院起诉的权利,该权利视为是对捐赠人权利的救济性规定,但是该法将决定权更多地赋予了慈善组织,并未涉及是否需要征求捐赠人意愿的内容,没有一个事先征求意见的程序性保障,对捐赠意愿保障不足。

(三) 慈善财产公益利用规定不灵活

我国立法,虽然对近似原则的相关内容做出了一定的规定,但是在捐赠主体意愿保障和捐赠财产作用的充分发挥方面尚欠缺灵活性和中立性,从而一方面不能充分遵从捐赠主体意愿,另一方面又影响了慈善财产公益效用的发挥。在慈善捐赠主体意愿与公共利益关系的平衡方面,一方面捐赠意愿保障不足,另一方面又体现为关于慈善财产公益效用的灵活性不足。灵活性方面的不足体现在《信托法》《公益事业捐赠法》《慈善法》和《基金会管理条例》中,《信托法》虽规定公益事业管理机构在变更信托条款或者变更适用目的时的决定权或批准权,但是缺乏弹性规定,比如在特定情况下如何返还、小额信托基金如何灵活处理,特定情况下应该有哪些替代性处理条款等。不够灵活的规定可能导致的结果就是慈善财产的运行缺乏效率,影响其公益作用的发挥。同时,这些立法对于未来情况的考虑不够全面和周延,一方面可能导致捐赠人意愿保障不足,另一方面也可能导致公益效用发挥无效或低效。

第二节　慈善捐赠特定偏好的立法支持与限制的制度改革思路

慈善捐赠主体的特定偏好意味着其特有的捐赠意愿,而慈善捐赠意愿

---

① 《基金会管理条例》规定当接受捐赠的物资无法用于符合其宗旨的用途时,由基金会依法拍卖或变卖。由慈善组织决定将慈善捐赠财产用于相近的其他慈善项目。

的立法支持与限制需要遵循一定的规则。捐赠主体特定偏好在慈善捐赠中体现为捐赠意愿，而捐赠意愿的支持与限制最为突出的立法规则当属慈善信托近似原则。慈善信托近似原则是捐赠人特定意愿保障的主要规则，该规则在美国的发展经历了从信托到基金、从实体性近似原则到管理方面的行政背离原则的扩展过程，① 我国慈善捐赠特定意愿，可以在学习借鉴美国的基础上，形成自己的规制路径。

一 优先保障捐赠主体的特定捐赠意愿

特定偏好就是慈善捐赠主体的特定捐赠意愿，是慈善捐赠的动力。为了激励慈善捐赠，促进慈善事业多元化发展，捐赠主体的合理化意愿应当受到保护。以慈善事业发展程度高的美国为例，虽然特定情况下可以适用近似原则或者行政背离原则②处理慈善捐赠财产，但是其首要原则仍然是捐赠主体的原始意愿。

在美国，无论是信托立法，还是非营利法人相关立法，尽管在慈善捐赠限制方面存在一定的微小差异，但共同之处在于把尊重慈善捐赠主体的原始意愿作为基本原则。即使在向非营利法人慈善机构进行慈善捐赠时可能没有给予特别限制，但是不经过法院认可，该受赠慈善组织是不能改变其捐赠目的的，即便慈善组织对其章程进行了修订，也需要对慈善捐赠主体的原始意愿进行认真考量。尽管美国创设了近似原则和行政背离原则，能够在使用捐赠财产时，一定程度地偏离捐赠人意愿，其前提是必须符合比较严格的适用条件。如果适用条件不具备，按照捐赠主体最初的捐赠意愿使用慈善财产仍然是首要的要求。同时，在适用近似原则时，必须满足的条件之一为捐赠人的捐赠存在普遍的捐赠意愿，当然这种普遍的捐赠意愿可能不一定通过明示的捐赠条款推出，而可能基于"缺省性规则"推出。美国《信托法重述（三）》与《统一信托法典》（*The Uniform Trust*

---

① 美国慈善信托近似原则的发展通过《信托法重述（二）》（1959）[*Restatement (Second) of Trusts*]、《信托法重述（三）》（2003）[*Restatement (Third) of Trusts*]、《统一信托法典》（*The Uniform Trust Code*）（2005）、《机构基金统一管理法案》（1972）（*Uniform Management of Institutional Funds Act*）及《机构基金统一审慎管理法案》（2006）（*The Uniform Prudent Management of Institutional Funds Act*）等立法予以体现。

② 李喜燕：《慈善信托近似原则在美国立法中的发展及其启示》，《法商研究》2016年第3期。

Code)(2005)规定"扩大了法院适用近似原则的权力","是否摆脱慈善信托限制,取决于法院对于近似原则利益平衡的立场"。[①] 适用近似原则需要满足的条件为:第一,信托目的已经变得"非法、不可能、不切实际或者浪费";第二,没有任何主体证明捐赠主体不是基于普遍慈善意愿。即便如此,法院在对慈善信托财产制定新的适用计划时,捐赠主体的原始意愿仍然被作为判断慈善信托财产新用途的主要依据,并考虑新的适用方案是否与捐赠主体的原始意愿一致。这有赖于法官是否获得捐赠主体选择特定慈善目的的相关证据。在有条件的情况下,法官需要征求捐赠主体的意见。如果捐赠主体基于对某个机构受益的愿望而对特定机构的特定项目进行捐赠,若没有更加精确的计划,或者该信托的资金是多余的,法院将选择将该捐赠财产用于委托人选择的机构,只是选择该机构中与该项目不同但相关的捐赠目的或者活动。如果法院发现委托人对特定的慈善活动或某个特定领域具有强烈愿望,然后选定开设了此项目的某个机构作为受托人,那么法院将可能对该委托人感兴趣的特定领域或慈善活动作为新方案的首要考虑因素,而不是把是否用于该受托公益组织纳入考量。

无论如何,在适用近似原则或行政背离原则的时候,新的经营管理方式或者新的使用目的要与捐赠主体原始意愿保持一致。在考虑新用途的时候,主要决定因素是捐赠主体的原始意愿,并且通过立法注释或相关案例来确定捐赠主体的原始意愿。当然,如果捐赠主体意见方便获得,在修改捐赠用途时,最合适的方式是直接征求捐赠主体的意愿。美国对于捐赠主体原始意愿的实质性尊重还体现为委托人的替代性处置方式优先。美国《统一信托法典》还规定了优先于近似原则的情况。当特定信托目的失败时,若信托条款另有约定,规定信托财产返还给委托人并且委托人还在世或者规定了其他受益人,且信托产生不到 21 年,信托财产将优先适用信托条款而被分配给非慈善受益人,不适用近似原则。这种优先适用条款从另一侧面说明了对慈善捐赠主体原始意愿的尊重。

美国《机构基金统一审慎管理法案》(*The Uniform Prudent Management of Institutional Funds Act*)(2006)规定,优先考虑捐赠意愿是基本原则,如果要取消捐赠限制或者修改捐赠财产用途、修改捐赠管理条款、修改基

[①] Alberto B. Lopez, "A Revaluation of Cy Pres Redux", *University of Cincinnati Law Review*, Vol. 78, No. 4, 2010, pp. 1307-1358.

金目的，必须经过捐赠人同意。同时规定，任何情况下都不允许改变捐赠主体的意愿，并严格禁止适用特权性质近似原则。① 这种优先保障捐赠主体的特定意愿的做法及其具体规则，我国应该予以参考和借鉴。

二 赋予捐赠主体特定意愿的程序性保障

慈善捐赠主体的实体性权利是指权利人依法享有的具有直接实际意义的权利，其直接表现为对应的物质利益或精神利益；而程序性权利是指权利人作为在实现实体权利或为保障实体权利不受侵犯而享有的程序法上的权利。慈善捐赠主体在法定许可范围内享有实现捐赠意愿的权利，这是慈善捐赠主体所享有的实体性权利，而要实现这一实体性权利，需要程序性权利的保障。因此，对于捐赠主体特定意愿的保障，不仅体现在实体性保障方面，同时还体现为程序性保障。以美国为例，只有当基金金额小于一定金额，并且其存续时间超过 21 年的基金，取消捐赠限制或者修改捐赠限制的程序才比较简单。除此之外，如果要适用近似原则或行政背离原则，都需要经过法院的裁决。总检察长没有权力自行决定适用近似原则或者行政背离原则，只能代表慈善捐赠的受益人参与法院的审判程序。尽管这种程序往往因浪费和消耗司法成本备受诟病，但是从保障捐赠意愿和实现捐赠意愿的角度而言，却体现了其决策的中立和公正。

同时，根据传统普通法，委托人的诉讼资格只限于请求返还财产，而美国《统一信托法典》首次确认了委托人具有实现捐赠意愿诉讼资格。这种救济性权利显然是对捐赠意愿实现的有效保障。② 在普通法中，限制性捐赠被认为已经完成了交易，捐赠主体无权修改捐赠条款，因而捐赠主体不具备提起执行慈善信托条款的诉讼资格。如果适用近似原则，受托人、总检察长或者其他有特定权益的主体需要向法院提出申请，并经过法院批准。尽管法院也会考虑委托人愿望，但由法院制定新的适用计划，委托人是否同意该计划不影响法院计划的制定。美国的《统一信托法典》第 405 条却为捐赠主体执行慈善信托条款提供了法律依据。美国通过这种制衡性的救济权能够更好地保障捐赠主体意愿。尽管《机构基金统一管

---

① 英国法院存在两种性质的近似原则：王室特权性质和衡平司法性质。特权性质近似原则基于王室持特权，被视为是完全不考虑捐赠人意愿的自由处置手段。参见李喜燕《慈善信托近似原则在美国立法中的发展及其启示》，《比较法研究》2016 年第 2 期。

② 李喜燕：《慈善捐赠人权利研究》，法律出版社 2013 年版，第 77 页。

理法案》(Uniform Management of Institutional Funds Act)(1972)与《机构基金统一审慎管理法案》(The Uniform Prudent Management of Institutional Funds Act)(2006)并未明确捐赠主体具有提起履行捐赠协议的诉权,但也没有限制捐赠主体具有提起履行捐赠协议的诉权。实践中,捐赠主体如果采用慈善信托方式,则使用《信托法》提起诉讼,未采用慈善信托的捐赠,则根据合同法提起诉讼。这种做法对于捐赠主体捐赠意愿的保障显然具有重要意义。我国也可以通过合同和信托两种形式,保障捐赠主体的诉权,从而保障捐赠主体的捐赠意愿实现。

三 明确捐赠主体特定捐赠意愿的应有限制

对于捐赠意愿的满足不是没有限制的,慈善捐赠主体意愿满足的前提是符合慈善捐赠的本质特征,不仅具有无偿的特征,还应具有合法性、合理性、确定性和可操作性。

首先,慈善捐赠的本质在于其具有无偿转让财产的特征,如果不存在无偿转让财产的情况,则变成了市场主体之间的市场交易,便不属于慈善捐赠。慈善捐赠的特定意愿可能会附加一定的义务,附加义务可能构成一定的对价,比如要求对捐赠项目进行冠名,冠名本身也有一定的市场价值,但是这种附加义务的价值必须少于慈善捐赠的价值或者只占慈善捐赠价值的很小比例,不能与慈善捐赠财产完全等价。

其次,慈善捐赠特定意愿必须合法。合法性是法治国家中每个个体进行社会活动必须要遵循的基本原则,慈善捐赠当然也不例外。慈善捐赠特定意愿目的必须合法,慈善捐赠财产必须是慈善捐赠主体合法拥有并具有处置权的财产,慈善捐赠主体非利他动机满足的前提是不能违反社会公共利益和社会善良风俗。同时,慈善捐赠特定意愿的实现还应具有程序合法性。以清华"真维斯楼"事件为例,[①] 其引发舆论非议的主要原因在于,冠名的整个过程未经过公开透明的民主参与,违背了大学自由的文化精神。因此,特定慈善捐赠意愿不仅需要目的合法,还要程序合法。

再次,慈善捐赠意愿必须具有合理性。特定捐赠意愿应该合乎逻辑或情理,不能够违背常理,不能附加不合理限制。慈善捐赠中的非利他性必

---

① 张会杰、徐钧:《如何评价大学"捐赠—冠名"的筹资模式——基于清华"真维斯楼"舆论话题的评析》,《现代大学教育》2012年第1期。

须是伴随慈善捐赠中的利他性而产生与存在的，慈善捐赠特定意愿不应该排除其他人的同类权利，慈善捐赠主体非利他性和慈善目的冲突时需要遵循公益优先原则。如果实现慈善捐赠主体的特定意愿的成本几乎等于甚至高于其捐赠的财产金额，则该捐赠意愿显然不具有实现的合理性。

又次，慈善捐赠的特定意愿必须具有确定性。只有在慈善捐赠前或者慈善捐赠时签订了协议或者有其他可以证明的明确的捐赠意愿才能够被遵守。如果在慈善组织公开募集时已经明确募捐是为了防疫救灾，就表明这笔慈善捐赠应该用于防疫救灾；有时慈善捐赠主体主动捐赠给特定的慈善组织时，在其捐赠文件中明确了要进行的事项，比如捐建图书馆、用于环保，诸如此类，则慈善捐赠意愿应该得到尊重。当然，如果在捐赠前后确实没有明确的证据证明慈善捐赠主体存在特定的捐赠意愿，则可以以受赠组织自身的目的去使用。

最后，特定意愿应该具有可操作性。如果慈善捐赠意愿因为条件所限或者科技发展程度所限无法实现，则此类捐赠意愿显然不具有可操作性。如果慈善捐赠主体捐赠意愿比较含糊，没有明确的目标或指向，则因为其不具有可操作性而无法获得支持。

第三节　我国慈善捐赠主体特定偏好的立法完善

我国慈善捐赠主体的特定偏好立法应在认识到我国现有立法不足的基础上，在保障捐赠主体特定意愿的实体性权利和程序性权利的同时，还应该对捐赠意愿设定相应的限制。

一　强调慈善立法的融合性和周延性

（一）强调慈善立法的融合性

美国的慈善信托近似原则从最开始的比较笼统，到后来的进一步细化和丰富，从最开始只有近似原则，到后来增加了行政管理方面的衡平背离原则，近似原则的适用条件逐步演化为捐赠意愿"违法、不能实施、不可能或浪费"的情况。如果没有其他证明证据表明存在特定意愿无法实现时返还给捐赠人的约定，应以与原始捐赠意愿最接近的目的予以处理。而行政背离原则对慈善捐赠财物的行政管理方面的处理予以规定，且这个原则的适用不以存在捐赠主体的一般性慈善意愿为前提，当慈善捐赠财产出现剩余的时候，直接适用近似原则，而不能适用行政背离原则。针对附条件捐赠的情况，美国立法规定只有当捐赠条件无法实现时，有权要求返还捐赠款物，而史密斯诉圣卢克罗斯福医疗中心案[①]开启了捐赠人要求遵循信托限制的诉讼权时代。L. B. 研究教育基金会诉加州大学洛杉矶分校基金会[②]也是要求受托人遵循信托限制的类似案例。此后，美国的《统一信托法典》从法律上对捐赠人的此类诉权予以确认，而后来颁布的《机构基金统一审慎管理法案》虽未明确赋予捐赠人此类诉权，但针对基金情况，该法案要求受赠组织取消或修改慈善捐赠限制需要经过捐赠主体的同意。对于捐赠主体而言，其要求遵循信托限制的权利通过《统一信托法典》予以救济，《机构基金统一审慎管理法案》提供了取消或改变限制需要取得捐赠人同意的保障。作为普通法系国家，美国这方面的立法日益融合。首先，不论是针对非营利法人还是开展慈善信托，有关规则逐步融合。[③] 关于修改或者违背捐赠主体的限制，虽然还存在组织形式方面的微小区分，但都要受到捐赠主体的约束，两种规则在尊重捐赠意愿方面都是相同的。其次，在适用近似原则和衡平背离原则方面日益融合。在信托法中既适用近似原则，又适用衡平背离原则。《机构基金统一审慎管理法案》也采纳了近似原则和衡平背离原则。非营利法人机构所持有的限制性捐赠基金，可以适用近似原则和衡平背离原则。由此，信托法中规定了近似原则和衡平背离原则，《机构基金统一审慎管理法案》对非营利法人持有的基金予以类似规定，而非营利法人持有的其他资产通过案例法予以适用。最后，近似原则的适用条件不断发展变化，从最开始的"不可能、不能实施或违法"，到"过时、不合适或不能实施"，再到现在，无论是信托还是基金，其适用条件均统一为"非法、不能实施、不可能或浪费"。

[①] Smithers v. St. Luke's - Roosevelt Hosp. Ctr. , 281A. D. 2d 127, aff'd, 723 N. Y. S. 2d 426 (N. Y. App. Div. 2001).

[②] L. B. Research and Education Foundation v. UCLA Foundation.

[③] 在美国法学家协会草案（The American Law Institute Preliminary Draft No. 5, 2009）中，非营利组织法律原则（Principles of the Law of Nonprofit Orgs. 1）解释公司信托标准不仅适用于董事，也适用于受托人，修改规则正逐步相似但不是完全相同，该规则对于慈善信托和非营利组织具有同样的执行效力。

一项法律原则的确立必然需要具有一致性。当同一个法律原则体现在不同的法律法规中，其内容应该互相融合、彼此衔接，慈善信托近似原则作为对于慈善财产使用目的所确立的一项基本原则也不例外，该原则所体现出的具体规则也应该具有相应的一致性，不具有一致性的立法难以体现相同的法律原则。因此，我国慈善信托近似原则的立法应该在基金立法、信托立法、慈善立法等立法中体现出相应的一致性。首先，拓宽适用范围。未来的慈善立法应该对近似原则和行政背离原则的适用范围予以统一规定，使用同样的术语。在慈善捐赠立法中，不论是哪一种组织形式，也不论是何种公益财产，均可以适用近似原则，在该原则的适用程序与适用条件方面应该确立统一的规则。其次，不论是慈善基金还是慈善信托，应该对近似原则的适用条件和适用程序有一个相对统一的规范性要求。再次，强化相关立法衔接与补充。我国慈善立法不仅应就近似原则相关内容予以完善，还可以借鉴美国行政背离原则的有关精神，针对慈善财产的管理和投资问题做出类似于美国行政背离原则的规定。通过近似原则解决慈善财产使用目的或者信托目的方面的问题，通过行政背离原则解决慈善财产行政管理、经营或者投资方面出现的问题，既要保障慈善捐赠财产的有效利用，又要在捐赠人（委托人）慈善意愿与公共利益之间实现平衡。应该探索将非营利法人（类似于美国基金会）和慈善信托公司（类似于以美国的慈善信托形式存在的基金会）作为受赠人（受托人）的情况均作为慈善捐赠基本法规范的捐赠类别，以公益信托法律关系进行规范。最后，在慈善捐赠立法中，不论是基金会还是公益信托，不论是民办非企业单位还是非营利性的社会团体，只要接受慈善捐赠、从事慈善活动，均是慈善捐赠法律关系中的主体，从而改变现有对基金会和公益信托不同监管的模式。

（二）加强我国慈善立法的周延性

立法的主要目的是为社会提供相应的规则，立法应该尽可能地考虑到未来可能出现的各种表现形式，才能为各种社会现象提供参照的准则。由于我国现代意义的慈善事业发展历程相对较短，有些问题还未暴露出来，有些情况还难以预料，再加上立法本身具有滞后性，我国现有的慈善立法还未充分地预测到未来的各种情况，缺乏一定前瞻性。但是，不能因为我国社会现实尚未出现相应的情况便为立法的不周延提供借口。尽管美国作为普通法系国家对法律法典化程度重视不够，但鉴于其慈善事业远较我国发达，其慈善信托近似原则相关立法也经历了近两百年的持续发展，其立法规范所考量的各种情况已经比较全面，故而我国应该借鉴美国慈善信托近似原则的相关立法规范，强化立法的周延性。首先，针对慈善信托而言，信托成立后，发生设立信托时不能预见的情形需要受托人和委托人协商处理，但是对不能预见的情形尚缺乏具体的解释，如哪些情形视为不能预见的，哪些属于应该预见的。此外，现有立法并未对当信托条款无法实施、委托人无法联系或者虽能够联系但是无法取得其同意、是否能够启动或者如何启动作出规定。同时，对于信托终止可能发生的情况表述也不够全面，信托终止后，不仅仅存在财产权利归属人不特定或者没有财产权利归属人两种情况。当无法确认信托财产权利人或者信托财产权利人因故不能接收慈善信托财产时是否也适用近似原则并未作出规定。其次，针对慈善捐赠而言，当出现确需改变捐赠协议约定的事项，如对于因捐赠人去世、不能、不方便或者无法确认身份无法征得捐赠人同意的时候，也可以设计相应的近似原则适用程序，以便更加全面地估计和处理未来的各种情况，避免因出现需要改变捐赠协议约定的事项，却又无法取得捐赠人同意所导致的捐赠财产的浪费或者无效。而对于完成特定目的后尚有一定数额的慈善捐赠剩余财产的处理同样应该经过民政部门批准或者备案后适用，方能体现对于捐赠人意愿的充分尊重，避免因丧失捐赠人信任而影响捐赠积极性。当然，关于小额捐赠款项并且存续时间超过一定期间的，也应该设立灵活的近似原则适用程序。再次，我国目前对于"募捐方案未规定或者捐赠协议未约定的"规定尚未考虑到所有的情况，实践中还可能存在募捐方案有规定，但无法实施或者捐赠协议有约定无法实施的情况，这些情况下如何处理也应该予以明确。比如2004年石晓某[①]去世后，其余款如何处理的问题。我国立法如果有类似的规定，便可以避免纠纷的发

---

① 2004年12月，身患白血病的石晓某无钱治疗，在其就读的虹桥小学、小学所在的庐阳区教育局及媒体等组织的倡议下，为石晓某筹款9万多元。在经过一番治疗后，石晓某最终不幸离世，在其去世时筹集到的善款还有55472.8元。石晓某的父母石继某、余红某认为这5万元应该归他们所有，但是这笔钱却被虹桥小学持有。最终一审法院判决驳回原告的诉讼请求，并建议将捐赠余款55472.8元用于发展相同目的的公益事业，转交给慈善或公益事业机构。参见《合肥：捐款引出"爱心"官司 捐款余款权属惹争议》，163新闻网，2005年4月26日，http://news.163.com/05/0530/08/1L04J6TI0001122E.html，2014年11月8日。

生。在黄某、顾某诉如师附小余款纠纷案①中，也存在类似的困惑，如果有相关的规定便可以更具操作性。最后，除了应该对近似原则的相关内容予以规定外，在行政管理方面，特定情况下慈善财产的管理和投资也需要借鉴和参照美国的相关做法，在无法按照既定的情况管理慈善财产或者对金融类的慈善捐赠予以管理的时候，也应该参照借鉴美国行政背离原则的规定，作出类似规定。在近似原则和行政背离原则的双重保障下，一方面保障慈善财产或慈善信托财产使用目的方面的问题，另一方面又能解决慈善财产行政管理、经营或投资方面的问题，从而在实现捐赠人意愿和保障公共利益之间实现平衡。

二 完善捐赠意愿优先保障的法律规定

(一) 确立保障捐赠人意愿的统一模式

数据显示我国慈善捐赠明显不足。②鉴于我国慈善捐赠不足的问题，2014年年底国务院发布《关于促进慈善事业健康发展的指导意见》提出"鼓励社会各界开展慈善活动，鼓励开展形式多样的社会捐赠和志愿服务"。而要激励慈善捐赠的首要前提是要充分尊重和保障慈善捐赠主体意愿的实现。这意味着在面对捐赠人意愿与慈善财产公益效用二者平衡的问题上，我国应该更加强调对于捐赠人意愿的尊重和保障。

我国现有立法规定基金会接受捐赠的物资无法用于符合其宗旨的用途时，由基金会依法拍卖或变卖，对信托财产适用近似原则的决定或批准机构为公益事业管理机构。这一方面缺乏一个相对统一的机构管理，另一方面基金会决定或者民政部门批准程序的成本可能小于法院程序，但是这种做法也可能因为民政部门是政府的代言人，难以客观中立地思

---

① 黄昊1996年10月被确诊为白血病后，该生所在如师附小通过各种渠道为其筹到241783.65元。后黄昊病故，剩余筹款70733元。2001年12月，黄昊的父母起诉如师附小要求返还剩余捐款，后撤诉。2005年再次诉至法院，该案经过一审、二审判决，驳回了原告的诉讼请求。参见《受捐者或其继承人对剩余善款无所有权———南通中院判决黄宁、顾云诉如皋师范学校附属小学募捐款权属》，110法律资讯网，2008年6月26日，http://www.110.com/ziliao/article-43151.html，2014年11月8日。

② 2014年11月份慈善捐赠数据统计显示，在世界135个国家中我国捐赠指数排名倒数第八，这表明我国慈善捐赠的情况与世界各国存在很大的差距。参见英国慈善救助基金会《世界捐助指数中国排名为何不佳》，2015年1月6日，http://view.news.qq.com/original/intouchtoday/n3030.html，2015年3月30日。

考问题，从而导致对捐赠人利益的漠视问题。这种做法是大陆法系国家的普遍做法，也符合我国把政府部门作为"万能"代表的历史传统和现实国情，虽不能简单地评论其优劣，但是也应该考虑在适用近似原则时，确立一个相对统一的决定机关，并建立一个能够充分保障捐赠人意愿实现的制衡机制。

在构建统一模式的基础上，应该设立多样化的慈善捐赠项目，促使慈善捐赠主体能够选择到自己明确认识并愿意捐赠的捐赠项目。确立慈善捐赠项目的多样化展示形式，让慈善捐赠主体能够充分地认识到正在开展慈善捐赠的项目，以便做出自己的捐赠选择。

（二）加强慈善捐赠意愿实现的程序性保障

捐赠意愿的实现不仅仅限于法条的宣示，更需要相应的程序保障机制。我国现有的《公益事业捐赠法》明确了"不得将捐赠财产挪作他用"以及"任何单位和个人不得侵占、挪用和损毁"的原则性要求；同时指出，捐赠主体可以对捐赠财产的数量、用途和方式做出规定，受赠组织不得擅自改变捐赠财产的用途，必要时应征得捐赠主体的同意。类似的规定还体现在《基金会管理条例》中关于基金会注销后剩余财产仍应用于其章程所定的目的或者由其他性质和宗旨相同的社会公益组织承担等方面。这些规定大多为原则性、提倡性的，无实施细则，可操作性差，需要予以具体化。

首先，慈善意愿实现的前提在于能够明确慈善捐赠意愿，故需要构建慈善捐赠意愿的确定机制。上述山东寿光蔬菜事件中，山东寿光热心市民拨打政府热线提出寿光蔬菜应用来支持武汉医院，而不是用于超市销售。姑且不论这次寿光蔬菜最终被确认并非慈善捐赠，而是政府间的互助行为。即使寿光蔬菜就是寿光民众用来捐赠给武汉医院的蔬菜，那么如何来确定这批蔬菜是用于武汉医院的呢？这就要明确该捐赠是否有捐赠协议。如果有捐赠协议，那是否明确该笔捐赠是用于医院食堂或者医护人员的？即使是用于武汉医院或者医护人员，是否这笔蔬菜捐赠只能通过将蔬菜交予武汉医院或者医护人员自身使用，而不能采取变通措施？如果这批捐赠明确了只能直接捐赠给武汉医院或医护人员，又是否提供了相应的实施保障？由谁实施？鉴于蔬菜本身储存时间短的特点以及存在无法有效供给武汉医院或医务人员的情况，是否有替代性的处理方式？该热心市民拨打市长热线之前，并不了解这些情况。实际上也反映出慈善捐赠意愿确定机制的重要性。实践中如何确定捐赠意愿需要一个确认机制。从慈善捐赠类型来看，往往存在捐赠合同、委托代理合同和信托的方式，① 不论采取哪种方式进行捐赠，均应该通过相应的方式明确慈善捐赠意愿。

其次，可以把近似原则作为指导我们处理剩余捐赠财产归属和使用的基础原则，在慈善捐赠目的变得非法、不能实施、不可能或浪费时，均应当适用近似原则。同时应该适度移植美国衡平背离原则。我国2008年《关于进一步做好汶川地震灾区救灾款物使用管理的通知》② 中对于救灾捐赠物资的处理方式可以视为运用衡平背离原则的一种处理方式，但该通知条款的规范性层级过低，关于衡平背离原则的规定应该上升到法律层面。

再次，增加保障捐赠人意愿实现的制衡机制。当基金会接受的物资无法用于符合宗旨的用途时，立法赋予基金会依法拍卖或者变卖的权利，需要赋予捐赠人一定的制衡机制，对《慈善法》予以修改。剩余捐赠财产中如果存在按照募捐方案无法处理的情况，应该有一个捐赠意愿的确定和推定机制，不能借故无法确定便由慈善组织单方决定，应该设定一个诉讼程序的规定，使得慈善意愿的保障不仅有实体性保障，也有程序性保障。除了通过《民法典》合同法条款解决问题以外，还应有慈善立法对于捐赠人意愿的相应保障机制。

最后，赋予慈善信托委托人提起诉讼的权利。目前《信托法》规定，当受托人不能按照信托文件执行信托的行为时，只规定了监察人报告和监察人的诉讼权利，并未赋予委托人同样的诉讼权，也同样未能体现立法的一致性。鉴于我国应该本着更加重视激励捐赠，更加关注慈善捐赠主体意愿的立法精神，我国也可借鉴美国有关慈善信托中赋予委托人提起执行慈善信托条款的独立诉讼权的做法。委托人除了具有协商变更委托条款的权利外，也可以考虑明确给予委托人提起执行信托条款的诉讼权利，一方面能够更好地体现尊重委托人的意愿，激励捐赠，另一方面也有利于促进信托财产更加有效地发挥公益效用，同时也体现了整个慈善立法对捐赠人权利保障的一致性。

---

① 李喜燕:《慈善捐赠人权利研究》，法律出版社2013年版，第19—23页。
② 该通知指出"对于灾区不适用或者过剩的救灾捐赠物资，可以由县级以上民政部门按规定组织变卖，变卖所得资金全部作为救灾捐赠款管理使用"。

三 增强慈善财产公益利用的灵活性

在捐赠人意愿与公共利益之间寻找平衡点，这种平衡的重心随着社会的发展在不同的阶段有所不同。

(一) 强调慈善财产为公益所用

美国立法发展表明，美国对于捐赠意愿的遵守经历了从严格到弹性的过程，并日益强调慈善财产为公益所用。起初，美国严格遵守捐赠人意愿，规定一旦出现特定情形，无法按照捐赠意愿使用财产，便将慈善财产返还给捐赠人。这种做法能够最大限度地保障捐赠意愿，但不利于将慈善财产更多地用于慈善事业。后来，美国在优先保障捐赠意愿的前提下，逐渐通过适用近似原则和行政背离原则，最大限度地保障慈善捐赠财产用于慈善事业，而不会轻易返还给捐赠主体。严格按照捐赠主体的意愿处理捐赠财产，激励慈善捐赠有其正当性和必要性，而能够充分利用慈善资源，将慈善财产的公益效用最大化同样具有相应的合理性。美国近似原则的发展历程便体现了对于捐赠意愿的严格遵守和尽可能将捐赠财产用于慈善事业二者之间的张力，并尽力在严格遵循捐赠主体意愿和充分发挥慈善财产的公益效用中实现动态平衡，一方面使得现有的捐赠尽量用于慈善事业，另一方面又能通过保障捐赠意愿，激励更多的慈善捐赠。

美国慈善信托近似原则发展历程显示美国日益强调慈善财产为公益所用。其一，适用条件逐步宽松。不论是把"浪费"作为适用近似原则的条件，还是关于普遍慈善意愿的缺省性规定，均体现了近似原则适用条件的放宽。① 其二，适用程序更为灵活。《统一信托法典》只有一种近似原则的适用程序，而《机构基金统一审慎管理法案》则有三种程序。② 近似

---

① 《统一信托法典》规定即使有替代性的受益人或者明确的返还条款，仍然只能在信托人在世或不超过 21 年才能执行。这种近似原则适用的例外性规定，一方面说明了慈善捐赠意愿优先于近似原则的适用，体现出对于慈善信托委托人意愿的尊重；另一方面也说明除了这两种例外性规定外，基本上排除了财产返还给捐赠主体的可能性，保障了慈善财产的公益效用。Principles of the Law of Nonprofit Organizations, 1 The American Law Institute Preliminary Draft No. 5 (2009).

② 第一种是经捐赠主体同意取消或修改捐赠限制。第二种是经过法院批准取消或者修改限制。这种取消或修改对于近似原则与行政背离原则均可适用。第三种是对于小额久远捐赠基金的简易程序。这种小额久远基金的适用程序既避免了金额过低涉讼成本过高的浪费，又赋予受赠公益组织灵活的处理权限，提高了慈善财产的使用效率。李喜燕：《美国慈善信托近似原则的立法发展及其启示》，《比较法研究》2016 年第 3 期。

原则的适用程序更为灵活。其三，适用要求更为自由。① 美国慈善信托近似原则的发展表明美国更加重视慈善财产为公共利益所需要。

慈善捐赠的本质特征在于其应该为慈善事业服务。即使为了激励捐赠，我国目前应该更加强调尊重和满足慈善捐赠主体的意愿，但是也不能因此脱离慈善财产服务于慈善公益事业的初衷。发挥慈善财产的公益效用是慈善捐赠立法的应有含义，因此，近似原则的相关立法还必须为慈善财产的灵活利用提供相应的法律规则。当慈善信托财产出现不能预见的情况，或者信托完成以后尚有剩余财产等类问题时，对于如何充分地利用慈善财产，立法规定不应该过于机械，对于达到一定的年限且在一定数额以下的慈善信托财产，可以规定一种灵活的处理程序，由受托人向民政部门提交报告后，经过一定时间段比如参照美国的60天或者更短，便可将信托财产用于宗旨相同或者相近的慈善组织或者其他慈善信托，这样一方面体现对委托人意愿的尊重，另一方面又避免产生高昂的成本。当然，此类灵活性规定也可用于向基金会直接捐赠的慈善财产。

（二）强调慈善捐赠意愿实现中相关权益的动态平衡

美国的慈善相关立法充分突显了慈善主体意愿与受赠机构支出自主权等相关权利之间的冲突与平衡，其主要体现为三个方面：一是取消捐赠限制；二是修改捐赠条款；三是捐赠人要求按照捐赠意愿使用捐赠财物的诉讼资格。最开始的立法比如《机构基金统一管理法案》仅仅允许受赠机构经过捐赠人同意取消限制，后来又赋予受赠机构经过捐赠人同意，修改捐赠意愿的权利，并增加了管理中的行政背离原则，允许在管理中不再固守捐赠限制。而《统一信托法典》规定，当受托人违反捐赠限制时，赋予慈善捐赠人（信托中的委托人）不仅享有要求返还捐赠财产的权利，还享有要求照捐赠意愿管理和使用财产的诉讼权，进一步扩大了捐赠人权

---

① 在适用近似原则时，《统一信托法典》明确近似原则不仅适用于慈善目的的修改或信托的终止，而且可以适用于修改信托的管理或者处置条款。法院可以下令终止信托并分配给其他慈善机构。如果信托财产不仅仅满足信托的当前目的，法院也可下令终止部分信托。另外，《机构基金统一审慎管理法案》与《统一信托法典》不再要求"尽可能接近"原始意愿，而是要求以一种"与委托人慈善目的相一致的方式"分配信托财产。因此，有关近似原则的现行规定扩展了法院的权力。法院要么修改信托条款，要么终止信托并重新分配信托财产，体现出更为自由的适用要求。李喜燕：《美国慈善信托近似原则的立法发展及其启示》，《比较法研究》2016年第3期。

利。当然,《机构基金统一审慎管理法案》只是赋予捐赠主体修改限制同意权,并没有赋予捐赠主体要求按照捐赠限制条款使用捐赠财产提起诉讼的权利。美国在慈善捐赠意愿的实现方面,从重视捐赠行为向重视慈善目转化,从法律的刚性要求向进一步具体细致的差别转变,同时也凸显了慈善捐赠意愿保障和相关主体权利保障之间的平衡和博弈。

美国近似原则的发展历程沿着公共利益保障和捐赠主体意愿保障的动态平衡发展的主线进行,一方面强调捐赠意愿,另一方面又要保障公益效用。尽管近似原则与行政背离原则因适用方面有所交叉和过高的诉讼成本备受诟病,但是,如何保障公共利益与慈善捐赠主体意愿的平衡本身就是一个难题。美国的发展历史、司法实践及其有关捐赠意愿及公共利益的平衡方面的立法演进对于处理我国类似情况提供了可以借鉴之处。

审视目前我国的慈善立法,一方面缺乏关于近似原则和衡平背离原则的详尽规则,另一方面对于慈善捐赠意愿实现的诉讼地位的立法规定尚不明确,慈善立法存在法律规范散乱、政府主导捐赠致使慈善机构运作缺乏自主性等问题。政府似乎成了"万能药",捐赠主体与受赠组织独立性弱,慈善捐赠多体现为"运动式"捐赠,既无法实现预定目的,又难以明确"近似原则"和"衡平背离原则",慈善捐赠主体难以出面问责。现有的案例如丽江妈妈联谊会与美国妈妈联谊会公益事业捐赠纠纷案[1]仅仅是基于合同法的角度而非慈善信托或者公益的角度予以问责。

为此,应该从以下两个方面予以应对。首先,需要明确近似原则及衡平背离原则的适用条件,适当平衡慈善捐赠意愿与公益慈善目的及其相关权益之间的关系,同时在特定条件下赋予慈善捐赠主体执行捐赠意愿的诉讼资格。即当慈善捐赠主体对一项公益信托形式的捐赠赋予特殊的要求和目的时,将慈善捐赠财产的执行诉讼权赋予慈善捐赠主体比起仅仅赋予难以兼顾或者没有动力的国家或政府部门更加有效,而且捐赠主体作为财产的具体捐赠主体,对捐赠财产的使用具有更加明确的认识和指向。当然捐赠主体诉权的行使是否应该存在一个前提条件还值得商榷,即相关捐赠主体已经申请国家监察人根据其监察职责要求义务人执行捐赠意愿未果,捐赠主体便可向法院提起诉讼。当然,针对"小额多数"的权利人,则应

---

[1] Cf. Mary Kay Lundwall, "Inconsistency and Uncertainty in the Charitable Purposes Doctrine", *Wayne Law Review*, Vol. 41, No. 3, 1995, pp. 1341–1384.

该设计一种由捐赠主体申请国家监察人发起诉讼的程序，由国家监察人提起诉讼，由人民法院公告相关情况，然后由相关捐赠主体在公告规定的期限内到法院登记，在所有登记的人员中推选产生诉讼代表人，其诉讼行为对参加和没有参加诉讼的捐赠主体全体成员均具有法律效力。这样，便解决了"小额多数"的捐赠主体群体捐赠意愿实现权的诉讼问题。此外，还需要对慈善捐赠主体知情权适用程序、监督权执行机制和撤销权的主体等方面予以相应规定，以平衡各方主体的权益。当出现无法实现委托人（捐赠主体）原有捐赠意愿的情况下，关于公共利益与捐赠主体意愿的动态平衡方面，我国立法应该强化融合，一方面保障捐赠意愿，另一方面又要最大限度地保障慈善捐赠财产的公益效用，以此达到激励慈善捐赠，从而推动慈善事业发展的目的。当然，要达到一个理想或者相对理想的立法，还需要广泛调研和论证。其次，强化慈善财产利用的灵活性，以便充分发挥慈善财产的公益效用。对于慈善信托中发生的不能预见的情况，或者当信托事项完成后尚有剩余财产的情况不应采取机械化的处理方式，对于小额且已经超过了一定年限的信托财产，也可以考虑适用更为灵活的处理方式。对于小额久远的基金，在经过一些报备流程和公告后，可以授权受托人适用近似原则处理，将财产用于近似或相同的慈善信托目的，不仅能够体现出对于捐赠人意愿的尊重，又能避免高额诉讼和行政成本。当然，立法应该明确，无论哪种情况下适用近似原则，慈善捐赠财产必须用于慈善目的，以保证发挥慈善财产的公益效用。

本章小结

慈善捐赠主体参与慈善捐赠或慈善活动并非不加任何选择，由于慈善捐赠主体各自的认识不同、经历不同、资源和优势不同、目的不同、关注焦点不同，慈善捐赠主体往往有着特定的慈善捐赠偏好，开展慈善活动具有特定的意愿。然而，慈善捐赠主体的特定意愿有时可能不符合慈善特质、可能会出现特定意愿无法实现或者不具有可操作性的情况，那么这些情况下慈善捐赠主体的特定偏好目的是否应该完全地予以支持，显然是一个值得思考的问题。

慈善捐赠中的特定偏好是慈善捐赠主体基于自身的认识和感受对于某

一或某些特定慈善捐赠目的的追求。慈善捐赠的特定偏好在实践中体现为特定意愿。目前我国有关支持捐赠意愿的立法主要有《公益事业捐赠法》《慈善法》《信托法》《基金会管理条例》。内容包括：第一，关于按照捐赠主体意愿使用捐赠财产的规定。第二，关于特定情形下不能按照捐赠协议或者捐赠安排使用财产的相关规定。第三，关于慈善组织的约束以及慈善组织不能按照约定使用捐赠财产的责任方面的规定。但现有立法有关捐赠意愿的支持存在立法内容割裂且不周延，慈善捐赠主体意愿的保障不足，慈善财产公益利用规定不灵活等问题。

为此，我国慈善意愿保障方面应该从优先保障捐赠主体的特定捐赠意愿、赋予捐赠主体特定意愿的程序性保障、明确捐赠主体特定捐赠意愿的应有限制等方面着手，在认识到我国现有立法不足的基础上，强调慈善立法的融合性和周延性，完善优先保障捐赠意愿的法律规定，确立保障捐赠人意的统一模式，构建捐赠意愿实现的程序性保障制度。同时，增强慈善财产公益利用的灵活性，强调慈善财产为公益所用，并保障慈善捐赠意愿实现中相关权益的动态平衡。

第七章

慈善 2.0 时代非利他性慈善捐赠的立法挑战与回应

近年来,互联网的发展不断创新慈善的形式。在慈善宣传方面,从线下宣传发展到线上线下联动,传统的宣传形式逐步被互联网宣传所超越甚至替代。在互联网慈善领域,各种媒介层出不穷,比如短视频式公益宣传、互动式公益宣传、兴趣式公益宣传。互联网公益带来了诸多的变化,比如公益众筹①迅速崛起、点赞方式获得公益配捐、小额捐赠参与各种微公益项目、消费赢得商家配捐、参与者参与活动获配捐等形式。2015年腾讯公益发起的"99公益日"活动,发展成为慈善公益界的狂欢节。2018年活动中,2800万人次通过腾讯公益捐赠爱心善款8.3亿元,企业捐赠1.85亿元,5498个公益项目受益。各种腾讯公益基金配捐2.9999亿元和1亿元成长基金。2018年"99公益日"总计收到善款14.14亿元。② 腾讯公益基金会的配捐模式逐步推广开来。各种微公益项目在网上频现,还有的公益组织提出了公益创业③的主张,商业企业为了更好地营利,打着公益的旗帜进行商业活动,而公益创业力求实现商业价值与社会价值双重回报,以商业的方式开展公益活动,两者互相渗透,难以区分,被认为是社会价值体系的改变,社会价值开始引领经济价值。④ 当然,也有人称这种新型的投资为社会价值投资,属于介于商业和公益之间的投

---

① 公益众筹是纯捐赠行为,有些是产品周边的回报,但是它的商业价值远远低于它捐赠的定价,所以中间溢价部分是有捐赠属性的。李涛:《公益众筹为公益捐助带来新发展》,《中华工商时报》2015年1月27日第5版。

② 郑芋:《时尚元素激活新时代公益》,《中国文化报》2018年12月22日第4版。

③ 邓汉慧:《公益创业——社会治理的新理念》,《中国红十字报》2017年8月8日第4版。

④ 梁欣莹:《"善经济"打开慈善新局面》,《佛山日报》2017年9月5日第F02版。

资,是体现公益新方向、引领社会资源重新配置的一种投资。① 此外,大量的公益捐赠人逐步认识到捐赠者建议基金、慈善信托②的优越性,开始采用慈善信托和捐赠者建议基金等方式进行慈善捐赠。新形势下,随着互联网的发展和网络2.0时代的提出,慈善领域也因为慈善发展的新阶段和新特点,不少理论与实务界人士认为公益慈善已经从1.0时代进入2.0时代,甚至有的主张已经进入了3.0时代。③ 传播学学者认为传统媒体时代为公益慈善1.0时代,社交化传播为慈善2.0时代,移动互联网背景下为慈善3.0时代。1.0时代主要表现为传统媒体,比如主要以报纸、电视、广播、户外广告等为传播渠道;2.0时代新媒体逐步普及,每个人都参与公益传播,比如"冰桶挑战";3.0时代,公益平台、公益慈善机构、媒体均成为公益的重要参与方,公益机构、互联网平台、用户均成为公益的主体。在这个时代,互联网作用空前发展,互联网既是一种思维模式,又是一种策划方式,还是一种重要平台,依托互联网平台的公益慈善项目井喷式发展,场景化公益成为主流,公众互联网参与持续增长,网络公益创新融合加速,并且日益兼顾社会目标和商业目标。不过主张慈善3.0时代更多是基于传播角度。从公益慈善的特点角度看,目前主张进入慈善2.0时代的较多,笔者也赞同目前处于慈善2.0时代的提法。新冠肺炎疫情暴发以来,慈善2.0时代的特点日益凸显。对此,需要了解慈善2.0时代下非利他性慈善捐赠带来的立法挑战,并给予立法回应。

第一节 慈善2.0时代及其对慈善立法的挑战

慈善2.0时代的提出,并没有约定俗成的说法。理论界和实务界的不

---

① 潘英丽:《社会价值投资——用企业家精神做创新型新公益》,《中国经济时报》2016年10月17日第8版。

② 美的创始人何享健公布了60亿元捐赠计划,其中5亿元现金设立的顺德社区慈善信托是迄今全国备案的慈善信托中资金规模最大的。参见梁欣莹《"善经济"打开慈善新局面》,《佛山日报》2017年9月5日第F02版。

③ 李可欣:《公益3.0时代"互联网+公益"的新生态》,《21世纪经济报道》2015年11月16日第16版。《互联网公益进入3.0时代》,《公益时报》,https://baijiahao.baidu.com/s?id=1613902642711915034&wfr=spider&for=pc,2020年1月29日。

同人士分别从不同的角度提出了慈善 2.0 时代的到来。总体而言,慈善 1.0 时代的参与人员有限,并非全员参与,不够普遍;以慈善为主,没有或很少有会有商业活动的慈善行为;以传统现场慈善为主,而不是通过网络。但是,慈善 2.0 时代更多地突显出全员参与、借助网络、夹杂商业等特征。因此,首先需要明确慈善 2.0 时代的主要特征及其对慈善立法的挑战,才能提供更好的立法回应建议。

一 慈善 2.0 时代的主要特征

慈善 2.0 时代不同于传统的慈善,是与新方式、新技术、新途径、全民性相结合的慈善形式。与慈善 1.0 时代被动、不可持续、捐赠渠道单一、得不到反馈信息[①]、输血式慈善、反馈信息不畅通、多为精英阶层参与不同,慈善 2.0 时代具有主动、可持续性强、捐赠方便、造血式慈善、捐赠渠道多样、与受益者互动性强、全民参与等特点。总体而言,慈善 2.0 时代表现为以下特征:

(一)从精英层面走向大众层面

2011 年 11 月腾讯公益慈善基金会副秘书长王奇认为慈善应该是全民参与的行动,而互联网的互动性和无地域限制,具备了天然的优势,利用网络力量,实现人人可公益,大家齐参与、随时可互动便是公益 2.0 模式。[②] 该模式体现为参与门槛低、支付方式灵活高效。[③] 网络交互媒体的出现使传统的资源聚合模式向资源开放聚合模式、全民自主参与转变,出现了简单、有效的"微公益"。[④] 这种模式下多人参与,并使受助者显著改变。在信息化状态下,感性共鸣的激发、熟悉圈子的建构产生了巨大的公益能量。[⑤] 2020 年 1 月武汉暴发新冠肺炎疫情引发了全国人民甚至世界的关注,武汉市红十字会在网上公布捐款账户及开放官网捐赠、公众号捐

[①] 陈红:《广州公益慈善率先踏入 2.0 时代》,《社会与公益》2014 年第 12 期。

[②] 此处虽然提法是公益,但是从类型和广义的角度而言,与慈善的说法一致。

[③] 王齐:《网络公益悄然兴起开启公益慈善 2.0 时代》,腾讯公益网,2012 年 1 月 10 日,https://gongyi.qq.com/a/20120110/000010.htm,2019 年 8 月 26 日。

[④] 宋辰婷:《微公益 2.0 中的信息权力建构——以"天津爆炸事件"为例》,《福建论坛》(人文社会科学版)2015 年第 12 期。

[⑤] 宋辰婷:《微公益 2.0 中的信息权力建构——以"天津爆炸事件"为例》,《福建论坛》(人文社会科学版)2015 年第 12 期。

赠、现金捐赠和物资捐赠的渠道，立马引起了广大网民的关注，纷纷通过支付宝转账、交通银行、农业银行、现金捐赠等方式进行捐赠。2020年1月22日零时到1月24日下午2时，捐赠人数共计11578人次，款项合计13786152.9元；① 2020年1月24日下午2时到1月25日中午12时，捐赠人次达16638人，接收捐赠款项共计19206664.41元。② 截至2020年1月25日全国红十字会累计接收爱心捐赠高达3.4亿元。③ 武汉市慈善总会的网页首页显示新型冠状病毒防控专项基金，已筹款2120073161.13元，爱心人数为5997943人次，这些爱心捐款是由捐赠人通过指定银行账户汇款、支付宝扫码捐赠、微信支付捐赠和邮政汇款的方式构成。④ 武汉市慈善总会截至2020年1月31日中午12点共接收捐赠款25.87亿元。⑤ 即使是捐赠实物，也不再是由捐赠主体直接送达受益人，而是委托第三方交给受赠组织。由此可见，慈善2.0时代，慈善活动不再主要是现实捐赠，更多的是通过网络；不再受到现场募捐地理位置、场地人数的限制，而是通过网络募捐，扩大参与范围、增加参与人次。

新冠肺炎疫情出现后，慈善行为更加大众化。小到一元，大到几亿元，慈善不再局限于高财富人群，而是越来越普及到人民大众——"微公益"迅猛发展。"微公益"的基本要素就是简单、有效，大部分人员可以参与，并使受助者产生显著改变。⑥ 微公益遵循平民化理念，促进了数量庞大的草根群体开展慈善公益活动。比如腾讯公益推出的"益行家"——用户记录运动步数，企业匹配捐赠资金。截至2019年4月

---

① 《抗击新型肺炎武汉市红十字会接收社会捐赠款物公告第一期》，武汉市红十字会官网，2020年1月24日，http：//www.wuhanrc.org.cn/info/1003/2589.htm，2020年1月24日。

② 《抗击新型肺炎武汉市红十字会接收社会捐赠款物公告（第2期）》，武汉市红十字会官网，2020年1月25日，http：//www.wuhanrc.org.cn/info/1003/2593.htm，2020年1月25日。

③ 《中国红十字会全力做好防控工作累计接受爱心捐赠款物达3.4亿元》，武汉市红十字会官网，2020年1月26日，http：//www.wuhanrc.org.cn/info/1003/2595.htm，2020年1月26日。

④ 《新型冠状病毒防控专项基金》，武汉市慈善总会官网，2020年1月22日，http：//www.wh-charity.com/pv.html?id=f4f4e1bc-a20f-46b9-86f6-21152d652e15&URLparamName=%E6%96%B0%E5%9E%8B%E5%86%A0%E7%8A%B6%E7%97%85%E6%AF%92%E9%98%B2%E6%8E%A7%E4%B8%93%E9%A1%B9%E5%9F%BA%E9%87%91，2020年1月26日。

⑤ 《拨付6亿捐赠款给两所在建医院》，武汉慈善总会官网，2020年2月1日，http：//news.sina.com.cn/o/2020-02-01/doc-iimxxste8046282.shtml，2020年2月1日。

⑥ 孙茜：《Web2.0的含义、特征与应用研究》，《现代情报》2006年第2期。

17日,"益行家"参与人数达到8.66亿人次。再比如腾讯公益发起的"一起捐"——设置目标金额,结合中国熟人社会的特点推出的募捐产品。慈善2.0时代下,中国公益事业逐步走向人人自发、人人主动的"弱中心化"模式。①

(二) 从线下为主走向线上为主

慈善2.0时代下,新媒体越来越多。② 慈善2.0时代不再仅仅是"以内容为中心",更是"以关系为中心"。③ 网络募捐是慈善2.0时代下的一种普遍募捐方式,其不受区域和时间的限制,能够在极短的时间内迅速地传播并募集到高额筹款。这种信息化募捐方式是慈善2.0时代的典型特征。普通网络个体开始拥有强大的网络权力,这种权力不是权力主体的位置或资源,而是网络空间里蕴藏于关系网络之中的流动权力。④ 因爆发新冠肺炎疫情,截至2020年1月31日上午12时,短短几天时间武汉市慈善总会获得捐赠25.865272亿元,武汉市红十字会收到捐赠款6.080882亿元。⑤ 但由于物资使用等问题在网络上引发了极大质疑,2020年2月1日《人民日报》第三版刊登《暂免武汉红十字会救灾物资管理》,该文表明国务院已研究并决定暂停红十字会接受社会捐赠物资并管理发放的工作,要求对近日出现的物资分配不均等引发的社会普遍关注的重要问题予以深入调查,⑥ 并从即日起到2月3日盘点库存物资并向社会公示。由此可见,线上捐赠也对慈善捐赠财产的管理提出了新的挑战,这一事件可谓是互联网有关慈善捐赠社会监督的典型案例。

---

① 《中美个人慈善捐助差额55倍,美媒却说中国模式值得学习,为什么?》,搜狐网,2019年5月17日,https://www.sohu.com/a/314525326_120084778,2020年10月30日。

② 新媒体包括搜索引擎、网络电视、网络报纸、网络期刊、社交网站、门户网站、视频网站、网络社区、博客、播客、手机媒体、未来的互动式数字电视。参见匡文波《关于新媒体核心概念的厘清》,《新闻爱好者》2012年第19期。

③ 宋辰婷、刘少杰:《网络动员:传统政府管理模式面临的挑战》,《社会科学研究》2014年第5期。

④ 宋辰婷:《微公益2.0中的信息权力建构——以"天津爆炸事件"为例》,《福建论坛》(人文社会科学版)2015年第12期。

⑤ 《武汉市慈善总会、市红十字会共收捐款31.94亿元》,《湖北日报》2020年1月31日第5版。

⑥ 白红义等:《2020年虚假新闻研究报告》,《新闻记者》2021年第1期。

(三) 从纯公益慈善走向消费性慈善

有学者从慈善消费的角度来认识慈善 2.0 时代，认为大众消费是慈善 2.0 时代的特点。持这种观点的学者认为，慈善 1.0 时代的主角是明星和工业大亨，以及名目繁多、宝马香车的慈善派对、明星、红地毯、铺张浪费的菜单、善款的暗箱操作和参与者的作秀。慈善 2.0 时代的主要特点在于购物即行善的"红色计划"，在企业、消费者以及慈善机构之间找到一个共赢的模式。消费者不会纯粹为了行善而购物，"红色计划"不能仅仅以慈善的名义，而应该是感性而吸引人的。[①] 随着注意力经济发展，公益慈善活动也从被动慈善转化为主动慈善、快乐慈善。著名的"冰桶挑战"便是将慈善与注意力经济完美结合，从而让公益慈善成为新型慈善消费品。[②]

在移动互联网时代，公益力量更多地摆在了协作者位置，将商业企业、娱乐企业融合进来，并体现出商业化的倾向。比如腾讯社交广告通过"创意+公益+广告"的融合创新机制，找到公益广告的受众，推动公益全民化。这种公益的特点有：公益媒体化、内容互动化、营销场景化、传播娱乐化、渠道多元化等。[③] 将公益项目通过具有冲击力的媒体直观呈现，通过公益行动互动开展公益活动，将生动的情景延伸到日常的场景中，通过娱乐或多样化的方式进行传播，将公益营销与品牌打造相结合。[④]

一些地方把第三方组织作为市场化运作平台，将"慈善"与"超市"结合，以款物捐赠、扶贫帮困、便民服务、志愿服务和慈善文化传播等为目标，实现慈善超市的"造血功能"，体现了慈善 2.0 时代的特点。[⑤] 例如有的慈善超市将社会捐赠的闲置物资出售，让每个购物者都成为"行

---

① 朱步冲、于萍、陈赛：《时髦、普及的慈善 2.0 时代》，《三联生活周刊》2006 年 11 月 16 日，http://www.lifeweek.com.cn/2006/1116/16903.shtml，2019 年 8 月 26 日。

② 张栩菡、包舒恬：《基于注意力经济的新型慈善消费品发展模式研究——以"冰桶挑战"为例》，《丽水学院学报》2016 年第 4 期。

③ 方晨子：《移动互联网时代公益项目设计中的营销策略研究》，《北京城市学院学报》2019 年第 1 期。

④ 李昕怡：《营销 3.0 时代下企业的公益营销——以百事可乐大中华区为例》，《传播与版权》2015 年第 5 期。

⑤ 《闵行区慈善超市进入 2.0 时代》，东方网，2018 年 2 月 2 日，http://shzw.eastday.com/eastday/city/gk/20180202/u1ai11195691.html，2019 年 8 月 26 日。

善者",将"输血式"慈善转化为"造血式"慈善。① 公益营销体现出从集体到个人、从标语式到故事化、从单向传播到互动传播的转变,② 慈善拍卖、慈善广告、在线营销活动、社交网站活动等与慈善事业有关的慈善营销体现为具有商业性因素的慈善活动。

(四)从直接资助模式到平台型模式

在慈善1.0时代,慈善机构拥有专业的人员,负责资源募集、资源调配、资源运用方案设计以及将慈善资源投入使用等全部过程。同时,门户网站自身是一个信息的发布者,发挥着信息收集、整理、发布的功能,它只需要用户点击和浏览,而不需要用户参与,主体关系建构为"资助人—机构""机构—受助人",没有或者很少有"资助人—受助人""受助人—受助人""资助人—资助人"之间的联系。但在慈善2.0时代,门户网站(在很大程度上)放弃了对信息的操控,而只是发挥一个平台的功能,从"授人以鱼"转化为"授人以渔"。这种转型在表面看来,可能是结构甚至是技术上的,但根源来说,应该是理念上的。慈善机构必须放弃"门户网站"式的思维,放弃对资源、信息、技术、专业以及"关系"的垄断。对于大型机构尤其如此。一方面,受助者应该从一开始建立关系时就被鼓励自我决策,决定自己现时需要什么,打算做什么;另一方面,资助人应该从一开始建立关系时就被鼓励不是单向的而是全方位的投入,这种情况下,资助人与志愿者的边界会变得模糊。而机构要做的就是在受助者的需求与资助人的供给之间搭桥——做"水管"而不是"水库"。慈善机构分为大型平台机构和小型专业机构,大型平台机构将集中资源转化为"汇聚资源",将使用资源的人或小型机构聚拢,将"运作项目"转化为"建立关系",建立"资助人—受助人""资助人—资助人""受助人—受助人"之间的关系网络。资助人本身也是多元化的,可以是个人家庭朋友群体,也可以是企业或者小型专业机构,可以表达自己的偏好,决定自己帮助的对象、帮助的金额、帮助的方式,也可以与其他资助人之间建立联系,整合资源。受助人通过平台表达意愿,接受资助,也可以与其他受助人建立联系,共同解决问题。这种方式下,"不是无偿赠与,而

---

① 《上海嘉定区慈善超市进入2.0时代》,人民政协网,2018年5月10日,http://csgy.rmzxb.com.cn/c/2018-05-10/2049977.shtml,2019年8月26日。

② 张云航:《新媒体环境下对视频类公益广告的新思考》,《今传媒》2018年第1期。

是无息贷款"①。

(五) 从单纯慈善向多元化模式转变

慈善 2.0 时代,慈善行为也从单纯的物质救助向社会救助与社会治理相结合转变,②从单纯的慈善捐助向拓展慈善文化转变,从"输血式慈善"向"造血式慈善"转变,比如慈善文化教育、慈善征文、慈善演讲、慈善文艺活动、创建"慈善社区"等。

清华大学 NGO 研究所所长王名 2014 年 5 月提出从慈善服务规则角度理解慈善 2.0,认为慈善 1.0 时代是购买方、承接方和服务团队、运行平台的磨合阶段,而慈善 2.0 时代则是政府只要出台"游戏规则",社工机构根据游戏规则提供专业化服务。③政府购买综合服务和专项服务,尤其是对医务社工、婚姻家庭、农村社工等专项服务的购买,激发了活力。

有些新模式往往能够引发极大的关注和支持。比如 2018 年罕见病发展中心、今日头条、抖音共同发起的橙子微笑挑战接力公益行动,通过吸住橙子五秒的形式唤起公众对罕见病的关注,点赞量突破 4500 万,浏览量超 23 亿次。④这种结合了新媒体和互动性的公益传播有效地提升了公益关注度。电视节目中增加公益元素也渐成时尚,比如,《等着我》线上线下结合、联合多方力量进行寻人,《奔跑吧》融入垃圾分类,《忘不了餐厅》关注认知障碍老年群体,《智造将来》融入了科技创新。⑤这些电视节目与公益的结合多种多样,要么是纯公益类节目,要么是融入了公益元素的综艺电视节目,要么是在线下开展相应的公益活动。这些成为公益慈善传播和发展的重要途径。

有的学者认为慈善产业化是中国式慈善 2.0 的特点,认为当前捐赠方式和领域更加多元化,捐赠者不仅在意捐赠行为,更在意捐赠效果:从"送温暖式单一的捐赠,演变为越来越关注国家经济发展和社会未来,越来越关注高校教育及产学研结合"。这种用慈善方式推动产业整合发展的

---

① 《慈善事业的 web2.0 时代》,豆瓣网,2009 年 10 月 23 日,https://www.douban.com/note/48251226/,2019 年 8 月 26 日。

② 赵浩义:《探索新时代慈善工作的新路径》,《各界导报》2019 年 8 月 27 日第 4 版。

③ 《广州公益慈善率先踏入 2.0 时代》,《广州日报》2014 年 5 月 14 日,http://union.china.com.cn/txt/2014-05/14/content_6908123.htm,2019 年 8 月 26 日。

④ 舒迪:《短视频成公益传播新方向》,《人民政协报》2019 年 1 月 23 日第 9 版。

⑤ 牛梦笛:《公益渐成综艺节目新风尚》,《光明日报》2019 年 6 月 10 日第 9 版。

"产业慈善"被称为进入中国式慈善2.0时代的标志。①

在多元化模式下,还出现了行动公益的形式,以腾讯捐步为例,用户通过平台记录运动步数,企业匹配捐赠资金,截至2019年4月17日,参与总人次接近8.66亿,募集善款超过9.44亿元。② 这种模式对于运动者、配捐企业和受益人来说是多赢的,运动者不仅进行了自我锻炼,同时为慈善事业做了贡献,配捐企业通过配捐,提高了企业影响力,同时进行了捐赠,而受益人也从中获得相应的帮助,可谓一举多赢。这种模式转变了传统的一方为捐赠人的活动模式,而是一种多元互动的新型公益慈善模式。

慈善和商业结合成为慈善创新的方式,最为典型的当属于社会企业。社会企业首先是企业,以营利为内在动力,追求资本的积累,但同时又是非营利组织,有明确的慈善宗旨,为了解决社会问题、创造社会价值而存在。这种企业一方面是对企业营利机制的否定和超越,另一方面又是对非营利组织公益机制的否定和超越,是打通商业与慈善的枢纽,是"解决社会问题的社会化手段",比如位于广州的洋城特惠店。③

二 慈善2.0时代对慈善立法的挑战

美国捐款80%以上来自普通大众,而中国普通大众捐款不到10%。④ 慈善2.0时代的到来意味着我国大众捐款的潜力逐渐显现,与此同时,慈善2.0时代带来的立法挑战也日益明显。

(一)慈善与商业的边界日益模糊

不可否认,商业通过市场交易提供能够满足消费者需求的产品与服务,从而使企业或个人等相关主体满足经济利益需求,并满足社会需求,当然也可能同时满足个人的自我实现需求。慈善则是基于无偿地捐赠金钱、商品或者服务,满足社会需求,当然也能使捐赠主体获得道德和精神上的满足感。在传统慈善中,即使存在慈善与商业相融合的情况,比如慈

---

① 《"产业慈善"——中国式捐赠进入2.0时代》,和讯新闻网,2016年2月1日,http://news.hexun.com/2016-02-01/182121710.html,2019年8月26日。

② 《中美个人慈善捐助差额55倍,美媒却说中国模式值得学习,为什么?》,搜狐网,2019年5月17日,https://www.sohu.com/a/314525326_120084778,2020年10月30日。

③ 褚蓥:《反思慈善改革:慈善的政治属性》,社会科学文献出版社2018年版,第58—65页。

④ 唐彬:《Web 2.0时代,"人人可慈善"》,《电子商务》2008年第6期。

善拍卖、慈善广告等活动，但总体上慈善的无偿性和商业的等价交换属性相对比较容易区分。

然而，在慈善2.0时代，慈善与商业的结合呈现日益增长的趋势，慈善与商业的界限日益模糊，表现为有的慈善行为中包括了商业行为，而有的商业行为中包括了慈善行为。有些行为发起的目的或名义是慈善，但是劝募手段是商业化的，甚至对每个工作人员的绩效考核本身也体现出市场化的特点。2019年12月炒得沸沸扬扬的水滴筹"扫楼"事件，便体现了水滴筹工作人员的市场化运作，完全无视了被救助者的客观事实，单纯为了获得筹款的提成而进行；"吴花燕"事件[①]某种意义上也体现了慈善与商业边界的模糊。公益市场化是通向公益目标的路径，是公益资源配置和组织运行的效率机制与规则，是有效公益的手段。[②] 有学者认为在去行政化、向企业学习管理方法和运行技术、促进慈善组织充分竞争方面，公益市场化具有积极作用，但坚决反对组织形式上的企业化与公益项目运行商业化。

著名公益人物徐永光和康晓光就公益与商业的关系进行了辩论，康晓光认为公益与商业应该健康融合，公益为主，商业为辅，公益为体，商业为用。公益市场化表现在公益资源配置和组织运行方面，商业是公益的手段。[③] 很多慈善活动往往是顶着慈善的名义，同时实现其商业目的。实践中往往还有一些混合型组织，比如"和的慈善基金会""乐平公益基金会"，既是公益基金会，同时又投资了多家项目，大大超出了传统基金会的范畴。美国在里根总统时期，在第三部门中引入市场逻辑。[④] 1977—1989年，慈善组织的商业收入增加了93%，慈善组织收入多样化；慈善组织开始将各种市场经济下的运营技术[⑤]引入到慈善组织内部，"企业家慈善"逐渐成为一股风潮。在慈善2.0时代"企业家慈善"的风潮中，

---

① 中华儿慈会通过9958儿童紧急救助中心在公募平台筹款100多万元，其中40万元捐款吴花燕本人并不知情，只有2万元转账给了吴花燕；另一个XX听新闻的账号，在吴花燕不知情的情况下，以"护燕行动"之名，用二维码收款方式筹款45万元，但是吴花燕及其亲属本人并未收到。

② 张玲：《公益与商业如何健康互动？》，《商业文化》2019年第29期。

③ 张玲：《公益与商业如何健康互动？》，《商业文化》2019年第29期。

④ 褚蓥：《反思慈善改革：慈善的政治属性》，社会科学文献出版社2018年版，第58—65页。

⑤ 比如客户服务、媒体公关、品牌建设、平衡计分卡等市场运营技术。

慈善与商业更加难以区分，慈善的非利他性与商业中的慈善的界限更加难以区分，为慈善立法规范带来了更大的挑战。

（二）慈善捐赠激励失衡问题更为严重

首先，在现代化工具利用方面，存在群体失衡问题。现在社会已经进入了网络化时代，绝大部分年轻一代均可以使用网络进行慈善捐赠或者募捐，然而对于老一代而言，却无法利用互联网进行募捐或捐赠。即使在使用网络技术的群体中，也存在差距。有的善于利用网络媒体技术，有的不善于网络媒体技术，从而形成了"新数字鸿沟"①。同时，信息技术发展带来新网络文化，导致熟练操作软件的人之间也存在巨大差异，因为有的擅长利用大号甚至专业的商业机构营销，而有的仅仅会操作软硬件设备，其结果是加剧了群体间隔阂。一方面部分会利用信息并且擅长公益营销的主体在信息社会中容易获益，不会运用信息化工具或者没有条件利用信息的人则无法在信息化社会中获益，更容易形成巨大的差异。即使是同样能够运用信息化工具的人也可能因为欠缺营销方面的技术而与善于营销的主体之间产生较大的差异。

其次，不同捐赠主体之间存在激励失衡问题。在慈善1.0时代，不同捐赠主体慈善捐赠激励失衡问题就备受诟病，而在慈善2.0时代，慈善捐赠的激励失衡更为明显。慈善捐赠主体有的体现为公司，有的体现为个人，有的主体常常利用网络进行捐赠，有的主体却主要以传统的线下捐赠为主，从而导致对于不同慈善捐赠主体、不同捐赠方式，其激励方式不同。

目前网上的公益募捐活动往往具有募捐覆盖面广、单笔募捐金额小的特点。对于习惯使用网络支付的个体而言，直接在手机上进行操作非常简单。比如随意地点开支付宝公益中民政部指定的慈善组织互联网募捐信息平台，点击感兴趣的项目便可直接通过网络捐赠，并且相关页面还有能够开具捐赠收据的说明，只要捐赠人提供自己的姓名或单位名称、开票抬头等信息，并上传捐赠截图，100元以上的捐赠发票都会以挂号信方式邮寄或者发送电子票据到捐赠人的指定邮箱。这种方式让捐赠人足不出户便可以选择自己感兴趣的公益项目捐赠，并能够获得相应的税收扣除发票。与

---

① 陆宇峰：《信息社会中的技术反噬效应及其法治挑战——基于四起网络舆情事件的观察》，《环球法律评论》2019年第3期。

此同时，还有一种行为捐赠，只要运动者将自己的信息关联到行走捐APP，则运动者每行走一定的步数，就有第三方商家进行一定的配捐。一方面督促运动者进行更多的运动，使参加活动者身体更加健康；另一方面又能感受到公益的正能量。而爱心企业针对捐步进行配捐，既支持了慈善项目，同时也宣传了公益精神。但是，对于不会利用网络的群体而言，不仅无法利用网络方便地开展慈善捐赠，更不会参与除了捐赠财物以外的类似于行为捐赠的其他捐赠活动。

最后，不同募捐主体之间也存在激励失衡问题。在有公募资质的公益慈善组织与不具有公募资质的公益慈善组织之间，其慈善捐赠激励显然也是不同的。在慈善1.0时代，具有税前扣除资格的慈善组织能够让捐赠人享有税收减免，而不具有税前扣除资格的慈善组织却不能给捐赠人出具可以享受税收优惠的票据。在具有税前扣除资格的慈善组织中，对某些慈善组织捐赠的捐赠人可以享受税前全额扣除，而有的是比例扣除（比如：个人是30%税前扣除，法人是12%税前扣除比例），从而在不同的慈善组织之间产生了税收激励的鸿沟。慈善捐赠税前扣除对于企业慈善捐赠意愿有重要影响，慈善捐赠税前扣除对规模大的企业比规模小的企业影响更大，盈利能力弱的企业比盈利能力强的企业对慈善捐赠补贴的动机更大，慈善捐赠税前扣除对国有企业影响大于非国有企业。在慈善2.0时代，除了上述两种激励差距外，具有公募资格的公益慈善组织与不具有公募资格的慈善组织因募捐途径的不同产生了差距。具有公募资格的公益组织，因其可以通过网上公开募集捐赠，且能够开具免税票据，因而其募集善款更为容易，而不具备公募资格的慈善组织因其只能针对特定主体进行募集，不能通过网络公开募集资金，因而相对于前者而言处于不利地位。因为只有向具备税前扣除资格的公益性组织、县级以上人民政府及其组成部门和直属机构的慈善捐赠才能享受税前扣除，其中享受全额税前扣除的组织更是少之又少。而在享受税前扣除资格的公益慈善组织中，具备网上公开募集资质的组织也不多，从而导致向不同的慈善组织捐赠的激励效应更为失衡。当然通过网上进行慈善捐赠获取税前扣除证明手续仍然繁杂且操作不便，也减少了其激励的效果。而针对个人可能随时在网络上进行的碎片化捐赠而言，一方面有的本来就是向个人的直接捐赠，因而不能获得税收优惠抵扣，另一方面，即使向具有税前扣除资格的公益组织捐赠，但因为获得税前扣除证明的手续繁杂，且超出30%比例部分不能结转，激励作用大打折扣。

(三) 特定意愿的实现存在困境

在慈善 2.0 时代，慈善捐赠省略了现场沟通的环节，只要通过网络获得需求信息，捐赠人便可以开展慈善捐赠活动，因而产生的新问题是慈善捐赠意愿面临的实现困境。当然，这些问题并不全部是因慈善 2.0 时代产生的，在传统时代也可能存在，只是在慈善 2.0 时代，这个过程中缺少了一个类似签订书面协议的程序，如果未能按照捐赠人意愿使用捐赠物资就可能引发大规模的争议。其实，类似的争议不仅仅体现在捐赠物资的使用方面，捐赠款项也会出现类似的问题。如果捐赠人对捐赠款项指定了受益人，但未在捐赠时以特定的方式予以明确，则受赠慈善机构在使用这些捐赠款物时可能导致慈善捐助人特定捐赠意愿落空。有的慈善捐赠主体未能在捐赠时明确特定受益人，一旦捐赠款物已经由受赠机构分配给受益人，则慈善捐赠主体的特定捐赠意愿便难以实现。那么在约定不明的情况下，受赠组织如何处分捐赠财产以及需要经过何种程序尚待确定。

(四) 慈善监管问题更加突出

在慈善 2.0 时代，随着网络化、信息化的发展，慈善捐赠逐渐从熟人社会到陌生人社会，慈善捐赠主体对于慈善组织、慈善项目、善款使用等的监管难度增大。

新冠肺炎疫情暴发之初，武汉市红十字会的失职行为引发了众多网友讨论。一方面是武汉市红十字会的仓库堆满了捐赠的医院用品，另一方面红十字会以翻找不出来等为借口拒绝发放物资。2020 年 1 月 31 日承担新冠肺炎病人接收任务的主要定点医院——协和医院，一天只领到了 2 套防护服。捐赠的几个亿躺在账上却没有及时拨付给医院等单位；企业捐赠的 36000 个口罩没有拨付给定点医院，而是拨付给了不需要接收感染新冠肺炎病人的 2 个私立医院①。该事件迅速发酵，2020 年 2 月 4 日湖北省纪委监委经过调查，对湖北省红十字会三位领导分别问责。② 新冠肺炎疫情期

---

① 《武汉协和一天只领了两件防护服！红会操作惹怒网友》，https：//www.163.com/news/article/F4BJPCSN0001899N.html，2022 年 4 月 9 日；《每经 16 点 | 国家卫健委：已治愈患者仍有再次感染的风险；湖北红十字会回应"36000 个 N95 口罩"使用情况质疑》，https：//zhuanlan.zhihu.com/p/104490834，2022 年 4 月 9 日。

② 湖北省纪委监委通报称，有关领导和干部在疫情防控期间接收和分配捐赠款物工作中存在不担当不作为、违反"三重一大"规定、信息公开错误等失职失责问题，给予了免职、党内严重警告、政府记大过处分、党内严重警告并政务记大过处分或者党内警告处分。

间的捐赠问题是一个全国关注的问题，网上"发酵"迅速，国家层面当作一个网络舆情问题出面处理，最终才平息了这次网络舆情。但是，这种处理方式并非网络慈善捐赠常态化的处理方式。当然，新冠疫情属于一种非常态下的突发公共卫生事件，这种状态下的慈善捐赠往往能够在极短的时间内引起集中关注，从而产生如此迅速的反应。同时，该事件最终问责的主要是官方背景的公益组织的负责人，具有社会监督引发行政问责的特点。由该事件可知，在慈善2.0时代下，慈善监管问题面临新挑战。解决了慈善监管问题，某种意义上也就解决了慈善捐赠主体的特定偏好和慈善捐赠意愿实现的问题。

第二节 慈善2.0时代非利他性慈善捐赠立法问题

基于有效激励慈善捐赠，规范慈善事业的角度考虑，慈善捐赠的相关立法存在的诸多问题在慈善2.0时代背景下，显得尤为突出。

一 对慈善概念缺乏统一的认知

关于慈善的认定在理论界定、法律规定及实务操作中均存在歧义和误解。

（一）不同众筹平台的行为定性不一

有关慈善的认定不仅在立法上存在歧义，在实践中也存在诸多歧义。在慈善2.0时代，众筹成为常事，但是不同平台的众筹行为性质不同。有些属于商业众筹或者风险众筹，有些属于个人求助，还有的属于慈善捐赠。

以近几年风靡一时的水滴筹为例，截至2020年8月底，水滴筹成功为经济困难的大病患者免费筹到超过330亿元的医疗救助款，仅仅2020年前8个月便筹款超过67亿元，平台上筹款最多的前十病种数据为脑出血、肺癌、白血病、乳腺癌、肝癌、肠癌、尿毒症、宫颈癌、胃癌和淋巴瘤。[①] 那么这种针对互联网筹款的资助行为是否属于慈善行为？对此，主

---

① 《水滴筹首次公布平台十大求助病种数据脑出血患者最多白血病平均筹款金额最高》，《大河报》2020年9月16日，https://www.shuidichou.com/mediaList/media/222，2021年1月14日。

流的观点认为这种情况属于互助，而不是慈善捐赠，当然也有人持相反的观点，认为这种行为属于《慈善法》第 3 条罗列的类型，属于慈善行为。笔者通过重庆市慈善总会查询发现，该慈善总会的官方平台也有为某个处于贫病的个体进行的募捐，而因为重庆市慈善总会是具有公募资格的慈善组织，通过该组织的官方募捐平台，即使是向贫病困境中的个人捐赠也是属于慈善捐赠。由此可知，同样是向贫病困境中的个人捐赠，但是因为前者不是通过具有公益募捐资格的组织募捐，而被认定为互助；后者是通过具有公益募捐资格的组织募捐，被认定为慈善，同样的行为仅仅因为途径不同而导致定性不同。

事实上，有很多商业众筹、公益众筹或风险众筹平台，与慈善公益难以区分。如果说求助性的公益众筹可以算作捐赠活动，那么创业型公益众筹与风险投资看上去就有些难以区分。究竟其是否属于慈善公益活动，也是存在误解和争议的。

（二）社会认知的慈善与税法上的慈善不同

社会的普通认知是"水滴筹"是公益慈善筹款平台，但事实上水滴公司有"水滴商城""水滴互助"商业板块与"水滴筹""水滴公益"社会责任板块，只有"水滴公益"是民政部指定的公开募捐信息平台。这种营利性和非营利性并存的模式本身就混淆了大众的认知。

即便是社会责任板块的"水滴筹"与"水滴公益"，虽然社会公众一般会认为这两类应该都属于公益慈善，事实上却不是一回事，其行为性质和享受的待遇也是不同的。从法律角度来看"水滴筹"属于个人求助，是个人通过"水滴筹"平台向社会求助，属于个人求助行为，个人通过"水滴筹"平台向个人捐款不能享受税前扣除待遇；而"水滴公益"属于民政部指定的公开募捐信息平台，在公开募捐平台募捐的主体必然是具备公开募捐资格的慈善组织。这些具备公开募捐资格的组织往往都被认定为具有税前扣除资格的组织，慈善捐赠主体通过"水滴公益"平台向具备慈善捐赠税前扣除资格的公益慈善组织进行捐赠，可以享受所得税税前扣除待遇。由此可见，虽然二者都是通过互联网平台提供资助，具有慈善公益的性质，但是其在税法上的待遇却是不同的，从而导致社会认知的慈善与税法上的慈善意义不同。这种情况显然不太符合社会大众的一般认知。在一般公众的认知中，不论通过何种方式，只要伸出援手，无偿向其他主体提供各种财物帮助就是慈善。普通社会公众不理解的是，为何捐赠给"水滴筹"等一些筹款平台的求助个人就不能享受税收优惠，而向具有税前扣除资格的公募组织或者民政部指定的公开募捐信息平台捐赠就能够享受税前扣除？那么法律中的慈善是否包括了这种个人求助下的捐助？

社会大众认知中的慈善是向亲属和利害关系人以外的一切捐赠，不仅包括向慈善组织的捐赠，也包括直接向求助者个人捐赠，而税法意义上的慈善则是只有通过特定具有税前扣除资格的组织进行的捐赠，才属于税法中的慈善捐赠，才能享受税前扣除待遇，凡是不通过具有税前扣除资格的慈善组织进行的捐赠均不能享受税前扣除。因此，社会大众认知中的慈善和税法中的可以享受税前扣除资格的慈善捐赠并不相同。

二 慈善捐赠激励与限制制度不足

在慈善2.0时代，慈善捐赠激励制度不仅存在以往的激励不足问题，在其他方面还可能存在更为突出的问题。

（一）税收优惠激励缺乏公平正义

目前我国有关慈善捐赠主体税收优惠的相关规定如下：首先，我国《企业所得税法》与《个人所得税法》分别对慈善捐赠的税收优惠做出规定，[1] 体现出对于慈善捐赠主体物质利益追求的一种肯定。其次，《慈善法》对慈善捐赠主体税收优惠方面追求也予以回应，有关的支持性条款主要有第80条[2]、第83条[3]。同时，对于慈善捐赠主体追求税收优惠等物质利益追求方面，我国《慈善法》也作出了限制性规定。再次，现有立法还明确规定慈善捐赠权利转让中相关行政事业性收费的免除，从减少慈善捐赠主体捐赠成本的角度体现为满足慈善捐赠主体利益追求的目的，

---

[1]《个人所得税法》与《企业所得税法》对个人慈善捐赠额未超过纳税义务人申报的应纳税所得额30%以内与企业法人公益性捐赠支出在年度利润总额12%以内的部分，准予在计算应纳税所得额时扣除。

[2]《慈善法》第80条规定，自然人、法人和其他组织捐赠财产用于慈善活动的，依法享受税收优惠。企业慈善捐赠支出超过法律规定的准予在计算企业所得税应纳税所得额时当年扣除的部分，允许结转以后三年内在计算应纳税所得额时扣除。境外捐赠用于慈善活动的物资，依法减征或者免征进口关税和进口环节增值税。

[3]《慈善法》第83条规定，捐赠人向慈善组织捐赠实物、有价证券、股权和知识产权的，依法免征权利转让的相关行政事业性费用。

激励慈善捐赠。最后,《公益事业捐赠法》第 4 条[①]提出不得以捐赠为名从事营利活动。《慈善法》第 14 条第 1 款[②]、第 14 条第 2 款[③]明确禁止主要捐赠人利用管理关系,损害慈善组织利益和社会公共利益。对违反法律法规或社会公德条件接受捐赠的慈善组织及其直接责任人追究相应的责任,以限制慈善捐赠中的不正当的非利他性行为的发生。主要捐赠人如果与慈善组织存在交易行为,则不得参与该慈善组织有关该交易行为的相关决策,并向社会公开有关情况。这些规定是为了避免慈善捐赠主体利用慈善捐赠的名义获得荣誉或者通过宣传从而获得有利于自己的交易机会,可以视为对慈善捐赠非利他性追求的一种约束与限制。尽管税收优惠是降低慈善捐赠价格的一种世界性的普遍做法,税收优惠制度在我国也备受诟病,[④] 立法对于慈善捐赠非利他性的立法支持尚存在一定的不足,主要体现为:慈善捐赠税收优惠资格受限、税收优惠比例不一致、所得税优惠比例偏低且不能向后结转、其他税收优惠种类不全、实物捐赠估价方式不明确、[⑤] 慈善捐赠退税手续烦琐、复杂等问题。[⑥] 除了存在上述不足以外,慈善 2.0 时代下慈善捐赠税收激励还缺乏公平正义以及可持续性。

首先,通过不同捐赠途径或者向不同的慈善组织捐赠,享受税收待遇不同。在慈善 2.0 时代,线下捐赠日益减少,线上捐赠越来越多。只有向经过税务、财税、民政各部门对公益性社会全体的捐赠税前扣除资格联合确认的组织进行捐赠的企业或个人才能在计算应纳税所得额时予以扣除。如果捐赠的渠道不是向经过确认的具有捐赠税前扣除资格的组织进行捐赠,或者直接向受益人的捐赠则无法享受税前扣除优惠。其结果导致同样的慈善行为,享受待遇结果不同。即使在享受税前扣除的情况下,相同的

---

① 《公益事业捐赠法》第 4 条规定,捐赠应当是自愿和无偿的,禁止强行摊派或者变相摊派,不得以捐赠为名从事营利活动。

② 《慈善法》第 14 条第 1 款规定,慈善组织的发起人、主要捐赠人以及管理人员,不得利用其关联关系损害慈善组织、受益人的利益和社会公共利益。

③ 《慈善法》第 14 条第 2 款规定,慈善组织的发起人、主要捐赠人以及管理人员与慈善组织发生交易行为的,不得参与慈善组织有关该交易行为的决策,有关交易情况应当向社会公开。

④ 李喜燕:《我国慈善捐赠个人所得税激励制度的局限与克服》,《经济法学评论》2015 年第 2 期。

⑤ 民政部财政部国家税务总局《关于公益性捐赠税前扣除有关问题的通知》第 9 条。

⑥ 李喜燕:《非利他性视角下的慈善捐赠的立法激励》,《河北大学学报》(哲学社会科学版)2015 年第 5 期。

捐赠金额享受的税前扣除比例也不同。在某个阶段比如扶贫、奥运会、突发公共卫生事件等被国家认为是紧迫或必要的事项上,慈善捐赠主体可以享受百分之百的税前扣除;不论何种情况,只要向国家认定的少数慈善组织进行捐赠,也可以享受百分之百的税前扣除。针对其他捐赠或者非国家认定的特定慈善组织捐赠,企业只能享受12%、个人只能享受30%的税前扣除比例,从而导致相同的捐赠,其享受的税前扣除比例不同。

其次,不同收入群体实际上享受的税收优惠待遇不同。相比低收入纳税人而言,慈善捐赠税前扣除更加有利于高收入纳税人,缺乏纵向公平。因为通过慈善捐赠扣除提供的补贴由捐赠人的边际税率决定,税率越高,补贴越大,税率越低,补贴越小。一个纳税比例为3%的纳税人捐赠100元获得3元的补贴,但是一个纳税比例为45%的纳税人捐赠100元获得了45元的补贴。慈善捐赠税前扣除通过向高收入纳税人提供更大比例的补贴,使高收入纳税人享受了比低收入纳税人更多的补贴。同时,由于月收入低于纳税起征点的人不需要纳税,则无法享受慈善捐赠税前扣除所带来的税收优惠补贴。如果把慈善捐赠理解为一种消费,那么慈善捐赠税前扣除倾向于补贴由高收入群体消费的慈善物品而不是由低收入群体所消费的慈善物品,不利于分配正义的实现。捐赠人倾向于向慈善组织捐赠他们个人消费的慈善产品,[①] 比如,高收入群体可能倾向于消费由博物馆或者大学提供的慈善物品,或者倾向于能够提升自己荣誉的慈善物品,而低收入群体则倾向于捐赠食品或者无家可归收容所等提供的慈善物品。很明显,高收入群体有更多的财富,能够比低收入群体做出更多的慈善捐赠,那么慈善捐赠税前扣除就更多地补贴了由富有者消费的慈善物品,而不是由贫穷者消费的慈善物品。因此,相比低收入群体而言,高收入群体倾向于获得更多的补贴,高收入群体有更大的动力进行慈善捐赠。高收入群体常常从慈善捐赠税收扣除中获得更多的好处,而低收入群体获得更少的益处,慈善捐赠税前扣除对富有者消费的慈善产品补贴更多。而个人收入和获得补贴的不同可能扩大了进行慈善捐赠的主体之间的能力差距。[②]

最后,不同群体补贴动力不同导致"慈善失灵"。向慈善机构捐赠的个体收入越低得到的补贴越低,甚至根本得不到补贴,在能够获得补贴的

[①] Teresa Odendahl ed., *Charity Begins at Home*, New York: Basic Books, 1990, p. 3.

[②] Thomas Piketty&Gabri Teresa el Zucman, "Wealth and Inheritance in the Long Run", Apr. 6, 2014, http://gabriel-zucman.eu/files/PikettyZucman2014HID.pdf.

个体中，高税率的纳税人比低税率的纳税人获得的慈善捐赠税前扣除补贴更大。当慈善捐赠税前扣除为高收入纳税人进行慈善捐赠创设了一个强大的动力的时候，对低收入纳税人而言仅仅是一个弱动力。研究发现，补贴幅度的改变可能对捐赠的总量和结构产生大的影响。① 研究表明因为高收入纳税人能够收到更大的补贴，高收入的纳税人比低收入纳税人有更及时的相关回应，慈善捐赠税前扣除的补贴额度对高收入纳税人比低收入纳税人产生了更大的变化，② 从而对慈善捐赠的结构有所影响。慈善捐赠税前扣除更可能解决由高收入纳税人所消费的慈善物品供给方面的市场失灵和政府失灵。结果，慈善捐赠税前扣除导致慈善组织能够提供由高收入纳税人消费的最优数量的慈善产品，而在由低收入纳税人消费的慈善产品方面提供不足。

（二）荣誉地位追求法律规范不足

我国《公益事业捐赠法》第 8 条③与第 14 条④体现了对慈善捐赠主体荣誉地位追求和捐赠冠名的肯定与支持。2016 年颁布的《慈善法》对捐赠人荣誉地位追求的有关的支持性条款主要有第 90 条⑤和第 91 条⑥，其内容为：一是《慈善法》明确提出国家建立慈善捐赠表彰制度。虽然其内容表述基本沿用原有的《公益事业捐赠法》第 8 条第 3 款的内容，但是已经意味着我国相关立法机关已经意识到慈善捐赠表彰制度对于慈善捐赠激励的重要作用。二是明确提出经过受益人同意的对于捐赠的慈善项目可以冠名。原有立法有关慈善冠名的规定仅限于经过县级以上人民政府审

---

① Jon Bakija & Bradley T. Heim, "How Does Charitable Giving Respond to Incentives and Income? New Estimates from Panel Data", *Nat'l Tax J.*, Vol. 64, No. 615, 2011, p. 692.

② Charles T. Clotfelter, "The Impact of Tax Reform on Charitable Giving: A 1989 Perspective", NBER Working Papers, pp. 203, 206-213.

③ 《公益事业捐赠法》第 8 条第 3 款规定，对公益事业捐赠有突出贡献的自然人、法人或者其他组织，由人民政府或者有关部门予以表彰。对捐赠人进行公开表彰，应当事先征求捐赠人的意见。

④ 《公益事业捐赠法》第 14 条规定，捐赠人对于捐赠的公益事业工程项目可以留名纪念；捐赠人单独捐赠的工程项目或者主要由捐赠人出资兴建的工程项目，可以由捐赠人提出工程项目的名称，报县级以上人民政府批准。

⑤ 《慈善法》第 90 条规定，经受益人同意，捐赠人对其捐赠的慈善项目可以冠名纪念，法律法规规定需要批准的，从其规定。

⑥ 《慈善法》第 91 条规定，国家建立慈善表彰制度，对在慈善事业发展中做出突出贡献的自然人、法人和其他组织，由县级以上人民政府或者有关部门予以表彰。

批的工程项目。该法将冠名的范围扩大到所有的慈善项目，而且不再要求经过县级以上人民政府审批，在其他法律法规不要求批准的情况下，只需经过受益人同意即可冠名。这说明该立法已经明确了冠名的条件与程序。当然有关冠名捐赠相关规定还存在适用范围、条件、程序、期限不明确以及关于冠名以外的其他荣誉地位的立法规定不充分等问题。

尽管有学者认为慈善捐赠本身就是公益慈善行为，而且是社会倡导的善行，不应该去质疑或者怀疑慈善行为背后的动机。但是，不论我们是否认可慈善捐赠行为背后的动机，通过慈善捐赠能够获得的荣誉地位效果是客观存在并且不容怀疑的。慈善捐赠主体荣誉激励不仅包括冠名捐赠，也包括新闻报道、名誉职位、捐赠证书甚至荣誉身份等多种激励方式。不少慈善捐赠主体在捐赠的时候尤其看重能否冠名捐赠、能否获得相应的荣誉职位、能否授予一定的荣誉奖励等。因此，从立法上对慈善捐赠主体荣誉地位追求予以激励或限制就必不可少。

如何对慈善主体的荣誉地位追求方面进行相应地规范，对具有合理性荣誉地位追求予以一定的支持，对超越合理性的荣誉地位追求予以限制是立法理应回应的问题。本书第五章已经述及有关慈善冠名捐赠的立法不足，这些不足在慈善2.0时代依然存在。①

在慈善2.0时代下，慈善捐赠主体是否捐赠，捐赠数额多少，是否获得相应的荣誉奖励比起传统的慈善捐赠而言更加透明。比如：上海宋庆龄基金会在其官网上明确提出捐赠200万以上的可以成立命名基金。换言之，如果一个主体或者捐赠发起人能够承诺200万的捐赠款项，就可以成立冠名基金，基金冠名本身就是对于慈善捐赠主体的荣誉。在慈善2.0时代背景下，冠名效应更为明显。比如清华"真维斯楼"事件，一时间引发了全社会的关注和热议。

目前，我国国家层面并没有出台详细的冠名捐赠的指导性规定，对于慈善冠名捐赠的适用类别、捐赠形式、冠名名称规范、冠名期限、适用条

---

① 我国立法并没有下位法或者实施条例对冠名捐赠有关具体层面进行规定，难以适应当今社会发展需求。《公益事业捐赠法》第14条规定的冠名权的适用范围相对狭窄，是否包括对已经存在的建筑物进行修理维护的冠名权、其他类型的捐赠冠名权还值得商榷。冠名是否永久，能够享受冠名所需捐赠的数额或规模也没有具体明确的规定。《慈善法》中慈善项目所指是哪些也未明确。尽管个别地方政府部门制定了地方性规章，但仅仅是适应个别地区，不具有普适性。而各个地方慈善总会或者高校基金会的规章显然只能约束组织体自身和有意对其捐赠的捐赠个人或者组织。

件、冠名程序、冠名捐赠的最低限额、冠名适用范围、冠名基金的使用范围、冠名取消、冠名终止、冠名捐赠的违约责任、冠名的多重激励、非货币捐赠价值的确定、冠名对价的确定、禁止性情形等均未予以明确规定。无论从实体上，还是程序上，现有立法均缺乏可操作性。如果一旦出现特殊情况建筑物没有必要持续存续，则冠名又该如何处理？通过何种替代性方式来满足原本的捐赠协议的约定？冠名者声誉出现污点或者冠名捐赠的资产为非法取得财产该如何处理？这些也缺乏规定。

尽管我国立法规定建立慈善捐赠表彰制度，但是并未将表彰制度予以具体化。特别是表彰制度仅限于做出突出贡献的捐赠主体，而对于未做出突出贡献的其他慈善捐赠主体如何激励尚缺乏引导性的法条。有学者认为"国家建立慈善表彰制度"不妥当，[①] 应该减少政府主导评比、达标、评估、表彰等。[②] 那么又如何通过非政府组织或者社会主体对慈善认定进行评定和表彰，也无章可依。

需要注意的是，现实生活中，由于某一突发灾难或者公共卫生事件，一些单位特别是公职单位往往组织募捐，比如某事业单位领导开始捐赠，且通过接龙的方式进行，其同事或下属担心如果不参与捐赠就可能显出自己太过吝啬或者没有爱心，就不得不被动地跟上。这种基于担心负面评论而进行的捐赠，接龙捐赠的员工往往并不是心甘情愿，而没有跟着接龙的员工往往还要受到负面的评论。这种基于负面评论的慈善激励也颇受诟病，但类似行为却并未从立法上明确予以禁止。

三 慈善意愿实现保障制度不够

《公益事业捐赠法》第 5 条[③]、第 12 条[④]表明在满足公益目的前提下，按照捐赠人意愿使用捐赠财产，且捐赠人享有对于捐赠用途的决定权，表明立法允许满足捐赠人对于捐赠用途的特定偏好。《慈善法》对慈善捐赠

---

① 余少祥：《我国慈善立法的实践检视与完善路径》，《法律适用》2020 年第 10 期。
② 赵瑞凤：《新时代中国慈善伦理的困境及其路径构建》，《经济研究导刊》2019 年第 4 期。
③ 《公益事业捐赠法》第 5 条规定，捐赠财产的使用应当尊重捐赠人的意愿，符合公益目的，不得将捐赠财产挪作他用。
④ 《公益事业捐赠法》第 12 条规定，捐赠人可以与受赠人就捐赠财产的种类、质量、数量和用途等内容订立捐赠协议。捐赠人有权决定捐赠的数量、用途和方式。捐赠人应当依法履行捐赠协议，按照捐赠协议约定的期限和方式将捐赠财产转移给受赠人。

主体特定意愿保障的条款主要有第 39 条①、第 80 条②、第 83 条③、第 90 条④和第 91 条⑤。这些条款的主要内容为：一是对于慈善捐赠主体特定偏好方面，《慈善法》规定，如果慈善捐赠主体要求签订协议，慈善组织应当与慈善捐赠主体签订，并对协议的内容予以明确。这在一定意义上更加尊重慈善捐赠主体的捐赠意愿，并满足其特定偏好。二是对于捐赠人通过公开承诺方式捐赠的并且逾期未交付的，予以限制，明确慈善组织有权申请支付令或起诉。总的来说，⑥ 在慈善 2.0 时代下，我国有关慈善意愿实现的保障还存在以下不足。

（一）程序性保障不足

《公益事业捐赠法》明确了"不得将捐赠财产挪作他用"以及"任何单位和个人不得侵占、挪用和损毁"的原则性要求，同时指出，捐赠人可以对捐赠财产的数量、用途和方式做出规定，受赠组织不得擅自改变捐赠财产的用途，必要时应征得捐赠人的同意。类似的规定还体现在《基金会管理条例》中关于基金会注销后剩余财产仍应用于其章程所定的目的或者由其他性质和宗旨相同的社会公益组织承担等方面。《慈善法》第 39—42 条规定了慈善捐赠协议的相关内容以及慈善捐赠对捐赠财产使用的保障，第 57 条对剩余财产的处理做出了规定，还对慈善捐赠主体公开承诺捐赠或者捐赠财产用于特定的慈善活动而违反捐赠协议不交付捐赠财

---

① 《慈善法》第 39 条规定，慈善组织接受捐赠，捐赠人要求签订书面捐赠协议的，慈善组织应当与捐赠人签订书面捐赠协议。书面捐赠协议包括捐赠人和慈善组织名称、捐赠财产的种类、数量、质量、用途、交付时间等内容。

② 《慈善法》第 80 条规定，自然人、法人和其他组织捐赠财产用于慈善活动的，依法享受税收优惠。企业慈善捐赠支出超过法律规定的准予在计算企业所得税应纳税所得额时当年扣除的部分，允许结转以后三年内在计算应纳税所得额时扣除。境外捐赠用于慈善活动的物资，依法减征或者免征进口关税和进口环节增值税。

③ 《慈善法》第 83 条规定，捐赠人向慈善组织捐赠实物、有价证券、股权和知识产权的，依法免征权利转让的相关行政事业性费用。

④ 《慈善法》第 90 条规定，经受益人同意，捐赠人对其捐赠的慈善项目可以冠名纪念，法律法规规定需要批准的，从其规定。

⑤ 《慈善法》第 91 条规定，国家建立慈善表彰制度，对在慈善事业发展中做出突出贡献的自然人、法人和其他组织，由县级以上人民政府或者有关部门予以表彰。

⑥ 《慈善法》第 37 条规定，自然人、法人和其他组织开展演出、比赛、销售、拍卖等经营性活动，承诺将全部或者部分所得用于慈善目的的，应当在举办活动前与慈善组织或者其他接受捐赠的人签订捐赠协议，活动结束后按照捐赠协议履行捐赠义务，并将捐赠情况向社会公开。

产予以限制。现有规定大多为原则性、提倡性的,缺乏实施细则,可操作性差,需要予以具体化。

(二) 存在主体分别立法藩篱

我国的慈善立法,其融合性和趋同性尚显不足。比如《公益事业捐赠法》把受赠人局限于依法成立的公益性社会团体和公益性非营利的事业单位,而没有包括公益性非企业单位,没有将公益信托性质的捐赠纳入其中,也没有涵盖正在转化或者即将转化的非营利机构的事业单位,在适用范围方面不能统领所有的慈善捐赠类型。而《基金会管理条例》仅适用于基金会这种特定的类型,对于公益信托、慈善医院、慈善学校等其他慈善组织不适用;《信托法》仅适用于公益信托。法律法规多数都是针对慈善事业的某一方面或某些方面的规定,不能涵盖慈善事业的全部内容。《慈善法》虽然明确了慈善组织可以体现为基金会、社会团体、社会服务机构等非营利组织形式,但是税前扣除资格的慈善组织又需要专门经国家民政部或者各省部级民政局予以认定;2021年颁布实施的《民法典》对于民事主体又区分为企业法人、非营利法人和特别法人,其中非营利法人包括事业单位、社会团体、基金会、社会服务机构等,不同法律法规对于非营利组织的称呼存在混淆。此外,我国慈善公益组织与公益信托在法律规则与适用方面也存在隔离。尽管《慈善法》第45条规定未经过备案的慈善信托不享受税收优惠,但是实践中即使是经过备案的慈善信托也并不容易享受税收优惠。

(三) 相关权益平衡不够

我国《慈善法》第15条[①]、第97条[②]、第98条[③]、第107条[④]对于

---

① 《慈善法》第15条规定,慈善组织不得从事、资助危害国家安全和社会公共利益的活动,不得接受附加违反法律法规和违背社会公德条件的捐赠,不得对受益人附加违反法律法规和违背社会公德的条件。

② 《慈善法》第97条规定,任何单位和个人发现慈善组织、慈善信托有违法行为的,可以向民政部门、其他有关部门或者慈善行业组织投诉、举报。民政部门、其他有关部门或者慈善行业组织接到投诉、举报后,应当及时调查处理。国家鼓励公众、媒体对慈善活动进行监督,对假借慈善名义或者假冒慈善组织骗取财产以及慈善组织、慈善信托的违法违规行为予以曝光,发挥舆论和社会监督作用。

③ 《慈善法》第98条规定,慈善组织有下列情形之一的,由民政部门责令限期改正;逾期不改正的,吊销登记证书并予以公告:……(三)接受附加违反法律法规或者违背社会公德条件的捐赠,或者对受益人附加违反法律法规或者违背社会公德的条件的。

④ 《慈善法》第107条规定,自然人、法人或者其他组织假借慈善名义或者假冒慈善组织骗取财产的,由公安机关依法查处。

慈善组织及捐赠人的行为规范作出了禁止性规定，并对于假借慈善名义或者假冒慈善组织骗取财产的行为，鼓励媒体和舆论发挥监督作用，甚至可以由公安机关依法予以查处。即便如此，当前我国有关慈善意愿实现的法律保障仍存在捐赠主体意愿保障不力与保障错位，原则性强、可操作性不强，行政化色彩强、慈善机构独立性不强，内部操作严重、监督力度不够等问题，[①] 从而导致公益慈善目的在实践中相关权益平衡不力。

对于慈善捐赠主体将捐赠财产用于非公益性目的的审查和监管不力，导致慈善意愿并未落到实处。实践中有的企业以公益之名牵头组织募捐冠名基金，然后相关负责人又将自己控制的公募资金用于自己的关联公司，存在以公募之名，行个人私利之实的嫌疑。然而，实务中因为各方利益关系错综复杂，加上在认定方面可操作性小，导致这种行为的责任难以追究。公益慈善组织尚且如此，对于个人在众筹平台求助的事项，同样存在信息不真实而诱发捐赠或者捐赠后难以保障捐赠意愿实现的情形。比如罗尔的网络求助文章引发了大量的阅读和打赏，结果发现其信息存在失真和虚假情形，引发网络热议；[②] 另外还有类似案件，即广州的卢兆泉在"轻松筹"募集善款后，被发现去马来西亚旅游，引发网友对滥用善款的质疑。[③] 还有2020年发生的43斤女大学生吴花燕被捐赠超过100万，实际只收到2万元等事件，无不说明慈善爱心被不当消费的情况，从而导致慈善捐赠意愿落空。尽管现在立法关于无法实现捐赠目的作出相关规定，但是并未明确提出"近似原则"和"衡平背离原则"，当出现不能按照捐赠主体意愿使用捐赠财产的情形时，慈善捐赠主体难以基于慈善法进行问责。比如著名的"美国妈妈"案例仅仅是基于合同法的角度而非慈善信托或者公益的角度予以问责。

慈善捐赠相关主体权益不平衡的另一个重要原因是行政化色彩强。比如2020年年初武汉暴发新冠肺炎疫情，民政部指定了武汉市红十字会等五家慈善机构接受捐赠，而且所有外地慈善机构和志愿者不允许进入湖北。2010年玉树地震后，国务院及其相关部门指定15家有政府背景的组织接受捐赠。慈善组织本身属于独立于政府之外的非营利组织，却被赋予

---

① 余少祥：《我国慈善立法的实践检视与完善路径》，《法学杂志》2020年第10期。
② 《网络募捐：既要热情，更要理性》，《山西日报》2017年1月3日第9版。
③ 《众筹救女后晒出国游引发争议，网上众筹善款谁来管》，新华网，2016年3月20日，http://www.xinhuanet.com//politics/2016-03/20/c_128814634.htm，2021年2月1日。

更多的行政角色，慈善捐赠本来是自由捐赠，却被指定了受赠机构。武汉新冠肺炎疫情期间，由于管理不善、工作效率低，抗击疫情的捐赠物资迟迟没有发放利用，引起了舆论的一片谴责。可见在慈善2.0时代，行政化色彩太浓可能导致捐赠款物无法实现预定目的，从而严重影响慈善事业的发展。

四 慈善信息公开法律制度不够完善

在慈善2.0时代下，慈善信息对于捐赠意愿的影响比慈善1.0时代更大，相比于传统媒介信息而言，新兴媒介信息对于慈善捐赠的影响更大。① 社会群体对于慈善信息的感知对捐赠主体的捐赠意愿具有重要影响，而传媒媒介对于信息的正向报道及公众与社交媒体的积极互动对于捐赠行为具有重要影响。② 公众获取信息越多，对捐赠影响越大。正面信息能够激励捐赠，而类似"郭美美事件"等负面消息往往对捐赠行为具有负面激励作用。研究发现，疫情等公共卫生事件是促使信息公开的重要因素，而公共卫生事件的消退又诱发了信息披露的惰性。同时，舆论压力和对抗疫官员的震慑对信息披露具有重要的外部推动作用。③ 个体对慈善组织的动机信任和工具信任对慈善捐赠具有重要激励作用。个体捐赠者做出捐赠决策一定程度上依赖于慈善组织的会计信息，通过对慈善组织业务活动收支信息和筹资、管理费用等影响动机信任，从而影响捐赠人的捐赠意愿。④ 因此，慈善信息，尤其是在慈善2.0时代下慈善信息的公开对于慈善捐赠具有重要影响。

我国慈善组织信息公开制度最早源于1993年的《红十字会法》，其

---

① 徐延辉、李志滨：《个人捐赠何以可为——慈善信息与组织信任的作用机制研究》，《社会保障研究》2020年第1期。

② See Aykas A., Uslu A., Simsek C., "Mass Media, Online Social Network, and Organ Donation: Old Mistakes and New Perspectives", *Transplantation Proceedings*, Vol. 47, No. 4, 2015, pp. 1070-1072; Abbasi R. A., Maqbool O., Mushtaq M., et al., "Saving Lives Using Social Media: Analysis of the Role of Twitter for Personal Blood Donation Requests and Dissemination", *Telematics and Informatics*, Vol. 35, No. 4, 2017, pp. 892-912.

③ 李哲：《新冠肺炎疫情对官办慈善组织信息披露的影响研究——基于抗疫款物信息披露的文本分析》，《财经研究》2020年第9期。

④ 殷铭康：《慈善组织会计信息对个体捐赠者捐赠意愿的影响路径研究》，《财会通讯》2019年第27期。

对红十字会的经费来源与使用情况进行了规定。1998—2004年我国慈善组织信息制度法律规范较多①，对信息公开的主体问题、对象问题、内容问题以及相应的法律救济等基本方面进行了规定。2005年颁布《基金会信息公布办法》对慈善组织信息公开的相关规定进一步丰富，不过对于信息公开主体、公开对象、公开内容和公开途径的规定还比较模糊和片面。②同年，财政部发布《民间非营利组织会计制度》，主要就民间非营利组织会计记账方面的相关内容予以规定。2011年民政部发布了《公益慈善捐助信息公开指引》，尽管就有关信息公开要求进一步予以完善，但缺乏问责机制，且该指引属于指导性政策文件，并不具有法律强制力。2012年民政部印发《规范基金会行为的若干规定（试行）》对基金会接受和使用公益捐赠、基金会的交易、合作及保值增值、基金会的信息公布等内容进行了规定。2016年《慈善法》专章对慈善组织信息公开进行规定，对信息公开主体的权责问题、统一信息平台问题、对慈善组织管理部门和慈善组织公开的内容予以分类规定，同时对违反信息公开的法律救济、信用慈善组织评估制度予以规定。2017年8月，民政部出台《慈善组织信息公开办法》，进一步对慈善组织信息公开进行规定。2020年中国慈善联合会还发布了《慈善组织信息公开指南》，作为一种推荐性团体标准对慈善组织信息公开提出了倡导性建议。

慈善信息是否正面以及信息量的多少是影响慈善捐赠的重要因素。如果慈善捐赠主体从慈善组织和管理部门获取的信息都是正面的，那么捐赠人认为其捐赠意愿容易实现，因而更愿意进行慈善捐赠；如果信息都是负面的，慈善捐赠主体便认为其捐赠意愿不容易实现，从而不愿捐赠。慈善捐赠主体获得有关信息越多，其对于慈善组织的信任关系越强，越了解慈善组织的宗旨是否与自己的捐赠意愿一致，对于慈善组织宗旨与自己的捐赠意愿一致的慈善组织，捐赠主体越愿意捐赠。慈善组织信息透明度越

---

① 《社会团体登记管理条例》（1998）、《民办非企业单位登记管理暂行条例》（1998）、《公益事业捐赠法》（1999）、《会计法》（1999）、《基金会管理条例》（2004）、《民间非营利组织会计制度》（2004）。

② 何华兵：《〈慈善法〉背景下慈善组织新型公开的立法现状及问题研究》，《中国行政管理》2017年第1期。

高,捐赠者尤其是企业和限定性捐赠者的捐赠意愿越高。① 反之,则不愿意捐赠。慈善组织具有公信力的条件包括:信息源状态良好、信息公开内容真实全面、信息公开主体服务热情周到、信息公开过程充分体现社会公众的权益。② 目前,我国在慈善信息公开方面还存在慈善组织信息公开内容不完善,信息公开监管不足,准公益性活动规制不足、慈善受益人信息保护不够等问题。

(一)有关慈善信息公开内容方面的规定存在问题

我国在慈善信息公开方面,对登记管理机关和慈善组织之间各自承担的信息公开具体责任并未明确规定,从而可能导致信息公开时具体责任主体不明、重叠或者相互推诿的情况。现有制度对信息公开更多是原则性和总体性要求,有关慈善组织信息公开具体内容不够明确,缺少具体细节要求,信息披露透明度不够高,且未对不同的慈善组织信息公开内容进行区分,从而导致同质化严重。慈善信息公开不应该仅仅限于受赠款物,还应该公开慈善工作动态和每个项目的具体支出,不仅仅限于静态的结果和总量支出,还应该公开动态的变化过程。目前,我国慈善组织信息公开对象不明确,广大社会公众监督权和知情权难以实现,缺乏权利救济途径,信息公开制度不足还可能导致慈善捐赠财产使用过度私利化,不能实现公益目的。实践中,慈善捐赠信息公开困难,内部操作严重。比如不少机构在官网系统只能查到捐款到位情况,无从知晓其用途和去向。我国慈善信息透明度还有很大的提升空间,慈善信息公开还需要做更多的工作。

(二)关于慈善组织信息公开监管方面制度不足

现有慈善组织信息公开方面,存在监管资源不足,政府、捐助人、媒体、公众、慈善组织等监管激励不足的问题。一方面政府管理部门监管和信息公开的内容太多,信息公开事项包括登记事项、慈善信托备案事项、公募资格和公益性捐赠税前扣除资格名单、购买服务信息、检查评估的信息、表彰处罚信息等;另一方面慈善组织监管资源不足,监管动力不足。监管部门的激励依靠绩效考核和政绩,但是对于慈善组织的监督绩效难以量化。业务主管部门和监督管理机构业务交叉,相互推诿,相当多的具有

---

① 潘珺、赖露、余玉苗:《公益基金会新型透明度、审计师选择与捐赠人的捐赠行为》,《社会保障研究》2015年第6期。

② 赵春雷:《论慈善组织信息公开的公信力塑造功能——基于近年中国慈善组织公信力嬗变视角的分析》,《南京师大学报》(社会科学版)2015年第6期。

税前扣除资格的慈善组织的领导人与监管部门相互关联,从而导致监管不到位,而监督机制不健全又导致难以形成问责。捐赠个体在捐赠金额不大的情况下,没有精力和时间去关心为数不多的捐赠款项的去处,而企业捐赠则更加关心企业竞争优势和企业荣誉,更加在意自己的捐赠的宣传性,对慈善捐赠效果不太关心。公众往往缺乏对慈善项目的具体情况和信息的了解而难以进行精准监督,也缺乏监督激励。

(三)准公益性慈善募集活动规制不足

《公开募捐平台服务管理办法》对于慈善组织公开募捐进行了规制,但是并未将个人在网络平台众筹求助行为纳入监管范围,从而导致网络求助者和网络筹款平台信息失衡、网络筹款平台和捐赠人之间信息失衡、捐赠者和募捐者之间信息失衡等问题。这些信息平台不属于慈善组织,其活动不受慈善部门监管,而《慈善法》规制范围也不包括个人求助信息。民政部发布的慈善组织互联网公开募捐信息平台名录也不包括这些个人求助的募捐平台,结果产生大量诈捐现象,捐赠者对慈善捐赠事宜产生了极大的怀疑,公众的慈善爱心也受到了极大的伤害,最终往往导致慈善组织公信力下降,慈善捐赠激励不足,"劣币驱逐良币"。

(四)慈善受益人信息保护不够

《慈善法》第62条①规定开展慈善服务应当尊重受益人的隐私。行善不可低调,扬善不可高调。捐赠人和受赠人社会地位平等,人格尊严平等,"陈光标"式的慈善捐赠大大损害了受益人的自尊,忽略了受益人的个人意愿,也违背了捐赠人和受益人的平等性,这种一时一事的曝光性质的捐赠,作秀的成分更多。通过这种捐赠方式,捐赠人获得荣誉或者做了宣传,却损害了受益人的隐私。同时,高调慈善更容易出现诈捐现象。诈捐丑闻一方面说明了监管机制的不完善,另一方面透支了慈善信任。这种急功近利式的慈善手段,也导致慈善成为个别人的利用工具。

第三节 慈善2.0时代非利他性慈善捐赠的立法完善

慈善2.0时代对慈善立法提出了新的挑战,而我国现有立法对此挑战

---

① 《慈善法》第62条规定,开展慈善服务,应当尊重受益人、志愿者的人格尊严,不得侵害受益人、志愿者的隐私。

的应对不足，针对这些不足，我国慈善立法应该予以相应的完善。

一 理清慈善行为的界限和类型

（一）明确慈善行为与商业行为界限

一个行为是否适用于慈善捐赠，需要从两个方面判断：第一，该行为是否向亲友熟人提供帮助。如果一个行为是直接向亲友熟人提供帮助，则属于互助。第二，该行为是属于等价交换还是无偿提供。慈善与商业本质上是不同的。慈善的本质特征是无偿性，商业的本质特征是交换经济利益。慈善与商业的区别具体体现为：第一，出发点不同。商业的出发点为营利，而慈善的出发点是公益。第二，扩张力不同。商业通过赚取利润，不断扩大生产规模，源源不断地为消费者提供更多更好的产品和服务。慈善源于外部输血，无法自我扩张。比如，某公益人士打算建设100个公益图书馆，在建立了2个以后就面临筹款难题，在建设了9个以后，便没有了下文。原因在于不盈利，公共资源枯竭。第三，考核不同。凡是提供商品或服务的商业行为，其过程和结果可以量化，但是慈善的执行过程往往难以量化和考核，容易出现异化。第四，效率不同。商家为了扩大规模，总是以满足消费者的需要作为自己的追求目标，不断调动资源，以赢得市场。而慈善捐赠是无偿的，受赠人或受益人在获得捐赠时往往难以提出相应的需要，从而导致资源浪费或低效，而且鉴于慈善资源的稀缺性往往导致慈善行为不能持续。

在现实实践中，慈善组织的宗旨具有相应公益慈善目的，但是募集的过程和手段可能是市场化、商业性的，体现为公益资源配置的市场化和公益募捐手段的市场化，从而可能导致慈善的异化。这里的公益资源配置市场化，如果表现为符合特定公益组织公益项目条件的组织、个人无偿地申请公益资源，并未破坏公益属性；如果是公益募捐手段的市场化，各个不同的公益组织就相似的公益项目进行竞争性的公募，也没有违背公益的属性；但是如果出现类似"水滴筹"扫楼事件的行为，为了获得募捐提成，而编造虚假事实获得捐赠，显然就违背了公益性。

此外，在所有的众筹行为中，需要区分商业众筹和慈善众筹的不同。如果资助财物的主体不是为了获得收益回报，且发起众筹的主体也没有提供回报的承诺，则该资助行为属于慈善公益的性质；如果发起众筹的主体提供了回报的承诺或者资助财物的主体要求给予回报，则该资助财物的行为肯定不属于无偿的公益慈善行为。当然,如果慈善众筹中提供的回报仅仅是给予捐赠证明、给予基金冠名等符合现有慈善法精神的回报,则并不影响其公益慈善的属性。

(二) 区分不同情境下慈善行为类型

尽管同样的捐赠行为通过不同平台捐赠在税法上不能享受同样的待遇,但是不能因此否认其慈善的行为性质。一个行为性质是否是慈善,应该从《慈善法》第3条的规定来界定:第一,该行为属于《慈善法》规定的公益活动;第二,捐赠是无偿的。当然还需要明确的是,如果属于亲友关系的帮助或互助,则不属于《慈善法》所规范的慈善行为。如果一个捐赠行为属于《慈善法》规定的公益活动,其资助对象也不属于直接的亲友关系,且行为主要是无偿的,则该行为属于慈善行为。如果属于公益活动的范围且无偿提供的,但资助的对象是自己的亲友,则显然属于个人互助,不属于慈善行为。但是如果通过网络众筹平台向不属于自己亲友的其他人进行无偿捐赠,虽然是向个人的一种资助,也应该属于慈善行为。① 这就表明,一项行为是否属于慈善,并不因其是否是个人求助而否认其慈善的行为性质。当然,在慈善2.0时代背景下,越来越多的网络众筹平台下的个人求助是通过亲友扩散的,这时往往难以区分是亲友互助还是陌生人之间的慈善行为。不过即便如此,仍然不能改变行为的慈善性质。

而一个行为是否属于税法上的税前扣除的对象,则需要考量是否符合税法规定的税收优惠条件,符合法律法规规定的税收优惠条件,则可以享受税收优惠,如果不符合税收优惠条件,则不能享受税收优惠。当然,实践中更应该加强此类问题的宣传或者在捐赠前告知捐赠人,明确是否可以享受税收优惠,强化税前捐赠优惠规则的宣传普及,避免产生误解。

特别需要强调的是网络互助平台的求助所描述情况的真实性问题,因为这涉及捐赠人的捐赠意愿和捐赠人的知情权等问题,平台必须声明求助信息不属于慈善募捐,仅仅属于个人求助,且必须保证信息真实,不能故意隐瞒求助者真实的财产信息,这需要在立法上更加明确相关主体的责任,并强化捐赠人的权利救济,避免捐赠人的爱心被欺骗,不仅令捐赠

---

① 此处慈善与法律意义上的慈善不是同一含义。此处的慈善可以理解为一种善行,但不能享受税收优惠待遇,而法律意义上的慈善可以享受税收优惠。

人心灵受伤，财物被欺骗，更影响慈善事业的发展。

二 完善慈善捐赠激励制度

慈善捐赠激励制度应该围绕慈善捐赠主体的不同收入层次和不同需求给予公平的激励。

（一）构建可持续发展捐赠物质激励制度

慈善捐赠属于第三次分配领域，对于化解社会矛盾，有效补充第一次分配和第二次分配的不足具有重要作用。慈善事业的发展绝不是一时的事，而应该符合社会可持续发展的需要，慈善捐赠激励更应该充分体现对所有社会成员的激励，而不仅仅局限于部分捐赠主体、部分受赠组织或者部分公益行业。慈善捐赠主体在捐赠时可能获得物质利益方面的好处有：获得税收减免、能够在需要时得到回馈的互助、能够获得礼物回馈、能够用更低的价格买到捐赠物品或者能够获得一定的物质回馈。调查表明，如果慈善捐赠主体能够获得这些方面的物质性利益，慈善捐赠主体更愿意捐赠。如果这种物质利益的回馈对全体社会成员和社会组织都是一致的，便能够更加有利于慈善捐赠的健康可持续发展。

我国个人所得税实行超额累进税率，因为不同收入群体的纳税人的应缴税率不同，其捐赠所享受的补贴也不同。这就意味着不同收入群体，做出相同额度的慈善捐赠，享受的慈善捐赠税收优惠补贴不同。对高收入群体的慈善捐赠税收优惠补贴比例高，而对中低收入群体没有补贴或者补贴偏少，不能体现对慈善捐赠的公平补贴，并容易引发低收入群体消费的慈善物品供给不足的问题。要弥补和克服对于不同收入群体给予不同税收补贴问题，应该从以下方面进行制度调适：对所有超过纳税起征点的主体作出的慈善捐赠给予相同比例的纳税优惠补贴，才能激励占人口更多基数的中低收入人群慈善捐赠的积极性。

对于月收入没有达到纳税起征点人员来说，慈善捐赠税收优惠对其没有任何意义，对这些人员的激励应当通过其他方式。这种情况下，慈善众筹奖励模式应该是一种更为有效的慈善激励方式。在慈善众筹奖励模式下，接收人提供奖励换取捐赠者捐赠，捐赠的奖励一般与捐赠的具体项目有关，奖励的价值根据捐赠额的大小确定。小额捐赠得到低价值的奖励，大额捐赠获得高价值奖励。① 低价值的奖励常常包括明信片、电子邮件或某种形式的承认。高价值的回报可以是独一无二的，并与慈善捐赠的接收人密切相关。比如艺术家将提供独特的艺术作品以交换大额捐赠或者由导演提供一个执行制片人的荣誉头衔。②

不少发达国家在众筹方面发展势头良好。美国比较有名气的慈善众筹平台有 Kickstarter、Angelist、Wefunder 等，英国的慈善众筹平台有 Crowdcube、Seedrs 等，澳大利亚有 Assosb 等。以美国的 Kickstarter 为例，Kickstarter 是利用奖励模式最成功的当代众筹平台之一。虽然该平台主要针对商业运作项目，但是该平台也是慈善项目的筹资平台。Kickstarter 的奖励几乎可以是与捐赠有关的所有东西。在一般情况下，成功的 Kickstarter 的项目主要是由小额捐款资助的。③ 比如，最近的一个项目获得了 703 笔捐款共计 13606 美元，其中包括 10 美元以上 495 笔捐赠，以及约 83% 的贡献是 50 美元或更少。④ 这是典型的 Kickstarter 的项目，83% 的项目提供给支持者的奖励为不到 20 美元。实践表明，给支持者提供奖励的项目，有 54% 的成功率，但不提供奖励的项目仅有 35% 的成功率。鉴于 Kickstarter 的大多数项目不是由具有免税资格的慈善组织发起的，因此捐赠额不能被税前扣除，Kickstarter 上平均获得的捐赠在 25—50 美元。⑤ 换言之，大多数 Kickstarter 的捐赠以比较小的捐赠换取一定的直接奖励。

众筹奖励模式与税前扣除模式都是慈善捐赠激励方式，不同之处在于众筹奖励模式是捐赠人直接获得奖励，而不是间接获得税收优惠补贴。从效用角度看，税前扣除主要有利于激励高收入纳税人，而众筹奖励模式不仅能对高收入群体提供激励，也能对低收入群体提供激励。根据慈善捐赠

---

① Nesta, "An Introduction to Crowdfunding", July 2012, http://www.em-a.eu/fileadmin/content.

② C. Steven Bradford, "Crowdfunding and the Federal Securities Laws", *Columbia Business Law Review*, Vol. 2012, No. 1, 2012, p. 5.

③ Dave Roos, "Tips for Funding a Kickstarter Project, How Stuff Works", Aug. 9, 2015, http://money.howstuffworks.com/kickstarter3.htm.

④ Yancey Strickler, "The Price is Right, in Kickstarter Blog, Kickstarter Blog", Apr. 2, 2010, http://www.kickstarter.com/blog/the-price-is-right.

⑤ Fred Benenson and Yancey Strickler, "Trends in Pricing and Duration", Kickstarter Blog, Sept. 21, 2010, https://www.kickstarter.com/blog/trends-in-pricing-and-duration.

税前扣除模式，捐赠者获得减税补贴。而根据众筹奖励模式，捐赠者通过领取奖励来取代税收优惠。低收入纳税人很少受益或没有受益于税收优惠，但他们却能够得到众筹奖励的全部好处。同时，即使有资格获得税收减免的小额慈善捐赠主体，也仅仅从税收减免中收到小额的利益，但是从众筹捐赠奖励中获得的是一个价值明显的利益。慈善众筹奖励模式比慈善捐赠税前扣除模式或抵扣模式更能有效地补偿搭便车行为。

当然，慈善众筹奖励模式下，这种模式必然会被质疑是否违背了慈善行为的无偿性，是否就是商业风险投资或者商业赞助。笔者认为众筹奖励不同于商业风险投资或者商业赞助。商业风险投资下，期待长远的不确定的投资回报，提供资金支持的主体是出资人，而众筹奖励仅仅是一次性的捐赠证明或者众筹项目本身的一次性的礼物回馈，显然行为性质不同。慈善众筹奖励也不同于商业赞助，商业赞助往往要给予赞助方相应的商业宣传，商业赞助的支出在企业会计上作为商业广告成本，商业赞助属于广义的商业广告行为。而慈善众筹奖励则是一种对于众筹项目本身的支持和对捐助人的一种小额回馈，奖励部分也不是其众筹金额的市场价值，而是给予支持者捐赠的证明或者微小利益，从性质上更类似于对不同关注角度的捐赠者本身的精神激励。当然，慈善众筹奖励模式不仅可以对不同收入群体给予公平的捐赠激励，同时还能够满足慈善 2.0 时代下多元化慈善的特点，满足不同群体对于慈善产品的需求，从而使得慈善公益事业能够更加全面均衡地发展。

事实上，慈善事业可持续激励在实践中还有很多更好的做法。①

（二）完善慈善捐赠主体荣誉激励机制

目前，我国立法虽然在符合特定条件的情况下对捐赠冠名予以肯定，然而现有立法还存在冠名捐赠对价部分税收优惠受到非议②、其他有关荣誉地位的追求立法支持不够等问题。为此，我国立法应该完善慈善捐赠主

---

① 比如河北省红十字会官网的信息表明，在河北省获得国家无偿献血奉献奖金奖、银奖、无偿捐献造血干细胞奖或者无偿献血志愿服务终身荣誉奖的个人，可以凭相关证件免费游览政府投资兴办的公园、风景名胜区、旅游风景区等场所，到政府举办的医疗机构就诊可免交普通门诊诊察费自费部分，免费乘坐城市公共交通工具。这些多元化的激励方式未尝不是激励慈善捐赠或者公益事业的有效方式。

② 李喜燕：《慈善冠名捐赠对价的税法前瞻》，《西南民族大学学报》（人文社会学科版）2020 年第 2 期。

体荣誉地位的追求立法支持与规范机制,有效激励和规范慈善捐赠。

慈善捐赠主体荣誉激励不仅应该只有冠名捐赠一个方式,还可以通过名誉职位、捐赠证书、新闻报道甚至荣誉身份等多种激励方式入手,同时应限制被动捐赠、侵权式捐赠和不合理荣誉激励。

冠名捐赠激励的完善必须考量的因素有:冠名捐赠具有对价性,但对价不是等价。其对价性不仅体现在冠名的结果上,也体现为冠名的过程性,体现在冠名持续的全过程中。冠名捐赠具有满足慈善目的和私益目的的双重属性,允许慈善捐赠冠名,慈善家可能捐赠更多的资金,并推动慈善事业多元化,但是必须明确的是当捐赠人的个人要求与慈善捐赠的公益目的相矛盾的时候,私益目的必须服从于其公益目的。冠名不能授予污点捐赠人,也不能违背道德风俗。当捐赠人出现污点的时候,不应该继续得到标榜。为此,在现有的冠名有关原则性规定的基础上,应该完善冠名捐赠相关法律细则。

而在慈善2.0时代,慈善捐赠从线下为主走向线上为主,从精英层面走向大众层面,从纯粹公益慈善走向消费性慈善,这就意味着慈善冠名捐赠应该更加公开透明、方便快捷、丰富多样。从线下为主走向线上为主,意味着更多地从线上获取相关信息,凡是承诺捐赠冠名的公益募捐组织均应该在各自的网站及公益募捐的指定平台公告相关的募捐冠名捐赠项目或基金。基于现有的慈善捐赠日益走向大众化,慈善公益组织也可以开辟小金额的冠名项目,比如个人冠名专项对口扶贫基金等,以便能够满足大众化的慈善公益需求。鉴于纯粹公益捐赠走向消费性慈善的趋势,需要从消费者消费兴趣角度设置一些慈善募捐项目,从而激发更多的消费性慈善。由此,慈善冠名捐赠的相关细则应该体现出适应线上为主、大众慈善和消费性慈善等慈善2.0时代的特征。

除了慈善冠名捐赠外,关于捐赠证书、感谢信、捐赠名誉职位、荣誉评选以及新闻报道方面也应该设立相应的规范。实践中,捐赠证书和感谢信比较普遍,绝大多数采用电子证书,也有的采用纸质版捐赠证书,比如笔者给国家图书馆捐赠三册《慈善捐赠人权利研究》,获得国家图书馆的纸质版本的捐赠证书。关于荣誉评选方面,全国性质的有中国慈善名人榜、中华慈善奖等。慈善组织的名誉或荣誉会长及其相关称呼也是实践中经常存在且能够得到慈善公益人认可并发挥激励的有效方式。而如果实际捐赠真实,且捐赠主体及相关各方认同的情形下,慈善捐赠的新闻报道能够发挥慈善激励和辐射效应，未尝不是一种值得倡导的措施。这些应该都属于慈善荣誉激励的有效途径，只是在制度规范层面尚未见到具体系统的规定。因此，政府及民政部门应该制定相应的激励规范细则，以有效地促进和激励慈善捐赠。

三 完善慈善意愿实现保障制度

捐赠意愿的实现是促进慈善捐赠的有效手段。特定捐赠意愿的满足需要相应的法律机制保障，保障捐赠人在捐赠以后落实捐赠意愿。

（一）程序性保障与实体性保障并重

不可否认，对于捐赠主体实体权利的赋予是实现捐赠意愿的重要保障。而在特定情形下，慈善意愿有可能无法实现，此时则需要在程序上和处理原则上给予立法回应，即当捐赠款物出现无法按照预定目的使用时，立法应该明确规定，保障捐赠意愿和慈善目的的实现。我国立法应该借鉴美国的做法，把近似原则明确作为捐赠意愿无法实现时的基本原则，这在我国现在的《慈善法》中已经明确，但是规定还不够全面细致。应该在现有立法的基础上，除了明确剩余捐赠财产的归属和适用近似原则外，当慈善捐赠目的变得非法、不能实施、不可能或浪费时，也应当适用近似原则。此外，衡平背离原则也应该有针对性的予以参考借鉴。① 尽管2008年汶川地震后个别文件体现了此种精神，② 但是该文件规范性层级过低，需要上升到法律层面。当然，如何启动诉讼程序还需要立法明确，并应有实践操作性。我国各地对于捐赠财产不能按照捐赠意愿使用的处理结果不同，慈善立法应该对此作出程序性规定的相关回应。

（二）融合相关慈善立法

在目前的慈善立法中，慈善捐赠和慈善信托具有一定的融合，而且慈善信托和公益法人在法律构造方面也存在许多相似之处，比如财产的独立、权利的分离、责任的有限等。③ 应该探索将公益法人和慈善信托的情

---

① 李喜燕：《美国慈善信托近似原则的立法发展及其启示》，《比较法研究》2016年第3期。

② 2008年《关于进一步做好汶川地震灾区救灾款物使用管理的通知》指出"对于灾区不适用或者过剩的救灾捐赠物资，可以由县级以上民政部门按规定组织变卖，变卖所得资金全部作为救灾捐赠款管理使用"。这种救灾捐赠物资的处理方式可以视为衡平背离原则的一种处理方式。

③ 公益信托在很多情况下与慈善信托混用，文中并无实质区别。

况放在同一规范框架内的方法。同时,将现有的根据不同主体分别立法的现状予以扭转,融合不同的监管模式,消除不同主体之间的区别化对待壁垒。不同的组织,只要从事慈善活动均应该纳入慈善法的规范范畴。截至2021年1月20日,我国登记注册的社会组织已经突破了90万家,[①] 但是通过对慈善中国的平台查询,发现有9940条是有关慈善组织的信息,而具有公开募捐资格的慈善组织数据为3346条。如何融合相关立法,使得这些不同组织之间依法有序转化,也应该成为未来慈善立法努力的方向。

(三) 强调相关权益的动态平衡

首先,要强化网络慈善募捐运行监督机制。鉴于慈善组织中核心人员实际控制慈善组织运行,慈善监督机制不够,大量的网络慈善捐赠人无法了解自己的意愿实现情况,最终导致捐赠意愿难以实现。在慈善2.0时代,捐赠者往往通过对网络信息的感知建立对慈善组织的信任,提高捐赠意愿。为此,慈善组织及其实际控制人应该在各自官网及政府指定网站上向捐赠人及社会监督者"优化年报内容,拓展沟通渠道,细化费用信息,披露绩效信息"[②],以便捐赠主体、社会及媒体更好地进行监督和了解,从而激励慈善捐赠,并展示慈善捐赠意愿的落实情况。从立法上来说,当慈善组织未按照捐赠意愿运作慈善财产的时候,则需要给慈善捐赠主体相应的救济机制。目前我国《慈善法》虽然在第42条明确了慈善捐赠主体特定情况下的诉权,但事实上慈善组织是否按照捐赠人的意愿使用财产,仅仅从慈善组织公示的年度报告和工作报告中难以找到瑕疵,对小额捐赠的多数人员而言,这种监督和诉权是难以保障的。为此,针对慈善捐赠主体是"小额多数"的情况,这些捐赠主体没有动力、精力去了解或跟踪捐赠意愿的实现情况。这种情况下应该参照公益诉讼的制度模式,由公益监察人发起诉讼,并通过公告的方式对所有的捐赠人进行登记,从公告期内进行登记的人员中推举诉讼代表人,如果找不到诉讼代表人,则由公益监察人代为诉讼。这样的制度模式或许可以解决了慈善捐赠主体为"小额多数"捐赠人时,捐赠财产未按照捐赠意愿使用时的诉权的问题。当然,为了保障捐赠主体的诉权,制度模式还应该对捐赠主体的知情权、监

---

① 王勇:《我国社会组织登记总数已突破90万家》,《公益时报》2021年1月28日,http://finance.china.com.cn/gy/20210128/5487396.shtml,2021年2月1日。

② 殷铭康:《慈善组织会计信息对个体捐赠者捐赠意愿的影响路径研究》,《财会通讯》2019年第27期。

督权和撤销权等方面的规定进一步细化。

其次，弱化行政权力过度干预，引入慈善行业竞争激励机制。我国具有官方背景的慈善组织，运用行政体制的运作模式，运行效率低。2020年年初武汉市红十字会作为官方指定的接受捐赠物资的五家机构之一，一方面接受捐赠多，短短几天防疫物资大量堆积，另一方面新冠肺炎定点防疫医院医疗防护物资奇缺，发热病人住院爆满的武汉协和医院只领到了3000套口罩，而没有一例发热病人的莆田系仁爱医院却拿到了16000套N95口罩。[①] 最终此事因为网络发酵，促使接收物资的红十字会将清点物资及发放工作外包给了第三方机构，捐赠物资入库清点和发放工作才算步入正轨。由此可知，本应该是民间运营的第三次分配体制，应该回归民间慈善，释放民间慈善组织的活力。另外，应该在慈善组织中引入慈善人才竞争机制，遴选具有较高奉献精神，具备现代慈善营销、策划知识技能，具有科学管理运作能力的人员，提升慈善组织的竞争力和公信力，让慈善捐赠意愿真正地落到实处。

四　完善慈善信息公开法律机制

通过第三章的调查可知，慈善捐赠主体对于慈善捐赠意愿落实和慈善捐赠款物使用结果高度关注，立法应该加强慈善捐赠透明化管理，以便更好地实现慈善捐赠主体的特定意愿。

（一）增强慈善组织信息公开内容的有效性

尽管现有的慈善信息公开方面已经有了诸多规范性文件，但是尚需要明确管理部门和慈善组织分别进行信息公开的职责和义务，同时对于不同类别的慈善组织信息公开内容进行分类，细分慈善组织信息公开内容，明确慈善组织信息公开平台、公开对象，明确慈善组织公开对象的救济途径，明确慈善组织信息公开的评价标准，增加慈善组织没有按照规定进行信息公开的法律责任的规定。在信息公开对象方面，对于签订了捐赠协议、定向捐赠而言，应该向捐赠人公开相应的项目信息；对于没有签订捐赠协议的非定向捐赠而言，其项目的执行信息应该在网上公开；当然涉及国家秘密、商业秘密和个人隐私的信息，不应纳入公开的范围。对于信息

---

① 《终于！武汉红十字会多名官员受到处罚》，搜狐网，2020年2月4日，https://www.sohu.com/a/370616275_99991687，2021年2月4日。

予以公开但是未能及时公开的也应该有相应的责任规定，在管理部门的网站或者相应的规范性文件中，对于信息公开的流程及其内容应进一步细化指导。

（二）建立信用信息声誉评价机制

"声誉机制是一种隐性激励。"① 鉴于慈善组织本身是非营利组织，不同于企业的物质激励和业绩评价，声誉激励对于慈善组织尤为重要。声誉好的慈善组织将会吸引更多的捐赠，而声誉差的组织必然得不到更多的捐赠。比如"郭美美事件"爆出后，红十字会声誉大跌，导致接下来的一段时间内很多人选择不向红十字会捐赠。同时，慈善组织从事的活动不同于市场性经济活动，具有差别性，慈善组织项目的成效也具有滞后性，难以同步考核。因此，监管也相当困难。而有效的声誉机制是促进信息公开实施的催化剂。信息产品产生过程有初始信息提供、信息核定和信息披露三个步骤。信息提供是慈善组织提供的，而信息核定和信息披露属于监管部门的事务，通过信息披露的方式来考核慈善组织，能够起到更好的奖惩作用。而信息包括财务信息和非财务信息。目前规定的财务信息公开因为其不具有分类披露、分对象披露的要求，披露往往流于形式。事实上，财务信息往往是慈善组织运营的关键部分，现在的慈善组织信息披露中，财务信息披露往往是总体上的披露，普通公众难以看到信息的具体细节，更无法发现其中违规操作部分。因此，为了增加慈善组织的易识别性，应该建立信用评级制度，将慈善组织的信息予以整合，用大众方便的方式予以传达，才能发挥声誉机制的作用。可使用信用评级机制，信用评级第三方机构应该由慈善组织、媒体、监管部门、专业学者等组建团队，通过信用评级产生声誉评价，从而对慈善组织发挥激励或惩罚作用。对此，美国慈善机构的第三方评价值得借鉴，对慈善机构进行星级评价，并对不同标准进行排行，甚至包括负面排行。②

（三）将准公益性募捐平台纳入公益法律规制范围

根据目前的立法，同样向个人捐赠使个人受益，如果捐赠主体通过具有税前扣除资格的公募平台向处于病困危难之中的个体捐赠，可以享受所得税税前抵扣待遇，但是如果通过非公募组织筹款平台向处于病困危难中

---

① 王方：《声誉机制——信息基础与我国慈善组织规制优化》，《四川师范大学学报》（社会科学版）2018年第3期。

② 亓坤编译：《慈善之"美"》，《新理财（政府理财）》2011年第10期。

的个体捐赠，捐赠人无法获得税前抵扣待遇。此外，更为重要的是，通过非公募筹款平台捐赠属于互助，而通过公募平台捐赠则属于慈善捐赠。非公募筹款平台完全使用市场化运作模式，从而出现了水滴筹扫楼事件。因此，现有的慈善立法应该将这种非公募筹款平台纳入慈善法的规制范围，非公募筹款平台没有享受税前抵扣资格，但是应该承担核实受助人真伪的职责，避免捐赠主体的爱心遭受伤害，累及慈善事业的正向健康发展。

（四）注重慈善捐赠中个人信息保护

在慈善2.0时代，传统的不属于隐私权的信息，比如个人姓名、性别成隐私，同时慈善2.0时代产生的数据信息，比如IP地址、QQ号码、微信号码、微博号等也成为隐私。传统社会中隐私属于不向其他人公开的私生活，具有纯粹的自控性，而信息社会中个人隐私具有了一定形式的公开性，比如资料的收集者、网络运营商，尤其是一些募捐等信息，所有人自己无法控制和支配。①

时下越来越多的公益活动的组织者和参与人开始认识到受助人员的尊严和隐私，不再公开受助学生信息，不再采取"陈光标式"的捐赠，有效保护受助群体的隐私，呵护受助群体的尊严，避免侵犯受助群体的隐私和尊严，使慈善活动更加合规和人性化。比如提出"让受助学生有尊严地受助"②，说明慈善2.0时代不再是简单粗暴炫耀性的捐赠，而是切实关心受助群体的物质困难，保护其尊严和精神健康。

本章小结

在慈善2.0时代，慈善捐赠从精英层面走向大众层面、从线下为主走向线上为主、从纯公益慈善走向消费性慈善、从直接资助模式到平台型模式、从单纯慈善向多元化模式转变。慈善2.0时代对慈善立法提出了新挑战：慈善与商业的边界日益模糊、慈善捐赠激励群体失衡问题更为严重、特定意愿的实现困境明显、慈善监管问题更加突出。在慈善2.0时代，慈善立法存在慈善概念缺乏统一认知、慈善捐赠激励与限制制度不足、慈善

---

① 王丽萍：《发展与挑战——信息社会中的隐私权保护》，《山东大学学报》（哲学社会科学版）2009年第3期。

② 廖岚钧：《让贫困学生有尊严地受助》，《马鞍山日报》2019年8月29日第1版。

意愿实现保障制度不够、慈善信息公开法律制度不够完善等方面的问题。为此,应该厘清慈善认定标准及其规制范围,完善慈善捐赠激励制度、慈善意愿实现保障制度、慈善信息公开法律机制,以加强对非利他性慈善捐赠的立法支持与限制。

结　　论

现有立法强调慈善捐赠中的利他性，忽略甚至否认慈善捐赠中存在的非利他性，不利于激励慈善捐赠，也不利于慈善事业的可持续发展。事实上，慈善捐赠不仅具有利他性，还存在非利他性。慈善捐赠主体不仅具有纯粹利他性动机，还存在非利他性动机，非利他性动机有潜在物质利益追求、荣誉地位追求、特定偏好追求、政治地位和社会认同追求等类型。慈善捐赠中的非利他性体现为非利他动机与利他加非利他效果的结合。

理论上而言，慈善捐赠中的非利他性具有其存在的正当性，也具有促进慈善捐赠的重要作用。慈善捐赠中非利他的存在是有限度的，还必须受到合法性、附属性和非排他性等方面的限制。非利他性的存在只能是附属的或者伴随性的；非利他性与利他性发生冲突时，必须要保证利他性优先；非利他性的存在不能超过特定的限度。

调查发现，慈善捐赠的非利他性动机与慈善捐赠具有显著相关性。潜在物质利益追求、荣誉地位追求、特定偏好追求对于人类福祉与幸福具有正相关性。基于政治地位和社会认同追求的慈善捐赠对于人类福祉和幸福具有负相关性。立法应该有限激励能够对人类福祉和幸福产生正相关的慈善捐赠动机，限制基于政治地位和社会认同动机的被动捐赠。

慈善立法可以利用慈善捐赠的非利他性来调动和激励更多的慈善捐赠行为，推动慈善事业发展。在认识到慈善捐赠中存在的非利他性的基础上，慈善立法应明确其存在的正当性和边界，关注并正视慈善捐赠中存在的非利他性，针对其不同的非利他性追求，从立法上对其合理性的部分予以支持，对其不合理的部分予以限制或禁止。在不违背慈善本性的基础上，慈善立法充分地认可与肯定慈善捐赠中存在的非利他性，并对超出必要限度或者不合理的非利他性追求予以限制。在有效激励慈善捐赠的同时，慈善立法还应规范慈善行为，避免慈善捐赠偏离慈善性质，促进慈善事业的发展。

　　慈善捐赠意愿的落实不仅有利于捐赠主体实现利他性追求，也有利于实现捐赠主体的非利他性追求，立法一方面应该支持慈善捐赠主体中正当性非利他性追求，另一方面又要限制其非正当性非利他性追求。关于慈善捐赠主体非利他性方面的立法支持与限制应该是一个系统工程，非一部立法能全部解决，需要有其他同级立法与《慈善法》相互衔接，也需要《慈善法》的下位法对一些内容给予具体化。关于慈善捐赠中非利他性立法支持与限制的完善，应该从物质利益追求、荣誉地位追求和特定偏好意愿追究方面予以考虑，以此支持其合理的非利他性追求，限制其不合理的非利他性追求。

　　慈善2.0时代下慈善捐赠出现了一系列新特点，主要体现为：慈善从精英层面走向大众层面、从线下为主走向线上为主、从纯公益慈善走向消费性慈善、从直接自主模式到平台型模式、从单纯慈善向多元化模式转变。这种新特点对慈善立法提出了新挑战，主要表现为慈善与商业的边界日益模糊、慈善捐赠激励失衡问题更为严重、特定意愿的实现存在困境、慈善监管的问题更加突出等方面。面对这些挑战，现有的立法存在慈善概念缺乏统一的认知、慈善捐赠激励与限制的制度不足、慈善捐赠意愿实现保障制度不够、慈善信息公开制度不完善等问题。为此，我国慈善立法应该从厘清慈善行为的界限和类型、完善慈善捐赠激励制度、完善慈善意愿实现保障制度、完善慈善信息公开法律机制等方面完善现有慈善立法。

　　因能力和时间所限，研究还存在不足之处。有关慈善捐赠中非利他性的调查，本书只针对个人，对于公司捐赠，主要借鉴他人的研究结论，没有进行第一手的调查统计研究；慈善捐赠荣誉地位追求方面，本书主要是针对冠名权的研究，其他方面的荣誉地位追求的研究不够；慈善捐赠主体税收优惠之外的物质利益追求研究尚需深化；慈善2.0时代对于慈善立法带来的挑战及制度回应的考虑还需要进一步系统化。

参考文献

一 中文文献

［美］贝奇·布查特·阿德勒：《美国慈善法指南》，金锦萍、朱卫国、周虹译，中国社会科学出版社2002年版。

［美］本杰明·N.卡多佐：《法律的成长：法律科学悖论》，董炯、彭冰译，中国法制出版社2002年版。

［日］夫马进：《中国普会善堂史研究》，伍跃、杨文信、张学锋译，商务印书馆2005年版。

［德］黑格尔：《法哲学原理》，范扬、张企泰译，商务印书馆1961年版。

［美］加里·S.贝克尔：《人类行为的经济分析》，王业宇等译，上海三联书店1995年版。

［美］杰罗姆·韦克菲尔德：《"利他及人性——社会工作基础理论的建构"》，吴同译，《江海学刊》2012年第4期。

［美］莱斯特·M.萨拉蒙等：《全球公民社会——非营利部门视界》，贾西津、魏玉译，社会科学文献出版社2002年版。

［法］卢梭：《社会契约论》，何兆武译，商务印书馆1980年版。

［美］路易斯·亨金：《宪政·民主·对外事务》，邓正来译，生活·读书·新知三联书店1996年版。

蔡磊：《非营利组织基本法律制度研究》，厦门大学出版社2005年版。

蔡磊：《论基金会的法律问题》，《学术探索》2003年第9期。

曹海敏等：《企业慈善捐赠是伪善吗——基于股价崩盘风险视角的研究》，《会计研究》2019年第4期。

常伟、马思雨：《日本家乡纳税制度及其对中国的启示》，《现代日本经济》2018年第4期。

朝黎明：《对实物捐赠税收政策的解析及改进建议》，《财会月刊》2017年第34期。

陈璐璐：《完善我国慈善公益捐赠制度的法律思考——以捐赠人为视角》，《厦门大学学报》2008年第2期。

陈卫林：《公益性捐赠税收优惠理论立基的多维检视》，《河北法学》2016年第8期。

程宝山：《经济法理论的新思考》，《郑州大学学报》（社会科学版）2000年第5期。

程燎原、王人博：《赢得神圣——权利及其救济通论》，山东人民出版社1998年版。

褚蓥：《反思慈善改革：慈善的政治属性》，社会科学文献出版社2018年版。

戴亦一、彭镇、潘越：《企业慈善捐赠：诉讼风险下的自我救赎》，《厦门大学学报》（哲学社会科学版）2016年第2期。

董保华、郑少华：《社会法——对第三法域的探索》，《法学论坛》1999年第1期。

范学进：《权利概念论》，《中国法学》2003年第2期。

费孝通：《乡土中国》，上海人民出版社2006年版。

冯彦君：《社会弱势群体法律保护问题论纲》，《当代法学》2005年第4期。

付子堂：《法律功能论》，中国政法大学出版社1999年版。

甘强：《经济法利益理论研究》，法律出版社2009年版。

淦未宇、肖金萍：《女性高管、权力强度与企业慈善捐赠——基于我国民营上市公司的实证研究》，《管理学刊》2019年第4期。

葛洪义：《法理学导论》，法律出版社1996年版。

葛伟军：《公司捐赠的慈善抵扣——美国法的架构及对我国的启示》，《中外法学》2014年第10期。

葛岩：《善行的边界：社会与市场规范冲突中的公益选择——基于上海交通大学学生的研究》，《中国社会科学》2012年第8期。

龚天平：《社会偏好的伦理学分析与批判》，《北京大学学报》（哲学社会科学版）2018 年第 3 期。

龚向和：《社会权司法救济之宪政分析》，《现代法学》2005 年第 5 期。

顾功耘：《略论经济法的理念、基本原则与和谐社会的构建》，《法学》2007 年第 3 期。

辜明安：《物权请求权制度研究》，法律出版社 2009 年版。

郭健：《社会捐赠及其税收激励研究》，经济科学出版社 2009 年版。

韩东屏：《反思"人性自利"》，《伦理学研究》2016 年第 6 期。

贺海仁：《从私力救济到公力救济——权利救济的现代性话语》，《法商研究》2004 年第 1 期。

何华兵：《〈慈善法〉背景下慈善组织新型公开的立法现状及问题研究》，《中国行政管理》2017 年第 1 期。

郝铁川：《权利实现的差序格局》，《中国社会科学》2002 年第 5 期。

黄凤羽、刘维彬：《个人非货币性资产捐赠的税收政策——美国借鉴与中国实践》，《税务研究》2017 年第 10 期。

黄茂钦：《经济法现代性研究》，法律出版社 2006 年版。

贾海燕：《经济法的价值分析》，《法学论坛》2002 年第 6 期。

江平主编：《民法学》，中国政法大学出版社 2000 年版。

金锦萍：《论公益信托之界定及其规范意义》，《华中科技大学学报》（社会科学版）2015 年第 6 期。

雷兴虎、刘水林：《矫正贫富分化的社会法理念及其表现》，《法学研究》2007 年第 2 期。

刘大洪：《政府失灵语境下的第三部门研究》，《法学评论》2005 年第 6 期。

刘光华：《经济法的分析实证基础》，中国人民大学出版社 2008 年版。

刘俊海：《公司的社会责任》，法律出版社 1999 年版。

刘连煜：《公司治理与公司社会责任》，中国政法大学出版社 2001 年版。

刘清平：《利他主义"无人性有德性"的悖论解析》，《浙江大学学报》（人文社会科学版）2019 年第 1 期。

刘水林：《经济法基本范畴的整体主义解释》，厦门大学出版社 2006

年版。

李昌麒：《弱势群体保护法律问题研究——基于经济法与社会法的考察视角》，《中国法学》2004年第2期。

李晶、王珊珊：《社会资本慈善捐赠的所得税激励政策探究》，《税务研究》2020年第8期。

李喜燕：《慈善义务的分离性困境及其制度克服的思考——从"舆论逼捐"说起》，《华东科技大学学报》2016年第2期。

李喜燕：《我国慈善捐赠个人所得税激励的局限与克服》，《经济法学评论》2016年第2期。

李喜燕：《慈善捐赠人权利研究》，法律出版社2013年版。

李喜燕：《非利他性视角下慈善捐赠的立法激励》，《河北大学学报》（哲学社会学科学版）2015年第5期。

李喜燕：《美国慈善冠名捐赠纠纷解决机制及其启示》，《法商研究》2018年第3期。

李喜燕：《慈善冠名捐赠对价的税法前瞻》，《西南民族大学学报》（人文社科版）2020年第2期。

李喜燕：《慈善捐赠中非利他性的立法激励》，《河北大学学报》（哲学社会科学版）2015年第5期。

李喜燕：《慈善信托近似原则在美国立法中的发展及其启示》，《较法研究》2016年第3期。

李晓玲、侯啸天、葛长付：《慈善捐赠是真善还是伪善：基于企业违规的视角》，《上海财经大学学报》2017年第4期。

黎耀奇、宋亚亚、宋丽红：《旅游私营企业的政治关联、慈善捐赠与企业家地位认同》，《旅游学刊》2020年第10期。

李友根：《论时政话语的经济法学研究——以"包容性发展"为例》，《现代法学》2013年第1期。

卢代富：《公司社会责任的经济学与法学研究》，法律出版社2002年版。

鲁篱：《论社会对权力的制约——以行业协会为中心展开的研究》，《社会科学研究》2002年第5期。

陆宇峰：《信息社会中的技术反噬效应及其法治挑战——基于四起网络舆情事件的观察》，《环球法律评论》2019年第3期。

孟庆瑜：《分配关系的法律调整——基于经济法的研究视野》，法律出版社 2005 年版。

潘珺、赖露、余玉苗：《公益基金会新型透明度、审计师选择与捐赠人的捐赠行为》，《社会保障研究》2015 年第 6 期。

彭镇：《中国上市公司慈善捐赠行为中的同群效应研究》，《管理学报》2020 年第 2 期。

秦振兴：《社会同化与文化阻滞——社会认同视角下官办慈善危机的发生机制》，《理论月刊》2019 年第 9 期。

曲顺兰等：《慈善捐赠企业所得税政策效果评价》，《税务研究》2017 年第 3 期。

石国亮：《倡导和培育内在驱动的利他导向的慈善动机——兼论"慈善不问动机"的片面性》，《理论与改革》2015 年第 2 期。

宋辰婷、刘少杰：《网络动员：传统政府管理模式面临的挑战》，《社会科学研究》2014 年第 5 期。

唐闻捷：《民营企业家慈善捐赠行为与主观幸福——关于温州地区中小型民营企业家的调查》，《浙江社会科学》2008 年第 8 期。

田平安：《程序正义初论》，法律出版社 2003 年版。

王丽萍：《发展与挑战——信息社会中的隐私权保护》，《山东大学学报》（哲学社会科学版）2009 年第 3 期。

王名、李勇、黄浩明编著：《英国非营利组织》，社会科学文献出版社 2009 年版。

王名等：《英国非营利组织》，社会科学文献出版社 2009 年版。

王全兴：《社会法学的双重关注：社会与经济》，《法商研究》2005 年第 1 期。

王硕、杜兰英、余宜珂：《税收对企业自利性动机下慈善捐赠的影响分析》，《税务研究》2019 年第 7 期。

吴志攀：《和谐社会建设与经济法创新》，《中国法学》2007 年第 1 期。

修宗峰、周泽将：《商帮文化情境下民营上市公司业绩对慈善捐赠的影响》，《管理学报》2018 年第 9 期。

许光：《构建和谐社会的公益力量——基金会法律制度研究》，法律出版社 2007 年版。

徐麟：《中国慈善事业发展研究》，中国社会出版社 2005 年版。

徐孟洲：《中国经济法制与和谐社会之构建》，《法学杂志》2005 年第 6 期。

许明月：《侵权救济、救济成本与法律制度的性质——兼论民法与经济法在控制侵权现象方面的功能分工》，《法学评论》2005 年第 6 期。

徐士英：《政府干预与市场运行之间的防火墙》，《华东政法大学学报》2008 年第 2 期。

徐细雄、龙志能、李万利：《儒家文化与企业慈善捐赠》，《外国经济与管理》2020 年第 2 期。

徐晓松：《管制与法律的互动：经济法理论研究的起点和路径》，《政法论坛》2006 年第 3 期。

徐昕：《论私力救济》，中国政法大学出版社 2005 年版。

徐延辉、李志滨：《个人捐赠何以可为——慈善信息与组织信任的作用机制研究》，《社会保障研究》2020 年第 1 期。

杨方方：《慈善力量传递中的义和利：相融与相生》，《社会保障评论》2019 年第 4 期。

杨娟：《经济目的捐赠获得税收优惠的正当性论证——以无因性理论作为分析工具》，《宏观经济研究》2018 年第 5 期。

杨利华：《美国慈善捐赠税收扣除制度的考察与思考》，《北方法学》2016 年第 3 期。

杨三正：《宏观调控权配置原则论》，《现代法学》2006 年第 6 期。

杨艳等：《民营企业慈善捐赠对其商业信用融资的影响——基于供应商感知视角》，《财会月刊》2019 年第 13 期。

叶明：《经济法实质化研究》，法律出版社 2005 年版。

应飞虎：《权利倾斜性配置研究》，《中国社会科学》2006 年第 3 期。

岳彩申：《论经济法的形式理性》，法律出版社 2004 年版。

余少祥：《我国慈善立法的实践检视与完善路径》，《法律适用》2020 年第 10 期。

张蒽、钟宏武、魏秀丽：《中央企业慈善捐赠特征与影响因素研究》，《学习与探索》2020 年第 9 期。

张会芹：《慈善捐赠、反腐力度与信贷融资》，《经济经纬》2020 年第 3 期。

张文显:《法哲学范畴研究》(修订版),中国政法大学出版社 2001 年版。

张怡:《论非均衡经济制度下税法的公平与效率》,《现代法学》2007 年第 4 期。

赵海益、史玉峰:《我国个人公益性捐赠所得税优惠政策研究》,《税务研究》2017 年第 10 期。

赵立新:《中国内生型慈善文化建设研究》,《理论导刊》2018 年第 1 期。

赵瑞凤:《新时代中国慈善伦理的困境及其路径构建》,《经济研究导刊》2019 年第 4 期。

赵晓阳、胥朝阳:《慈善捐赠会影响技术创新吗?——基于高管过度自信的调节作用》,《财会通讯》2020 年第 20 期。

郑尚元:《社会法的存在与社会法理论探索》,《法律科学》2003 年第 3 期。

郑尚元:《社会法的定位和未来》,《中国法学》2003 年第 5 期。

郑少华:《社会经济法散论》,《法商研究》2001 年第 4 期。

郑少华:《经济法中的社团——从社会法视角展开》,《法学》2000 年第 2 期。

钟雯彬:《公共产品法律调整研究》,法律出版社 2008 年版。

周忠华、黄芳:《慈善文化的多层性与核心价值观的引领》,《中州学刊》2017 年第 10 期。

竺效:《法学体系中存在中义的"社会法"吗?》,《法律科学》2005 年第 2 期。

朱大旗、何遏祥:《中国经济法的立法突破与理论发展》,《法学家》2008 年第 1 期。

朱颖:《健全慈善捐赠失信行为治理机制》,《人民论坛》2020 年第 19 期。

朱永明、常梦可、张水潮:《慈善捐赠、政企关系与企业价值》,《会计之友》2019 年第 4 期。

邹立凯等:《"后天的慈善家"——传承背景下家族企业慈善捐赠研究》,《外国经济与管理》2020 年第 3 期。

二　英文文献

Abbasi R. A., Maqbool O., Mushtaq M., et al., "Saving Lives Using Social Media: Analysis of the Role of Twitter for Personal Blood Donation Requests and Dissemination", *Telematics and Informatics*, Vol. 35, No. 2, 2017.

Adam J. Hirschand William K. S. Wang, "A Qualitative Theory of the Dead Hand", *Indiana Law Journal*, Vol. 68, 1992.

Amihai Glazerand Kai A. Konrad, "A Signaling Explanation for Charity", *The American Economic Review*, Vol. 86, 1996.

Aykas A., Uslu Adam, Simsek Cenk, "Mass Media, Online Social Network, and Organ Donation: Old Mistakes and New Perspectives", *Transplantation Proceedings*, Vol. 47, No. 5, 2015.

Barbara L. Kirschten and Carla Neeley Freitag, "Charitable Contributions: Income Tax Aspects", *Tax Management Approach*, Vol. 863-2, 2011.

Chris Abbinante, "Protecting 'Donor Intent' in Charitable Foundations: Wayward Trusteeship and The Barnes Founation", *University of Pennsylvania Law Review*, Vol. 145, 1997.

Drew Lindsay, Your Name Here. Org, *Chronicle of Philanthropy*, No. 7, 2015.

Echazu Luciana and Nocetti Diego, "Charitable giving: Altruism Has No Limit", *Journal of Public Economics*, Vol. 125, 2015.

Edward C. Halbach, Jr., "Standing To Enforce Trusts: Renewing and Expanding Professor Gaubatz's 1984 Discussion of Settlor Enforcement", *University of Miami Law Review*, Vol. 62, No. 4, 2008.

Ely R. Levy and Norman I. Silber, "Nonprofit Fundraising and Consumer Protection: A Donor's Right to Privacy", *Stanford Law & Policy Review*, Vol. 15, 2004.

Eric M. Zolt, "Tax Deductions for Charitable Contributions: Domestic Activities, Foreign Activities, or None of the Above", *Hastings Law Journal*, Vol. 63, 2011/2012.

Evelyn A. Lewis, "Charitable Waste: Consideration of a Waste Not,

Want Not Tax", *Virginia Tax Review*, Vol. 30, 2010/2011.

Evelyn Brody, "From the Dead Hand to the Living Dead: The Conundrum of Charitable-Donor Standing", *Georgia Law Review*, Vol. 41, 2007.

Francie Ostrower, *Why the Wealthy Give: The Culture of Elite Philanthropy*, Princeton, NJ: Princeton University Press, 1995.

Gail Schontzler, Students Criticize School Naming; MSU's Cruzado Willing to Talk, BOZEMAN DAILY CHRON., May 25, 2016, at Al, 2016 WLNR 15918111.

Geoffrey A. Manne, "Agency Costs and the Oversight of Charitable Organizations", *Wisconsin Law Review*, Vol. 1999, 1999.

Goldberg Adam Scott, "When Charitable Gift Agreements Go Bad: Why a Morals Clause Should Be Contained in Every Charitable Gift Agreement", *Florida Bar Journal*, Vol. 89, No. 12, 2015.

Harvey P. Dale and Roger Colinvaux, "The Charitable Contributions Deduction: Federal Tax Rules", *Tax Lawyer*, Vol. 68, 2015.

Ian Ayres, "Should Campaign Donors Be Identified?", *Public Law & Legal Theory*, Vol. 24, No. 2, 2001.

Iris J. Goodwin, "Donor Standing to Enforce Charitable Gifts: Civil Society vs. Donor Empowerment", *Vanderbilt Law Review*, Vol. 58, No. 5, 2005.

Iris J. Goodwin, "Ask Not What Your Charity Can Do for You: Robertson V. Princeton Provides Liberal-Democratic Insights Into the Dilemma of Cy Pres Reform", *Arizona Law Review*, Vol. 51, 2009.

J. Barry and Jones, eds., *Medicine and Charity before the Welfare State*, London: Routledge, 1991.

Jeffrey G. Sherman, "Tis a Gift to Be Simple: The Need for a New Definition of Future Interest for Gift Tax Purposes", University of *Cincinnati Law Review*, Vol. 55, 1987.

John H. Langbein, "The Contractarian Basis of the Law of Trusts", *Yale Law Journal*, Vol. 105, No. 12, 1995.

John K. Eason, "Private Motive and Perpetual Conditions in Charitable Naming Gifts: When Good Names Go Bad", *U. C. Davis Law Review*, Vol. 38, No. 2, 2005.

John V. Woodhull and Vreni R. Jones, "The Who's Who and What's What of Charitable Fundraisers," *J. Tax'n Exempt Org.* Vol. 13, 2001.

Jonathan R. Macey, "Private Trusts for the Provision of Private Goods", *Emory Law Journal*, Vol. 37, 1988.

Josh Eagle, "Notional Generosity: Explaining Charitable Donors' High Willingness to Part with Conservation Easements", *Harvard Environmental Law Review*, Vol. 35, 2011.

Joshua C. Tate, "Should Charitable Trust Enforcement Rights Be Assignable", *Chicago-Kent Law Review*, Vol. 85, 2010.

Joseph Blocher, "School Naming Rights and the First Amendment's Perfect Storm", *Georgetown Law Journal*, Vol. 96, No. 11, 2007.

Katherine R. Gaulke, *Motivation Factors of Current and First-Time Online Donor*, Ph. D. dissertation, Capella University, 2010.

Kent D. Schenkel, "Exposing the Hocus Pocus of Trusts", *Akron Law Review*, Vol. 45, 2012.

Kristine S. Knaplund, "Charity for the 'Death Tax': The Impact of Legislation on Charitable Bequest", *Gonzaga Law Review*, Vol. 45, 2010.

Lisa Loftin, "Protecting the Charitable Investor: A Rationale for Donor Enforcement of Restricted Gifts", *Boston Unversity Public Interest Law Journal*, Vol. 8, 1999.

Lizabeth A. Moody, "Revising the Model Nonprofit Corporation Act: Plus a Change, Plus C'est La M me Chose", *Ga. Law Review*, Vol. 41, 2007.

McCullough, "Charitable Remainder Trusts", *Major Tax Planning*, Vol. 25, 1973.

Marco A. Castaneda, John Garen, Jeremy Thornton, "Competition, Contractibility, and the Market for Donors to Nonprofit", *The Journal of Law, Economics & Organization*, Vol. 24, 2008.

Mark P. Gergen, "The Case for a Charitable Contribution Deduction", *Virginia Law Review*, Vol. 74, 1988.

Mastromatteo G. and Russo F. F., "Inequality and Charity", *World Development*, Vol. 96, 2017.

Michael Goon, "A Social Argument for The Charitable Deduction", *New*

York University Annual Survey of American Law, Vol. 70, 2014.

Michael J. Hussey, "Avoiding Misuse of Donor Advised Funds", Cleveland State Law Review, Vol. 58, 2010.

Montano-Campos F. and Perez-Truglia R., "Giving to Charity to Signal Smarts: Evidence from a Lab Experiment", Journal of Behavioral and Experimental Economics, Vol. 78, 2019.

Patricia M. Jones," Gift Has Name For It", Chi. Trib. , Jan 10, 1999.

Reid Kress Weisbord, "Reservations about Donor Standing: Should the Law Allow Charitable Donors to Reserve the Right to Enforce a Gift Restriction?", Real Property, Probate and Trust Journal, Vol. 42, 2007.

Reid Kress Weisbord & Peter DeScioli, "The Effects of Donor Standing on Philanthropy: Insights from the Psychology of Gift-Giving summary", Gonzaga Law Review, Vol. 45, 2010.

Rob Atkinson, "Reforming Cy Pres Reform", Hastings Law Journal, Vol. 44, No. 7, 1993.

Rob Atkinson, "Unsettled Standing: Who (Else) Should Enforce the Duties of Charitable Fiduciaries", Journal of Corporation Law, Vol. 23, 1998.

Robert A. Katz, "Let Charitable Directors Direct: Why Trust Law Should Not Curb Board Discretion over a Charitable Corporation's Mission and Unrestricted Assets", Chicago-Kent Law Review, Vol. 80, 2005.

Ronald Chester, "Grantor Standing to Enforce Charitable Transfers Under Section 405 (C) of the Uniform Trust Code and Related Law: How Important Is It and How Extensive Should It Be?", Real Property, Probate and Trust Journal, Vol. 37, 2003.

Ronald Chester, "The Psychology of Dead Hand Control", Real Property, Trust and Estate Law Journal, Vol. 43, 2008.

Rob Atkinson, "Obedience as the Foundation of Fiduciary Duty", Journal of Corporation Law, Vol. 34, 2008.

Susan N. Gary, "The Problems with Donor Intent: Interpretation, Enforcement, and Doing the Right Thing", Chicago-Kent Law Review, Vol. 85, 2010.

Susan N. Gary, "Charities, Endowments and Donor Intent: The Uniform

Prudent Management of Institutional Funds Act", *Georgia Law Review*, Vol. 41, 2007.

Stuff of Joint Committee on Taxation, *Present Law and Background Relating to the Federal Tax Treatment of Charitable Contributions*, U. S. : Committee, 2013.

Terry W. Knoepfle, "The Pension Protection Act of 2006: A Misguided Attack on Donor-advised Funds and Supporting Organizations", *Florida Tax Review*, Vol. 9, 2009.

Timothy D. DeSchriver & Paul E. Jensen, "What's in a Name? Price Variation in Sport Facility Naming Rights", *E. Econ. J.* Vol. 29, 2003.

Thomas Yerbich, "Bankruptcy Brief: Who's the donor?", *Alaska Bar Rag*, Vol. 22, No. 7/8, 1998.

Wendy A. Lee, "Charitable Foundations and the Argument for Efficiency: Balancing Donor Intent with Practicable Solutions Through Expanded Use of Cy Pres", *Suffolk University Law Review*, Vol. 34, 2000.

William A. Drennan, "Where Generosity and Pride Abide: Charitable Naming Rights", *University of Cincinnati Law Review*, Vol. 80, 2011.

William A. Drennan, "Surnamed Charitable Trusts: Immortality at Taxpayer Expense", *Alabama Law Review*, Vol. 61, 2010.

William P. Barrett, "Cash Strapped Charities Put Donors' Names On Just About Everything", *Forbes*, Vol. 74, No. 9, 2009.

Restatement (Second) of Trusts (1959).

Restatement (Third) of Trusts (2003).

The Law Of Trusts And Trustees (Rev. 2d ed. 2003).

Unif. Trust Code (2006).

Unif. Prudent Mgmt. of Institutional Funds Act (2006).

Model Nonprofit Corp. Act, 3d Ed. (Exposure Draft 2006),

The American Law Institute Preliminary Draft No. 5 2009.

Principles of the Law of Nonprofit Orgs. Tentative Draft No. 2 (Mar. 18, 2009).

Smith V. Powers, 117 A. 2d 844, 849 (R. I. 1955).

Commonwealth v. Barnes Found., 159 A. 2d 501 (Pa. 1960).

Couch V. United States, 409 U. S. 322, 335 (1973).

Bob Jones University v. United States, 461 U. S. 574, 586 (1983).

United States V. Arthur Young & Co., 465 U. S. 805, 815 (1984).

Barlow V. Humana, Inc., 495 So. 2d 1048 (Ala. 1986).

Austin V. Michigan Chamber of Commerce, 494 U.S.652, 110 S.Ct.1391 (1990).

Young V. New York CityTransit Auth., 903 F. 2d 146, 156 (2d Cir. 1990).

City of Palm Springs V. Living Desert Reserve, 82 Cal. Rptr. 2d 859 (Cal. App. 1999).

City of Palm Springs V. Living Desert Reserve, 82 Cal. Rptr. 2d 859, 868 (Cal. Ct. App. 1999).

Stock V. Augsburg Coll., No. Cl-01-1673, 2002 WL 555944, at * 4 (Minn. Ct. App. Apr. 16, 2002).

L. B. Research & Educ. Found. V. UCLA Found., 29 Cal Rptr. 3d 710, 714 (Cal. Ct. App. 2005).

City of Picayune V. S. Reg'l Corp., 916 So. 2d 510, 528 (Miss. 2005).

Consol. Investors Grp. V. Comm'r, 98 T. C. M. (CCH) 601 (2009).

Hardt V. Vitae Found., Inc., No. WD 70525, 2009 WL 3734190, at 4 (Mo. Ct. App. Nov. 10, 2009).

Salzburg V. Dowd, CV-2008-0079, at 73 (Wyo. 4th Jud. Dist. Aug. 12, 2009).

后　记

本书是在我主持的国家社科规划一般项目"非利他性慈善捐赠的立法支持与限制研究"（项目编号：16BFX153）的课题研究报告的基础上修改而成的，是继《慈善捐赠人权利研究》之后我写的有关慈善方面的第二本专著。本书的写作是从 2016 年我主持的国家社科规划项目立项开始的，至今已经过了五年多的时间。项目研究期间，我先后 9 次参加全国性的慈善法学、社会法学、经济法学学术会议，进行主题发言、分享学术成果、请教学界同行，有关冠名捐赠观点被部分地方民政部门关注并在其地方立法中体现，并受到某些重要学者的认可；我先后给多所大学、多家民政系统、公益组织和线上公益群进行专场报告，组建了"慈善法研究与实务群"，目前成员有 180 余人，不定期分享慈善领域最新成果，服务实务需要；项目的课题成果在知网、经济法网、慈善类网站发布，产生了一定的影响。五年多来，本人主持了地方立法项目"重庆市慈善条例" 1 项，向相关主管部门及实务部门提交了专题报告 2 篇，完成了聊城大学法学院杨道波院长领衔的《慈善法》教材中《慈善捐赠》一章。截至目前，发表了有关慈善主题的 CSSCI 来源期刊、集刊类论文十余篇。

在项目研究之余，我欣喜地结识并收获了诸多良师益友，请教和拜会了全国的社会法学界、慈善法学界、经济法学界的专家。他们为本书的出版提供了非常好的建议和意见。也要特别感谢国家社科规划项目的五位评审专家，在专家组评阅意见的基础上，项目结项评审结论为良好。特别感谢社会法学研究会副会长王全兴教授在 2022 年春节期间牺牲休息时间为本书提供的保贵指导意见，并为本书作序。万分感谢！这既是对我及项目组成员的认可和鼓励，同时也是一种期待和鞭策。我在项目结项之后，认真地学习和吸纳了专家组的专业学术建议，对结项报告进行了认真的修改。当然鉴于时间和能力所限，可能不能完全达到专家所期待的结果，我将在未来的研究中进一步深入探索和研究，争取取得更好的学术进步。

在本书出版之前，我特别感谢我的国家社科项目团队成员为项目申报及完成而提供的支持；特别感谢重庆工商大学法社学院领导及同事提供的帮助，感谢学院提供的经济支持；特别感谢我的研究生卢锡涛、舒莹、刘巧凤、章琪、魏逍可、刘雨青、文泽静、罗亮的校对工作。

特别需要感谢父亲李亮、母亲冯果花，无论我在读研、读博、完成国家社科项目还是撰写本书期间，父母都提供了最大的精神支持和时间便利。在我需要他们帮助的时候，他们主动的第一时间赶到重庆为我提供后勤保障；在我因忙碌而顾不上回乡探亲的时候，他们也毫无怨言地理解我；在我回乡探望他们的时候，总是竭尽全力地为我提供一切后勤服务，而不容我做任何家务，以便我潜心写作。古稀之年的父母身体健康，并能够给我提供这么好的理解、支持、帮助和工作环境，是我最大的福气！我也特别感谢我的先生惠昌宇和女儿惠善逸，为使我安心工作，不论在重庆，还是在河北，都最大可能地保证我的工作时间，同时，还总是主动给我解闷，给我的生活带来调节剂，带我做到劳逸结合，以便让我的身体能够适应我的工作节奏和强度。

路漫漫其修远兮，吾将上下而求索。尽管我已经在慈善法学方面开展十余年研究，却日益觉得需要做的事情还太多，还需要更多地深入思考与研究，但因个人能力所限，又因时间关系，本书在匆忙中完成，不足与错误还请各位专家和同仁包涵，予以批评和指导！

李喜燕

2022 年 1 月 31 日于世纪骏城